Stephen Eric Bronner

Ein Gerücht über die Juden

STEPHEN ERIC BRONNER

Ein Gerücht über die Juden

Die »Protokolle der Weisen von Zion« und der alltägliche Antisemitismus

Propyläen

Die Deutsche Bibliothek – CIP-Einheitsaufnahme

Bronner, Stephen Eric:
Ein Gerücht über die Juden : die »Protokolle der Weisen von Zion« und der alltägliche Antisemitismus / Stephen Eric Bronner. [Aus dem Amerikan. von Klaus Dieter Schmidt und Hans-Ulrich Seebohm]. – Berlin : Propyläen, 1999
Einheitssacht.: A rumor about the Jews <dt.>
ISBN 3-549-05780-6

Titel der amerikanischen Originalausgabe:
A Rumor about the Jews. Reflections on Antisemitism and the Protocols of the Learned Elders of Zion

Aus dem Amerikanischen
von Klaus Dieter Schmidt und Hans-Ulrich Seebohm

Satz: Dörlemann Satz, Lemförde
Druck und Verarbeitung:
Graphischer Großbetrieb Pößneck GmbH, Pößneck
ISBN 3 549 05780 6
Printed in Germany 1999

Gedruckt auf alterungsbeständigem Papier
mit chlorfrei gebleichtem Zellstoff

Den deutschen Juden, die, von den Nazis ins Exil getrieben, in Washington Heights an der Nordspitze von Manhattan eine Gemeinde und ein neues Leben aufbauten

Der Antisemitismus ist das Gerücht über die Juden.

Theodor W. Adorno, *Minima Moralia*

INHALT

ANHANG

EINFÜHRUNG

Die *Protokolle der Weisen von Zion* stellen eines der infamsten Dokumente des Antisemitismus dar. Angeblich handelt es sich um die Mitschrift von vierundzwanzig Sitzungen eines Kongresses von Repräsentanten der »zwölf Stämme Israels«, die sich unter der Leitung eines Oberrabbiners zusammengefunden haben, um die Eroberung der Welt zu planen. Dieser Kongreß hat nie stattgefunden. In Wirklichkeit war das Pamphlet eine grobe Fälschung der *Ochrana*, der Geheimpolizei des zaristischen Rußland. 1903 zum ersten Mal erschienen, enthält es viele der bösartigsten Mythen über die Juden, die seit Jahrhunderten überliefert worden waren. Wurden die *Protokolle* zunächst dazu benutzt, die Schuld an der russischen Revolution von 1905 den Juden und ihren angeblich dienstfertigen Verbündeten, den Freimaurern, in die Schuhe zu schieben, so sollten sie bald zu einem weltweiten Exportschlager werden. Sie riefen nicht nur Haß, sondern oftmals Pogrome und noch Schlimmeres hervor. Könige begrüßten sie, Konterrevolutionäre stützten sich auf sie, die Nationalsozialisten machten sie zur Pflichtlektüre, und noch immer dienen sie zahlreichen fundamentalistischen, konservativen, neofaschistischen und antisemitischen Gruppen in den Vereinigten Staaten und überall auf der Welt als wichtiger Bezugspunkt. Was das reale *Kommunistische Manifest* für den Marxismus war, das stellten die fiktiven *Protokolle* für den Antisemitismus dar.

Sie ermöglichten es den Antisemiten, ihre Nemesis, den Juden, sowohl als ein der westlichen Zivilisation innewohnendes Element wie auch als ihren *Anderen* zu sehen. Diese anthropologische Sicht bereitet in der Tat den Boden für die in dem Pamphlet zum Ausdruck gebrachte Theorie. Hinter den unzähligen Ausdrucksformen des Hasses auf die Juden steckt die Kontinuität des Vorurteils. Die *Protokolle* festigen die Verbindung zwischen den *Rechtgläubigen* innerhalb des Christentums, jenen Reaktionären des 19. Jahrhunderts, die sich dem Kampf gegen die Aufklärung verschrieben hatten, und den Fanatikern einer scheinbar antireligiösen und revolutionären nationalsozialistischen Bewegung, welche die Vorherrschaft einer einzigen Rasse anstrebte. Christliche Institutionen und die ersten echt reaktionären Bewegungen schlossen in überwältigender Mehrheit die Reihen, nicht weniger als die Nazis, gegen die Moderne und die im Zeitalter der demokratischen Revolution entstandenen Werte: Säkularismus und Wissenschaft, Rationalismus und Materialismus, Toleranz und Gleichheit, Kapitalismus und Sozialismus, Liberalismus und Marxismus. Antisemitismus war niemals lediglich ein unabhängiger Impuls. Er war immer Teil eines breiter angelegten Projekts, das sich gegen Zivilisation und Moderne richtete. Die Art und Weise zu erforschen, in der die *Protokolle* zu diesem Unternehmen beitragen, soll die Aufgabe dieses Buches sein.

Mein Interesse an der Broschüre ist sicherlich in meiner Herkunft begründet. Meine Familie floh aus Hitlerdeutschland, und ich wuchs in der Nachkriegszeit in einem amerikanischen Arbeiterviertel deutsch-jüdischer Emigranten auf, die in für mich unvorstellbarer Weise die Implikationen dieses furchtbaren Pamphlets zu spüren bekommen hatten. Wer von ihnen bis heute überlebt hat, führt immer noch ein Dasein im Schatten des Holocaust. Dieser bleibt für immer ihr Bezugspunkt für jedes Anzeichen von Antisemitismus und Genozid. Von meinen Eltern und ihren Freunden ist noch oft der Ausruf (auf gut deutsch) zu hören: *»Genau wie beim Hitler!«* Gewiß haben viele Jüngere in ihrem Leben ebenfalls den Stachel des Antisemitismus erlebt und sind leichtgläubigen Menschen begegnet, die von den *Protokollen* gesprochen haben. Aber es wäre beklagenswert irreführend, Parallelen nur zur totalitären Ära ziehen zu wollen. Tatsächlich wissen heute, am Ende des 20. Jahrhunderts, nur noch wenige von diesem einst populären Machwerk, und noch weniger haben es gelesen.

In den zwanziger und dreißiger Jahren waren die internationalen Verkaufszahlen der *Protokolle* astronomisch. Der französische Antisemitismusforscher Henri Rollin hat sie als das nach der Bibel am weitesten verbreitete Buch der Welt bezeichnet. Hinzu kam ein Berg von Sekundärliteratur, der weit mehr als tausend Titel umfaßte. Nach dem Zweiten Weltkrieg ist der Antisemitismus jedoch zurückgegangen, und bei näherem Hinsehen hat sich der Berg verkleinert. Ausdruck einer echten Massenbewegung, die fähig wäre, die Politik unserer Welt zu beeinflussen, sind die *Protokolle* heute nicht mehr. Die Welt hat sich verändert, und es ist nicht sehr sinnvoll, sie durch die Brille der Vergangenheit zu betrachten.

Heute wird allgemein anerkannt, daß es sich bei dem Pamphlet um eine Fälschung handelt, und in den westlichen Demokratien wird die darin aufgestellte Behauptung einer jüdischen Weltverschwörung überwiegend mit Spott aufgenommen. Allen Gegenbeweisen zum Trotz halten manche diese kalkuliert paranoiden Mythen allerdings immer noch für wahr und die Gerüchte für plausibel. Abgeschwächte Formen antisemitischer Politik sind weiterhin vorhanden, und bestimmte Gruppen und Bewegungen sind immer noch für die Botschaft der *Protokolle* empfänglich. Die Gefahr des Antisemitismus verschwindet niemals völlig; jedenfalls wäre das politische Risiko zu groß, vom Gegenteil auszugehen. Das unausgegorene Gerücht könnte nochmals als vollgültiger, in neuer Weise massenwirksamer Mythos zutage treten. Die Schwäche unseres historischen Gedächtnisses allein rechtfertigt die neuerliche Beschäftigung mit den *Protokollen*. Wenn es jedoch wirklich darum gehen soll, ein Wiederaufleben des Antisemitismus zu verhindern, dann darf man sich nicht bei einer pedantischen Darstellung der mit den *Protokollen* verknüpften Prüfungen und Leiden aufhalten, sondern muß einen Eindruck davon vermitteln, in welcher Weise sie von gewissen historischen Entwicklungen geformt wurden und wie diese sich darin widerspiegeln.

Ebenso wie die amerikanische Unabhängigkeitserklärung (1776) oder Lincolns Rede in Gettysburg (1863) Dokumente der Freiheit sind, so gibt es auch Dokumente, in denen Haß und Tyrannei ihr Gesicht zeigen, und die *Protokolle* sind eines dieser Werke: Sie bündeln das historische Erbe des Antisemitismus und spiegeln dessen Verwandlung aus einem religiösen und sozialen in ein neues politisches Phänomen wider. Sie geben Einblick in die Denkweise des Antisemiten, und zwar nicht nur über die Juden, sondern auch über sich selbst. Sie vermitteln weiterhin einen häßlichen Einblick in die äußerst rücksichts- und skrupellosen, wenn auch zuweilen auf Selbsttäuschung beruhenden Anmaßungen von Rechtsextremisten – seien sie nun »aufrichtig« antisemitisch oder nicht. In der Tat, wenn dieses Traktat die Einzigartigkeit des Antisemitismus herausstellt, so beleuchtet es auch die Art und Weise, wie dieses Vorurteil in einer antimodernen und antidemokratischen Weltsicht verwurzelt ist.

Gewinnen lassen sich diese Einsichten nur, wenn man die *Protokolle* nicht lediglich als eine empörende Sammlung auf Vorurteilen beruhender Lügen betrachtet, sondern in ihnen auch einen folgenreichen Beitrag innerhalb einer ehedem fest etablierten Tradition der intellektuellen Betätigung sieht, die darauf abzielte, ein explizit antiliberales und antisozialistisches politisches Projekt zu entwickeln. Die Fälschung stammt zwar aus dem zaristischen Rußland, doch die gleiche Geschichte hätte sich auch anderswo abspielen können. Der Antisemitismus war ein internationales Phänomen, und die *Protokolle* lassen sich nicht einfach auf den russischen Kontext beschränken, in dem sie entstanden. Bedeutende Schriften entwickeln ein Eigenleben, und das war auch bei diesem Traktat, selbst wenn es eine Fälschung war, eindeutig der Fall. Die *Protokolle* waren daran beteiligt, die Massenbewegungen, Revolutionen und Kriege des 20. Jahrhunderts zu prägen. Geschichte besteht nicht nur aus Wahrheit. Auch Lügen spielen darin eine Rolle.

Es ließen sich andere Bücher anführen, die für die intellektuelle Tradition des Antisemitismus bedeutsamer waren. Aber sie sind für gewöhnlich mehrere hundert Seiten dick und richteten sich zumeist an eine »gebildete« oder »akademische« Leserschaft, was angesichts der Respektabilität, die der Antisemitismus vor dem Zweiten Weltkrieg in akademischen und intellektuellen Kreisen genoß, niemanden verwundern sollte. Dagegen paßten die *Protokolle* leicht in eine Zeitung oder eine Zeitschriftenserie. Auch wenn eines der ersten Exemplare eine für Zar Nikolaus II. bestimmte elegante Goldschnittausgabe war, zielte das Pamphlet von Anfang an auf ein Massenpublikum ab.

Die *Protokolle* sind keine Arbeit von hohem intellektuellem Anspruch. Es mangelt ihnen an Ideen und noch mehr an schlüssiger Argumentation. Ihre Vorstellungswelt ist die von Schauerromanen, ihre Perspektive die eines billigen Melodrams, und der Stil ist pathetisch. Die gestelzte Sprache, die logischen Ungereimtheiten und kläglichen Bilder entlarven den Charakter und das geistige Niveau ihrer Autoren. Die Broschüre beruht auf traditionellen Mythen, selbst wenn sie den Vorurteilen der Vergangenheit eine entschieden moderne Wendung verleiht. Man bekommt tatsächlich einen Eindruck von den Ängsten, die von »den Juden« geweckt wurden. Die *Protokolle* sind die Grundlage für das Folgende, und so erscheint es angebracht – zumal keine allgemeine Vertrautheit mit diesem Werk des Antisemitismus für den Massenkonsum vorausgesetzt werden kann –, dem Leser im Anhang einige Auszüge daraus vorzulegen.

Der Text erschien in vielen Ausgaben. Für das vorliegende Buch wurde die von Jeffrey L. Sammons 1998 herausgegebene und kommentierte deutsche Ausgabe benutzt, in der die *Protokolle* in der Form abgedruckt sind, wie sie 1920, jedoch mit dem Datum 1919, erstmals in Deutschland unter dem Pseudonym »Gottfried zur Beek« des Herausgebers Ludwig Müller erschienen. (Die zeitgleich erscheinende englische Ausgabe des vorliegenden Buches verwendet die weitverbreitete englische Übersetzung von Victor Marsden, seinerzeit Rußlandkorrespondent der *Morning Post*, aus dem Jahr 1923.) Die im Anhang wiedergegebenen Ausschnitte sind umfangreicher als sonst üblich zitiert und vermitteln hoffentlich einen Eindruck davon, was Reaktionäre selbst an dem Pamphlet als wichtig erachteten. Dies enthebt den Leser der Notwendigkeit, sich mit einem weitschweifigen, redundanten Text von annähernd einhundert Seiten abzuplagen. Die Hauptidee der *Protokolle* ist natürlich die angebliche jüdische Weltverschwörung mit dem Ziel, die christliche Zivilisation durch eine von den »Weisen von Zion« geführte neue Weltordnung zu unterjochen. Daneben enthalten sie aber noch andere Behauptungen und versteckte Unterstellungen. Daher ist es wichtig, die Bildersprache des Textes, die verwendeten Stereotypen und die von ihm verbreitete spießbürgerliche Furcht vor der angeblichen Degeneration der authentischen Gemeinschaft und ihrer rassisch homogenen Angehörigen zu untersuchen.

Den Antisemiten ging es nicht um eine empirische Realität, und ihre fortschrittlichen Kritiker müssen die Unterstellungen verstehen, die den präsentierten Argumenten zugrunde liegen. Die wahren (nicht die angeblichen) Urheber der *Protokolle* porträtieren die Juden und Freimaurer als Außenseiter und Feinde der christlichen Zivilisation. Sie streichen ihre scheinbar seltsamen und befremdlichen Rituale heraus, ihre angeblichen geheimen Symbole und geheimen Kontakte. Sie verurteilen ihren Einfluß, die von ihnen ausgeübte Kontrolle über die Medien und Manipulation der diversen politischen Parteien. Sie projizieren ihren eigenen Autoritarismus auf sie und bewundern seltsamerweise den absoluten Gehorsam, den der »Großrabbiner« oder »Großmeister« angeblich genießt. Der Jude und der Freimaurer sind entweder ein und dasselbe, oder der Jude ist der Meister und der Freimaurer sein Lakai. Aber es spielt auch keine Rolle: »Der Jude« hat mit den wirklichen Juden nichts gemein.

Die *Protokolle* sind Ausdruck eines anthropologischen Trends innerhalb des »jüdisch-christlichen« Erbes, und so versuche ich zunächst, »den Text in den Kontext« einzuordnen. Das erste Kapitel enthält eine Skizze dessen, was William James* vielleicht die »Spielarten des Antisemitismus« genannt hätte, und zeigt die Logik hinter der Entwicklung dieses Vorurteils auf. Es vermittelt auch ein Bild von der kulturellen Atmosphäre, in der das Traktat entstand, und von dem Maße, in dem es den zivilisierenden Kräften von Säkularismus und Moderne, Gerechtigkeit und Toleranz, Individualismus und Demokratie widersprach. Es wird aufgezeigt, wie das Pamphlet das Gefühl der Machtlosigkeit, die Paranoia und die Angst der Verlierer widerspiegelt, die der Gedanke befriedigt, daß die »verborgene Hand« der Juden die Fäden des Fortschritts zieht. In diesem Kapitel wird ganz offensichtlich, daß die Stär-

* William James (1842–1910), amerikanischer Philosoph (Mitbegründer der Philosophie des Pragmatismus) und Psychologe, Bruder des Schriftstellers Henry James.

kung dieses Vorurteils die andere Seite des Kampfes für Freiheit, Gleichheit, Brüderlichkeit ist.

Es beginnt mit einer Untersuchung der prämodernen religiösen Selbstgerechtigkeit, aufgrund deren die Christen glaubten, daß die Juden mit dem Teufel im Bunde stünden. Diesen Gläubigen ging es mehr darum, den jüdischen Glauben abzuschaffen, als sich einer Anerkennung des Juden als Person zu verweigern. Dies änderte sich im Gefolge von Aufklärung und demokratischer Revolution, als Reaktionäre aus Angst davor, die Juden könnten von ihren universalen Rechten als individuelle Bürger Gebrauch machen, die von ihnen gewonnenen Privilegien zu widerrufen und die Juden gewissermaßen wieder ins Getto zu verbannen suchten. Dies bedeutete nicht weniger, als daß sie den Juden implizit zwar als Juden anerkannten, sich aber weigerten, ihn als Person zu betrachten, der es zuzutrauen sei, am öffentlichen Leben teilzuhaben. Erst nach dem Ersten Weltkrieg versuchten antisemitische Massenparteien, den Juden als mit bestimmten Rechten ausgestattetes Individuum *und* als Juden zu negieren. Mit dieser schicksalhaften Entwicklung war dann in der Tat der ideologische Boden für den Holocaust bereitet.

Vor diesem Hintergrund berichtet das zweite Kapitel, die »Geschichte einer Fälschung«, von der Entstehung der *Protokolle*, die zahlreiche Umformungen durchliefen und deren unterschiedliche Fassungen verschiedenen Autoren zugeschrieben wurden. Aber es erübrigt sich, hier noch einmal alle esoterischen Elemente der Entstehungsgeschichte aufzuzählen oder einen literarischen Vergleich der zahlreichen Ausgaben vorzunehmen. Das eigentliche Drama liegt in der Fälschung dessen, was schließlich zur verbreitetsten Ausgabe der *Protokolle* führte, und in den Zwecken, denen sie dienen sollte. All dies setzt einen kritischeren Blick auf jene Periode voraus, die sich von etwa 1890 bis zum Ausbruch des Ersten Weltkriegs erstreckte, also jene Zeit, die allgemein als die »guten Jahre« oder *Belle Époque* bezeichnet wird. Diese Begriffe entsprechen jedoch nicht unbedingt der Realität: Das zaristische Rußland litt unter einer tiefen Krise, deren Folgen sich bald auch im übrigen Europa bemerkbar machen sollten. Die Geschichte der *Protokolle* wirft ein Licht auf die Art dieser Krise und die reaktionäre Antwort darauf.

Das dritte Kapitel, »Die Nachricht verbreitet sich«, erkundet die Karriere dieser Fälschung. Den Anfang bildeten die von dem Pamphlet angeregten Pogrome der berüchtigten »Schwarzen Hundertschaften« in Rußland. Die »Action Française«, die älteste faschistische Bewegung, benutzte es in ihrem Kampf gegen progressive Kräfte in den zwanziger und gegen die Volksfront in den dreißiger Jahren. »Opus Dei«, selbst eine heimlichtuerische Elite mit verschwörerischen Ansichten und Praktiken, legte die jüdische Gefahr den Katholiken dar. Das Pamphlet regte zu Anschlägen auf Politiker an, und sein Ruhm verbreitete sich bis nach Südeuropa und in den Ostseeraum.

Antisemiten jeder Couleur nahmen sich seine Lehren zu Herzen: Fanatiker wie Ludwig Müller, auch als Müller von Hausen oder Gottfried zur Beek bekannt, der die deutsche Ausgabe der *Protokolle* besorgte, und Alfred Rosenberg, der künftige Hofphilosoph des Dritten Reichs, der sie verteidigte; Großindustrielle wie Henry Ford, der ihre Veröffentlichung in den USA finanzierte; Berühmtheiten wie Ezra Pound und Louis-Ferdinand Céline, Neuerer der Kunst und politische Narren in einem, die ihre Hauptthese aufgriffen; und natürlich Hitler selbst, der ihren praktischen Implikationen gerecht zu werden versuchte.

Zahllose andere Politiker und Intellektuelle ließen sich entweder von den *Protokollen* düpieren oder machten mit Vorbedacht von ihnen Gebrauch. Aber es gab auch jene, die sich gegen ihren verderblichen Einfluß zur Wehr setzten. Der Kampf gegen diese antisemitische Hetzschrift bildete eine bedeutende Episode im größeren ideologischen und politischen Kampf gegen den Faschismus. Deshalb ist es notwendig, die Anstrengungen von Gestalten wie Pierre Charles, Lucien Wolf, Benjamin Segel und Reverend Elias Newman darzustellen, die das Pamphlet als Fälschung demaskierten, und den in den dreißiger Jahren in der Schweiz abgehaltenen Sensationsprozeß zu schildern, in dem die Nationalsozialisten aufgefordert waren, ihren Glauben an die Echtheit der *Protokolle* zu untermauern.

Mit dem Prozeß hätte die Sache ein für allemal erledigt sein sollen. Aber sie war es nicht. Jedenfalls nicht ganz. Die *Protokolle* sind zum Werkzeug neuer Bewegungen geworden: von Faschisten, die sich in die Vergangenheit zurücksehnen, von Neofaschisten, die von der Zukunft träumen, und von nationalen Bewegungen, die den Antisemitismus für ihre Zwecke ausbeuten. Aber sie stehen heute in einem anderen Kontext: Der Holocaust hatte einen neuen Abscheu gegen den Antisemitismus hervorgerufen, mit dem Staat Israel war eine sichere Zuflucht für die Juden geschaffen worden, und in den meisten westlichen Ländern traten neue Organisationen auf den Plan, um die alten Mythen und den alten Haß zu bekämpfen. Die politische Bedeutung des Antisemitismus hat sich verlagert, und die *Protokolle* sind heute ebensowenig ein »lebendiges Dokument« wie *Mein Kampf*. Gegenwärtig spielen sie eine Nebenrolle in Bewegungen, die viel weniger bedrohlich als jene der zwanziger Jahre sind. Dennoch könnte der politische Antisemitismus, selbst wenn er heute größtenteils nur noch unterschwellig vorhanden ist, immer noch einmal von neuem erwachen und gefährliche Formen annehmen.

Es gibt keine Garantie dafür, daß der Antisemitismus für immer kaltgestellt ist: Jene, die wehmütig auf die »gute alte Zeit« zurückblicken, könnten sich von seiner anachronistischen Natur angezogen fühlen. Seine Anziehungskraft rührt zweifellos von seiner Fähigkeit her, sich als von Ressentiments und Verzweiflung genährte »Philosophie aus dem Bauch« zu präsentieren. Der Antisemitismus betont das Irrationale, Stereotype und Intuitive. Den *Verlierern* oder jenen, die das Vertrauen in den Fortschritt verloren haben, liefert dieses Vorurteil eine Form der Selbstrechtfertigung und Kompensation, es stärkt den Zusammenhalt ihrer Ideen, ihrer Interessen und ihres Geschichtsbildes. Im Schlußkapitel dieses Buches, »Das Erbe der Lüge«, werden anhand der *Protokolle* der gegenwärtige Stand des Antisemitismus und die einzigartige Welt des Vorurteils und der Paranoia, in der die Antisemiten leben, beleuchtet.

Haß auf die Juden ist eine gelebte Erfahrung. Der Antisemitismus befriedigt nicht nur wirtschaftliche und politische, sondern auch existentielle Bedürfnisse. Es gibt offensichtlich einen Unterschied zwischen jenen, die sich in unaufrichtiger Weise das antisemitische Vorurteil zunutze machen, und den aufrecht gesinnten, aber naiven Endkonsumenten. Aber einfach nur die diversen, in Schriften wie den *Protokollen* enthaltenen Unwahrheiten nachzuweisen genügt nicht. Letztlich ist der Antisemitismus vom Standpunkt der politischen Praxis eine *Glaubensfrage*: Argumente werden nur insoweit legitim, als sie den an den Glauben gestellten Anspruch stützen. Der Glaube an die überwältigende Macht eines bösen Juden bildet seine *Grundvoraussetzung*. Die *Protokolle* werfen ein besonderes Licht darauf: Der fanatische Antisemit macht aus dem Juden mehr als nur den Sündenbock. Der *Jude* ist schuld, weil der Antisemit es nicht ist. Kurz, die Omnipotenz des Juden spiegelt die Impotenz des Antisemiten wider.

Der Jude hat diese überwältigende Macht angeblich deshalb erlangt, weil der Jude ein *Chamäleon* ist, das heißt, die Fähigkeit besitzt, zu verschiedenen Zeiten unterschiedliche Gestalt anzunehmen. Der Jude ist *nicht* der Homosexuelle, der den Niedergang der Gesellschaft bewirkt, oder der von persönlicher Habgier erfüllte Kapitalist oder der Kommunist, der angeblich die »Zivilisation« umstürzen will, oder der angeblich parasitäre Farbige: Den *Protokollen* zufolge ist er dies alles auf einmal. Und mehr, denn das Chamäleon kann in die Gestalt *jedes* Feindes schlüpfen, den ein bestimmtes Opfer braucht. Der Jude steht überall dem gewöhnlichen Volk gegenüber: Die historische Verknüpfung von Populismus und Antisemitismus ist kein Zufall. Der *Chamäleoneffekt* erklärt die Fähigkeit des Juden, internationale Ereignisse zu manipulieren. Er zeigt, warum der Christ immer »überlistet« wird, und macht nachvollziehbar, warum im Denken des Fanatikers sowohl »der Jude« als auch das Bedürfnis nach dem Antisemitismus seit dem Beginn der jüdisch-christlichen Zivilisation in unterschiedlichen Formen überdauert haben.

Die *Protokolle* geben ein spiegelverkehrtes Bild der Geschichte wieder: Die Machtlosen werden allmächtig, und die Allmächtigen werden machtlos. Das Pamphlet stellt die Wahrheit auf den Kopf. Aber die Wahrheit verschwindet nicht. Gerade aus diesem Grund muß der Kritiker zu enthüllen versuchen, was die Lüge verbergen will. Es geht darum, aufzuzeigen, wie diese Broschüre, während sie die Unterdrückung eines scheinbar allmächtigen Feindes zu legitimieren versucht, tatsächlich die einer im Grunde machtlosen Gruppe von Menschen zugefügte Schmach beleuchtet. Die Fälschung demonstriert die gefährliche politische Flugbahn eines gegen Moderne und Aufklärung gerichteten Denkens, sie bietet einen Einblick in die perverse, eigennützige Art und Weise, in der Christen die Juden im Verlaufe fast der gesamten abendländischen Geschichte betrachtet haben, und beleuchtet die Stereotypen und die manichäischen Elemente im christlichen Dogma. Letztlich zerschmettert sie die bequeme Illusion eines »jüdisch-christlichen« Erbes.

Alle westlichen und viele andere Länder haben ihre antisemitischen Traditionen. Es fällt schwer, zu bestimmen, wo die Ideologie »am schlimmsten« war. Ob die antisemitischen Worte zu antisemitischen Taten führen, hängt vor allem von politischen Faktoren ab. Es ist also kaum verwunderlich, daß die von Juden bevorzugten Einwanderungsländer jene mit den nach den Maßstäben der jeweiligen Zeit liberalsten politischen Institutionen gewesen sind. Liberale politische Institutionen und ein demokratisches Gemeinwesen mögen vielleicht nicht immer über ihre intoleranten, autoritären Feinde obsiegen. Dennoch bleibt die Binsenweisheit gültig, daß auf »bürgerlichem Republikanismus« und kosmopolitischer Einstellung gegründete Institutionen das beste Mittel gegen Antisemitismus und Rassismus jeglicher Art sind. Juden standen historisch immer an vorderster Front, wenn es darum ging, die Schaffung solcher Institutionen und die Vorrangstellung solcher Werte zu fordern. Dies bleibt vielleicht der beste Teil der jüdischen politischen Tradition, und es wird gewiß auch zu den am meisten unterschätzten Traditionen werden, während engstirnige Formen von nationalistischem Extremismus und religiösem Fundamentalismus das 21. Jahrhundert einläuten.

Antisemiten haben sich schon immer von einem integralen Nationalismus und messianischen Visionen einer christlichen Bestimmung berauschen lassen. Die gleichen Wertvorstellungen werden jedoch gegenwärtig von einer zunehmenden Zahl von jüdischen Fanatikern aufgenommen. Sie sorgen sich um die Erosion ihrer Religion und Identität. Sie wehren sich gegen den Trend zum religiösen Pluralismus und gegen die Einführung kosmopolitischer Werte in ihre Gemeinschaft. Für die freiheitliche Demokratie haben sie nur Verachtung übrig, obwohl deren Institutionen ironischerweise nach wie vor die besten Garanten gegen Machtwillkür und die zersetzende Kraft des Vorurteils sind. Die Opfer des Antisemitismus sind nicht immun gegen die Denkweise ihrer Verfolger. Auch die Juden selbst können unwissentlich den *Protokollen* erliegen. Daher gehört es zu den wichtigsten Zielen dieses Buches, nicht nur die Tradition des Antisemitismus zu beleuchten und seinen gegenwärtigen Stand zu bestimmen, sondern auch diese Gefahr hervorzuheben.

Ich möchte die Gelegenheit nutzen, einer Reihe von Freunden und Kollegen zu danken, die mir bei der Fertigstellung dieses Buches sehr geholfen haben. Diana Judd stand mir als Forschungsassistentin zur Seite. Anand Commissiong, John Ehrenberg, Irene Gendzier, Micheline Ishay, Kurt Jacobsen, Elizabeth Kelly, Manfred Steger und Christian Fenner bin ich sehr dankbar für ihre Kommentare zu meinem Manuskript. Klaus-Dieter Schmidt und Hans-Ulrich Seebohm, meine deutschen Übersetzer, vermittelten mir ebenfalls wichtige Korrekturen und Einsichten. Schließlich möchte ich Michael Flamini und Christian Seeger, meinen Lektoren bei St. Martin's Press und im Propyläen Verlag, für ihre Unterstützung und ihren Enthusiasmus danken. Was meine Frau, Anne Burns, betrifft, so war sie die Seele von allem.

New York City
Frühjahr 1999

Stephen Eric Bronner

DER TEXT IM KONTEXT

Die *Protokolle* und die Formen des Antisemitismus

> Und der Mensch glaubt leicht, was er gern will. So übergeht er das Schwierige, weil er beim Untersuchen die Geduld verliert; das Nüchterne, weil es seine Hoffnungen beengt; die tiefere Naturforschung, wegen seines Aberglaubens; das Licht der Erfahrung aus Hochmuth und Anmaßung, damit es nicht scheine, daß er seinen Geist mit gewöhnlichen, geringfügigen Dingen beschäftige; ungewöhnliche Ansichten endlich wegen der herrschenden Meinung; kurz, auf unendliche und oft unmerkliche Weise überwältigen und vergiften unsere Neigungen die klare Ansicht.
>
> Francis Bacon,
> *Neues Organ der Wissenschaften* (1620)

Judenhaß war fast von Anfang an ein Element der westlichen Zivilisation. Welche positiven Episoden es in den jüdisch-christlichen Beziehungen auch gegeben haben mag – vor der Aufklärung des 18. Jahrhunderts waren es nur wenige –, nirgendwo konnten Juden wirklich selbst über ihr Schicksal entscheiden oder sich als Gleiche unter Gleichen in die nichtjüdische Gesellschaft integrieren. Ihre Existenz hing im Guten wie im Bösen zum großen Teil von den Launen nichtjüdischer Herrscher und feindseliger Institutionen ab. Schon aus diesem Grund hatten die Juden für ihre religiösen Konkurrenten wahrscheinlich genausowenig übrig wie diese für sie. Es wäre daher unsinnig, jede kritische Äußerung über Juden als Ausdruck des Antisemitismus zu betrachten. Außerdem sollte man nicht außer acht lassen, daß bei der Herausbildung der antisemitischen Ideologie echte Gruppenkonflikte eine Rolle spielten. Jede ernsthafte Untersuchung des Judenhasses muß dessen qualitativ unterschiedliche religiöse, soziale und politische Ausdrucksformen herausarbeiten.

Der Antisemitismus ist ein Phänomen mit mehreren konzentrischen Ebenen oder Schichten und hat wohl nur oberflächlich mit wirtschaftlichem Neid zu tun.[1] Anfangs waren Juden vor allem Gegenstand von *religiöser Intoleranz*: Sie wurden wegen der Arroganz ihres Monotheismus verachtet, als Mörder Jesu geschmäht und mit dem Teufel gleichgesetzt. Später, im Zuge des Aufstiegs des Kapitalismus während des 18. und eines Großteils des 19. Jahrhunderts, erlebten sie eine *soziale* Form des Vorurteils, die oft als *risches* bezeichnet wird: Dieses jiddische Wort beschreibt eine Mischung aus Ärger und Neid gegenüber der Fähigkeit der Juden, die von Kapitalismus und liberaler Gesellschaft eröffneten Gelegenheiten zu nutzen. Der neue *politische* Ausdruck des Judenhasses, der allgemein als *Antisemitismus* bekannt ist, tauchte jedoch erst Ende des 19. und Anfang des 20. Jahrhunderts auf, inmitten der umwälzenden Entwicklungen, die mit dem Triumph des modernen Lebens zusammenhingen. Erst jetzt wurden die Juden gemeinhin als Rasse betrachtet, als internationale Bedrohung der christlichen Zivilisation gefürchtet und schließlich dem systematischen Genozid ausgesetzt.

Der Antisemitismus verleiht dem Judenhaß seine programmatische Gestalt und seinen ausgeprägt modernen Charakter: Er bietet neue Wege zur Erklärung der Geschichte, neue Rechtfertigungen für den Judenhaß und redet die Notwendigkeit einer umfassenden politischen Lösung der »Judenfrage« herbei. Die *Protokolle der Weisen von*

*Zion** spiegeln in der Theorie diese praktische Entwicklung des Antisemitismus von einem vorwiegend religiösen Vorurteil über ein soziales Ressentiment zu einer neuen politischen Weltanschauung wider. Religiöse Intoleranz gegenüber den Juden, *risches* und Antisemitismus gehen immer miteinander einher. Von Interesse ist die besondere Mischung zwischen diesen Formen. Gewiß hatten politische Erwägungen starken Einfluß auf den Ausbruch der religiösen Intoleranz im alten Rom und im Mittelalter. *Risches* wurde darüber hinaus offensichtlich durch religiöse Vorurteile verstärkt, und die moderne Form des politischen Antisemitismus nutzte die früheren Formen aus. So konnte man zum Beispiel auf Nazi-Plakaten lesen: »Wer den Juden kennt, kennt den Teufel.«

Es war nicht einfach so, daß der religiöse Antisemitismus, gewissermaßen der von Hegel und Marx vertretenen historischen Stufentheorie folgend, vom sozialen Antisemitismus abgelöst wurde, der dann seinerseits dem politischen Antisemitismus Platz machte. Gesellschaftliche Berufe blieben Juden weiterhin verschlossen, und im Mittelalter, in dem offensichtlich eine religiöse Form des Antisemitismus vorherrschte, wurden Inquisitionen auch zu politischen Zwekken veranstaltet. Die wesentliche Aussage lautet schlicht, daß zu verschiedenen historischen Zeiten unterschiedliche Mischungen dieser Formen des Antisemitismus vorherrschten. Mit anderen Worten, die einzigartige Rolle des Juden nicht nur als Sündenbock, sondern als *der Andere* des Nichtjuden schlechthin nahm verschiedene Formen an.

Dabei ist jedoch zu beachten, daß der von religiöser Intoleranz oder *risches* ausgelöste Haß nicht unbedingt stärker oder schwächer sein muß als der vom politischen Antisemitismus hervorgerufene. Beide Formen des Hasses

* Verweise auf die im Anhang abgedruckten Auszüge aus den *Protokollen* erscheinen im folgenden in Klammern.

besitzen existentielle Anziehungskraft und Erklärungsmacht. Beide wurzeln in historischen Vorstellungen über Juden und jüdisches Leben. Beide erfüllen in einer bestimmten gesellschaftlichen Organisationsform eine Funktion. Beide tragen auf ihre Weise zur Herausbildung einer Lösung des Judenproblems in Form eines *Ausscheidens* oder einer *Befreiung* bei. Beide mischen auch eine Reihe gewisser Ideale mit eigennützigen Motiven. Beide verknüpfen Prinzipientreue und Opportunismus auf eine Weise, die anderen Ideologien fremd ist.

In der Praxis überlagern sich die Formen des Judenhasses derart, daß man häufig kaum feststellen kann, wo religiöse Intoleranz und *risches* aufhören und wo der Antisemitismus beginnt. Deshalb ist es um so wichtiger, herauszufinden, welche Form in welcher historischen Situation *vorherrschend* war und auf welche Weise sich die *Konfiguration* des Judenhasses im Lauf der Zeit verändert hat. Immerhin haben unterschiedliche Konfigurationen des Judenhasses unterschiedliche Implikationen für seine Opfer. Nur wenn dies in Betracht gezogen wird, läßt sich nachvollziehen, welche Bedeutung die *Protokolle* besitzen und wie dieses wahnwitzige Pamphlet, von dem angeblich über die Jahrhunderte hinweg Vorläufer aufgefunden worden waren, frühere Mythen aufgreifen und in etwas umformen konnte, das einer radikal neuen antisemitischen Weltanschauung sehr nahekommt.

Religiöse Intoleranz

Die ersten Äußerungen des Judenhasses waren *religiöser* Natur, und sie sind älter als das Christentum. Das soll nicht heißen, daß es keine sozialen Vorurteile und politischen Befürchtungen gab, doch waren diese einer Art religiöser Empörung untergeordnet. Soweit es Diskriminierungen gab, wurden sie nicht von Rassenhaß oder sozialen Ressentiments ausgelöst. Das Schicksal der Sklaverei, das die Juden in Ägypten erdulden mußten, teilten sie mit vielen anderen Völkern, und es war weder in wirtschaftlichen Motiven noch in politischen Ängsten begründet. Auch war man in Ägypten, Griechenland, Rom und im Mittelalter kaum besorgt, die Juden könnten ungebührlichen politischen Einfluß nehmen. Wenn es in vormoderner Zeit zu Gewalt gegen Juden kam, waren sie selten wirtschaftlich motiviert und in der Regel politisch unorganisiert[2]: Hauptursache solcher Ausbrüche war der religiöse *Glaube.*

Bei den äußerst gewalttätigen Übergriffen während der jüdischen Unruhen in Alexandria unter Caligula im Jahr 38 n.Chr. oder bei der Zerstörung des Tempels in Jerusalem durch die Römer im Jahr 70 war nicht das jüdische Volk der Feind, sondern die jüdische Religion und Lebensart.[3] Anders ausgedrückt, diese Kulturen akzeptierten *den Juden als Person, aber nicht als Juden.* Der Judaismus wurde als Störfaktor in der allgemeinen Kultur empfunden, und seine Anhänger betrachteten sich selbst als etwas Besonderes, herausgehoben von ihrer Umgebung (1A). Juden verstanden sich als das *auserwählte Volk* im Geist des zwischen Abraham und Gott geschlossenen Bundes. Die Unterscheidung zwischen Juden und anderen stammt aus der biblischen Geschichte von Esau und Jakob.[4] Während des Exodus aus Ägypten, einem Schlüsselereignis in der Geschichte der Juden, verwandelte sich diese Unterscheidung dann in eine nationale Identität.

In mehr als einem Sinne erscheint die Geschichte – vom Standpunkt der Juden aus gesehen – als eine Auseinandersetzung zwischen Götzendienst und Religion.[5] Die Furcht vor einer unsichtbaren Macht, die *hinter* dem Sichtbaren agiert, sollte zu einem Hauptelement des Antisemitismus und auch von modernen Schriften wie den *Protokollen* werden (1B). In diesem Sinn untergrub die jüdische Ansicht über den Ursprung der Welt alle anderen Schöpfungsmythen, indem sie die Kämpfe zwischen den Göttern, deren heroische Wesenszüge und Leidenschaften entmenschlichte. Am Anfang war nach jüdischer Auffassung nur das *Wort*. Das Drama der Geburt wurde durch eine einzige entmythologisierende Tat ausgelöscht, indem Gott *sagte*: »Es werde Licht.«[6]

Durch die Einführung eines einzigen, allmächtigen Gottes wurde nicht nur der Polytheismus, sondern auch die diesem innewohnende Wechselbeziehung in Frage gestellt. Nun war es nicht mehr jeder Gruppe, einschließlich der Juden, möglich, die Götter der anderen anzuerkennen, wenn diese im Gegenzug den eigenen Götter ihre Reverenz erwiesen. Der Gott Israels war ein eifersüchtiger Gott, der, in den Augen der Antisemiten, vielleicht alle von der des »auserwählten Volkes« abweichenden Religionen zu vernichten beabsichtigte (14A). Gewiß stellte Er für die Juden mehr dar als den *primus inter pares*, den ersten unter gleichen Göttern: Vielmehr durfte die Anbetung des jüdischen Gottes nicht durch die Anbetung anderer, per definitionem falscher Götter verwässert werden. Anderen Völkern mit anderen Glaubensrichtungen entging die Arroganz dieser Haltung keineswegs; sie stellte die Juden auf einzigartige Weise ihnen gegenüber und verstärkte zweifellos die prosaischeren Haßgefühle, die aus gegensätzlichen sozialen und politischen Interessen entstanden:

> »Ohne die intolerante Haltung der jüdischen Religion und die auf dieser beruhende Praxis und Kultur hätte der Judaismus wenig Anlaß für Ressentiments gegenüber den in verschiedenen Teilen der Welt lebenden Juden geboten. Andererseits würde es ohne diese Haltung heute vermutlich überhaupt keine Juden geben. Ein weiteres Paradox besteht darin, daß der monotheistische Judaismus allein durch das polytheistische Heidentum gerettet wurde. Nichtmonotheistischen Religionen scheint eine Großmut zu eigen zu sein, die Judaismus, Christen-

tum, Islam etc. abgeht – in Gestalt der Anerkennung von Religionsfreiheit.«[7]

Die Selbstdefinition der Juden als von Gott – dem *einzigen* Gott – auserwähltes Volk muß sie mit Zuversicht und einem Gefühl der Sicherheit erfüllt haben. Aber sie hat zweifellos auch tiefe Angstgefühle und, vielleicht unbewußt, einen intensiven Neid hervorgerufen (22). Die vermeintliche Minderwertigkeit der Juden kann tatsächlich als psychologische Projektion des Nichtjuden verstanden werden, der seine Götter herausgefordert sieht und sich selbst nicht derart göttlich bevorzugt fühlt. In Ägypten wurden die Juden verurteilt, weil sie sich weigerten, die Göttlichkeit des Pharao anzuerkennen. In Griechenland und Rom wurden sie angegriffen, weil sie eine abgeschlossene Gemeinschaft blieben und sich von den Aktivitäten des Stadtstaats *(polis)* und der »öffentlichen Sache« *(res publica)* fernhielten, weil beide von religiösen Ritualen geprägt waren. Deshalb wurden die Juden als »misanthropisch« und ihre »privaten« Sitten und Gebräuche als barbarisch angesehen. Immerhin hatte Aristoteles gesagt, daß ein Mensch, der »nicht in Gemeinschaft leben kann oder in seiner Autarkie ihrer nicht bedarf, ... kein Teil des Staates« sei, »sondern ein wildes Tier oder ein Gott«.[8]

Der Grund für den Rückzug der Juden aus dem öffentlichen Leben hatte überhaupt nichts mit Diskriminierung oder der Furcht zu tun, als Sündenböcke hingestellt zu werden. Vielmehr ging es in der Hauptsache darum, das Überleben ihrer Kultur sicherzustellen. Nach der Zerstörung des zweiten Tempels und der Vertreibung der Juden aus Jerusalem erwies es sich für sie als zunehmend notwendig, ihr kulturelles und religiöses Leben mit der ihnen eigenen einzigartigen und unabhängigen Dynamik zu versehen. Und dies hatte, in Übereinstimmung mit ihrem Glauben, ohne Götzenbilder und ohne jede hierarchische Kirchenstruktur zu geschehen. Es war in der Tat gerade ihre Bindung an die *Thora*, der Wert, den sie dem »Wort« beimaßen, was es den Juden ermöglichte, inmitten der überaus vielfältigen Kulturen der *Diaspora*, die seit fast zweitausend Jahren ihr Leben bestimmt, ihre Identität zu wahren.[9]

Das Ironische dabei ist, daß die Juden üblicherweise gerade von denjenigen Kreisen wegen ihrer Abkehr vom öffentlichen Leben kritisiert wurden, die sich so hartnäckig um ihre Ausgrenzung bemühten. Doch rührte dieses Ressentiment sicherlich eher von einer gewissen Verachtung für ihre religiösen Anschauungen und Abscheu vor Gebräuchen wie dem der Beschneidung her. Daß jemand einen unsichtbaren Gott anbetete, der nicht in Bildern darzustellen war, muß den Kritikern als krasse Form des Aberglaubens erschienen sein. Jüdische Rituale waren den meisten Außenstehenden schlicht unverständlich, und Zyniker mutmaßten, daß noch etwas anderes dahinterstecken mußte. Gerüchte verbreiteten sich: Den Juden wurde vorgeworfen, sie beteten den Kopf eines goldenen Esels an. Es hieß, sie äßen deshalb kein Schweinefleisch, weil sie Schweine für göttlich hielten. Manche hatten sie im Verdacht, Ritualmorde und Menschenopfer zu begehen. Andere vermuteten, daß sie Schwarze Magie praktizierten.[10] Unter den gegebenen Umständen war es natürlich unmöglich, solche Unterstellungen zu widerlegen. Die Juden hatten nur *das Wort*. Doch ihre Feinde hatten begriffen, daß es ein tiefes und *unsichtbares* Band geschaffen hatte. In den Augen der Leichtgläubigen – gewöhnlicher Menschen wie auch Intellektueller – lag der Schluß nur allzu nahe, daß die Juden miteinander *konspirierten* (2A, 13D).

Apion, Seneca, Tacitus und andere antike Autoren zogen über sie her. Bei den Ägyptern, den Griechen und Römern gab es Kriege gegen das jüdische Volk, Diskriminierung und vereinzelte Ausbrüche von Gewalt. Aber mochten die Juden auch als irregeleitet, dogmatisch, selbstgerecht und misanthropisch betrachtet werden, als von Grund auf böse galten sie nicht. Das änderte sich mit dem Aufstieg des Christentums, als sich Gerüchte verbreiteten, die Juden hätten den »Messias« getötet. Vermischt mit einer von den Persern übernommenen Theorie über den Teufel, entwikkelte sich dieses Gerücht in einen historischen Mythos mit tiefgreifenden Folgen. In allen antisemitischen Schriften wird dieser Zusammenhang regelmäßig hervorgehoben. Die *Protokolle* identifizieren die Juden mit dem »Sinnbild einer Schlange«, die sich um die Welt ringelt und überall Chaos verursacht, indem sie alle Kräfte gegeneinander aufhetzt (3A). Der Bezug auf die biblische Geschichte von Adam und Eva ist nicht zu übersehen: Die Juden tragen die Schuld an der Vertreibung aus dem Paradies.

Eine neue Religion muß sich rechtfertigen. Das Christentum begann nicht mit einem »Jesus«, sondern vielmehr mit den Anhängern mehrerer neuer und miteinander konkurrierender religiöser Anschauungen in einer Zeit komplexer politischer Übergänge und akuter kultureller Konflikte.[11] Gewisse Intellektuelle, die dem neuen Glauben anhingen, reagierten auf die Unruhen des ersten nachchristlichen Jahrhunderts, indem sie Gleichnisse, »Sprüche« *(logia)*, Wundererzählungen sowie hebräische Schriften in einer neuen und außerordentlich schönen poetischen Form schöpferisch zu Geschichten zusammenfügten. Das Ergebnis sollte schließlich als das »Neue Testament« bekannt werden.[12] Wie die Dinge jedoch standen, lag das Alte im Sterben, und das Neue war noch nicht geboren. Bezeichnenderweise finden sich in den synoptischen Evangelien des Matthäus, Markus und Lukas sowie im Buch des Johannes viel Mythos, Volkstum und literarische Vorbilder teils griechischer, teils jüdischer Provenienz. Tatsächlich liegen diesen Evangelien zwei volkstümliche Traditionen zugrunde: der griechische Mythos vom »edelmütigen Tod«, der wohl mit dem über Sokrates verhängten Todesurteil wegen Ketzerei seinen Ausgang nahm, und der jüdische Mythos von dem verfolgten Weisen, zuweilen auch als »Geschichte von der Weisheit« betitelt.[13] Ersterer handelt von einem Menschen, der bereit ist, für seine Grundsätze zu sterben, während es in letzterem um das Opfer eines ungerechten Urteils geht – wie etwa Esther oder Daniel im Alten Testament –, das, von einem ausländischen Despoten mit dem Tode bedroht, am Ende doch noch errettet wird, nachdem sich seine Loyalität oder Frömmigkeit herausgestellt hat. Die Geschichte Christi gründet fest auf diesen beiden Traditionen.

Das Markus-Evangelium, um das Jahr 70 entstanden, war das erste, das eine Lebensgeschichte Jesu darbot. In der Folge des römisch-jüdischen Krieges wurde es etwa vierzig Jahre nach der angeblichen Kreuzigung, der Tradition entsprechend, anonym verfaßt und interessanterweise erst zwei Jahrhunderte später »Markus« zugeschrieben.[14] Das wenige, was an Aussprüchen und Geschichten früherer Überlieferungen erhalten war, wurde darin zu einem Bild zusammengefügt: dem Bild Jesu. Untermauert durch eine allumfassende Idee von der menschlichen »Sünde«, die ihrerseits von Paulus aus der jüdischen Theologie übernommen und rekonstruiert worden war, brachte es zum Ausdruck, was die Grundlage einer »unwiderlegbaren« Doktrin der Gnade werden sollte. Den Jüngern Jesu erschien es in der Tat angebracht, Jesus, den Propheten der *universalen* Liebe und Vergebung, seinem eigenen Volk oder, anders ausgedrückt, den Sohn dem Vater entgegenzusetzen. Und dieses Unternehmen erwies sich als erfolgreich. Die Praxis, den Juden die Schuld am Tod Jesu zu geben und sie mit dem überaus mächtigen Teufel in Verbindung zu bringen, sollte später durch die Kirche so weit getrieben werden, daß diese Vorstellungen ins kollektive Unterbewußtsein der nichtjüdischen Welt eingingen. Doch waren diese Themen bereits in den Evangelien angelegt, die unter dem Bann der Leidensgeschichte Jesu für ein nichtjüdisches, vom traditionellen jüdischen Leben losgelöstes Publikum geschrieben worden waren.

Satan erlangte schon im Jahrhundert nach dem Tod Jesu eine gewisse Bedeutung unter seinen Anhängern. Das Markus zugeschriebene Evangelium führte den Teufel gleich im ersten Kapitel ein, wodurch sich das Wirken Jesu als Bereitschaft definieren ließ, in einen ständigen Kampf zwischen dem Geist Gottes und jenen, die dem »Reich« seines Widersachers angehören, einzutreten. Jesus nicht nur mit den Schriftgelehrten und Pharisäern, sondern auch mit den jüdischen Priestern, den Sadduzäern, in Widerstreit zu setzen verlieh der jüdischen Tradition des »verfolgten Weisen« eine neue Wendung. Dies ermöglichte es dem Schreiber, die Juden als Verschwörer gegen das Leben Jesu nicht nur aus religiösen, sondern auch aus politischen Gründen hinzustellen; andererseits ließ es auch Raum für die Einführung des griechischen Motivs vom »edelmütigen Tod«. Die vermeintliche Manipulation der Römer durch die Juden mit dem Ziel, die Kreuzigung Jesu herbeizuführen, bereitete den Boden für Unterstellungen in Werken wie den *Protokollen*, die Juden manipulierten die Freimaurer zu anderen ruchlosen Zwecken (4A). Natürlich spielt es dabei kaum eine Rolle, daß die »Tatsachen« der Originalgeschichte sowohl mit jüdischem als auch mit römischem Recht, wie sie für die damalige Zeit dokumentiert sind, unvereinbar waren: So wäre zum Beispiel eine Hinrichtung am jüdischen Passahfest ein Frevel gewesen, und die Uneinigkeit der Zeugen hätte nach römischem Recht zu einem ungültigen Prozeß geführt.[15]

Die anderen Evangelien, deren wirkliche Autoren ebenfalls unbekannt bleiben, behalten eine antijüdische Haltung bei. Doch sie sind etwas weniger dramatisch und streng in der Art ihres Vorurteils. Sie zeichnen sich durch die Art und Weise aus, wie sie darauf hinweisen, daß der

Geist Gottes nicht mehr allein den Juden vorbehalten ist, sondern allen Völkern gehört. Das zwischen 70 und 80 entstandene Evangelium nach Matthäus wird oft als Dokument eines »Jüdischen Christentums« bezeichnet, zusammengetragen von Mitgliedern einer christlichen Sekte, die den Aufschwung der christlichen Orthodoxie im 4. Jahrhundert nicht überlebte, der es gelingt, sich des jüdischen Schrifttums in Form des »Alten Testaments« zu bemächtigen. Was das um 80 entstandene Evangelium des Lukas betrifft, so macht es Jesus zu einer Gestalt des Übergangs: In der Tat, den Blick nunmehr den Nichtjuden zugewandt, steht er zwischen dem Gott Israels und dem neuen christlichen Gott.[16] Der entscheidende Schritt wird jedoch in dem Johannes zugeschriebenen Evangelium vollzogen, dessen Entstehung auf die Zeit zwischen 90 und 100 datiert wird: Der traditionelle jüdische Begriff des »Wortes« *(logos)* wird nun von dem hebräischen Gott auf Jesus selbst übertragen: »Und das Wort ward Fleisch und wohnte unter uns, und wir sahen seine Herrlichkeit, eine Herrlichkeit als des eingeborenen Sohnes vom Vater, voller Gnade und Wahrheit« (Johannes 1,14). Das Alte wird nun vom Neuen abgetrennt: Die Juden bleiben in der Finsternis zurück, während die Christen in das Licht hinaustreten.

Die vier Evangelien, von der Kirche aus Hunderten von widersprüchlichen und innerlich inkonsistenten Berichten über die Gestalt Christi ausgewählt, sollten die christliche Sicht auf die Juden in tiefgreifender Weise verändern. Durch diese Werke, wie immer man ihren literarischen und sogar emanzipatorischen Wert auch beurteilen mag, haben sich die Christen schließlich »... zusammen mit den ganz gegenteiligen Sprüchen Jesu die Assoziation zwischen den Mächten des Bösen und den jüdischen Gegnern Jesu zu eigen gemacht. Gebildete und Ungebildete gleichermaßen waren, wenn sie die Erzählungen der Evangelien hörten oder sie in ihren Kirchen dargestellt sahen, durchgängig von der historischen Wahrheit und dem religiösen Wert derselben überzeugt.«[17]

Das Christentum hat eine unendliche Vielzahl von Interpretationen ausgelöst, und es kurzerhand mit Antisemitismus gleichzusetzen wäre ungenau und irreführend. Es läßt sich jedoch nicht verleugnen, daß der Mythos der jüdischen Schuld im selben Maße wuchs wie die institutionelle Dominanz der katholischen Kirche in Rom. Deren Vertreter bestanden darauf, daß Christus der Erlöser sei und die Juden, in deren Religion kein Platz für »Gottes Sohn« war, ihn getötet hätten. Das auserwählte Volk schien weniger von Gott als vielmehr vom Teufel auserkoren zu sein, von dem es die Macht bezog, seine Ziele zu verwirklichen. Mit diesem Mythos vermischte sich die Vorstellung, daß Jesus mit einer Botschaft der universalen Erlösung auf die Welt gekommen sei, die von den Juden zurückgewiesen wurde, weil sie sich halsstarrig an das *Wort* der Thora klammerten, statt die *Leiden* des Erlösers anzuerkennen. Dieses Festhalten am Wort anstelle des Geistes bildete die *raison d'être* für die Schaffung des Christentums und seine Trennung vom Judaismus, in dem der Messias der Christen aufgewachsen war.

Prinzipien vermischten sich mit Opportunismus und Ideale mit Interessen. Die neue Religion sah sich gezwungen, zu erklären, warum ihre Botschaft von der Mehrheit der Juden nicht akzeptiert wurde und zugleich, warum sie im zerfallenden Römischen Reich politischen Einfluß beanspruchte.[18] Da an der Botschaft selbst nichts fehlerhaft sein konnte, mußte etwas mit dem Adressaten nicht stimmen. Dies wird anhand der Geschichte von Jesus und Barabbas deutlich. Laut Matthäus-Evangelium (27,15–26) hatte der jüdische Mob, nachdem er von Pontius Pilatus aufgefordert worden war, sich zum Osterfest für die Begnadigung des Barabbas oder Jesu zu entscheiden, von den Hohenpriestern und Ältesten aufgehetzt, die Freilassung des Barabbas und die Kreuzigung Christi verlangt. Da wusch sich Pilatus, dem bei der Sache offenbar unbehaglich war, »die Hände vor dem Volk und sprach: ›Ich bin unschuldig am Blut dieses Gerechten; sehet ihr zu!‹« Daraufhin soll das Volk ausgerufen haben: »Sein Blut komme über uns und unsre Kinder«. Für die Anhänger der neuen Religion war die Sache klar: Die Juden hatten willentlich und bei vollem Bewußtsein die Hinrichtung Jesu verlangt, während die widerstrebenden und letztlich schuldbewußten Römer nur als ihre Vollstrecker handelten.

Ob sich dies jemals so zutrug, ist fraglich. Wie Markus (15,7) berichtet, hatte Barabbas »im Aufruhr einen Mord begangen«. Doch war »Barabbas« gar kein Personenname. Vielmehr handelt es sich um eine Verballhornisierung des aramäischen Begriffs »bar abba«, der entweder »Sohn des Vaters« oder »Sohn Gottes« bedeutet, durch die griechischen Autoren des Evangeliums.[19] Auch gibt es keinerlei Belege dafür, daß jemals eine Wahl zwischen einem Mann namens »Barabbas« und einem anderen namens »Jesus« getroffen wurde. Aber ob diese Geschichte nun stimmt oder ob es sich wiederum nur um ein Gerücht über die Juden handelte, jedenfalls sollten die Folgen, die sich aus dieser Allegorie ergaben, eine enorme Tragweite haben: Die Verantwortung am Tode Jesu wurde von den Römern auf die Juden verlagert, ein Kompromiß mit den Christus-Mördern erschien als Frevel, während ein Bündnis mit dem römischen Staat zur realistischen Möglichkeit wurde.

Nachdem Konstantin als weströmischer Kaiser im Jahre 313 den christlichen Glauben angenommen hatte und durch den Sieg über den oströmischen Kaiser Licinius 324 zum Kaiser des gesamten Römischen Reiches geworden war, wurde das Christentum zur offiziellen Religion des Reichs. Dieses Ereignis löste die Entstehung des christlichen Glaubens aus: Ein Dogma wurde geschaffen, Kirchen wurden gebaut, Rituale reglementiert und die Erlösung verewigt. Hundert Jahre später führte Augustinus in seinem Werk über den Gottesstaat *(De Civitate Dei)* sogar aus, politische Institutionen könnten im Dienste des Herrn stehen, wenn sie die Vorherrschaft der christlichen Religion förderten und deren Feinde ausrotteten. So schließt sich der Kreis: Die Juden sind zu Feinden Christi geworden, und die neuerlich zur Macht gelangte Kirche kann ihrem Gott nur dienen, indem sie sie bestraft.

»Die Wunden eines Freundes sind besser als die Küsse eines Feindes«, schrieb Augustinus, und diese recht eindeutige Aussage mußte bald dazu herhalten, die Abschaffung des Tabus des Tötens zu rechtfertigen. Vollständiger Gehorsam der Kirche gegenüber war bald an der Tagesordnung: »Heidnisches« Wissen, das christlichen Lehren widersprach, wurde geächtet, Ketzer wurden umgebracht, das Dogma des »wahren Glaubens« wurde geschaffen, eine umfassende Bürokratie entstand. Die Kirche setzte es sich in den Kopf, den Teufel mit Stumpf und Stil auszurotten, und die Welt verfiel in eine Zeit der Bildungslosigkeit und Ignoranz, die fast tausend Jahre andauern sollte. Von der Welle antisemitischer Ausschreitungen am Ende des 11. Jahrhunderts, als es in Rouen, Orléans und Limoges sowie in Mainz und anderen Rheinstädten zu Pogromen kam, bis zur Inquisition, die 1231 zur Bekämpfung der Ketzer und Ungläubigen unter Papst Gregor IX. begann, lautete die Hauptantriebskraft für die Gemetzel: »Gott will es!«[20]

Und warum wollte Gott es? Sowohl weitgehend vergessene Fanatiker wie Johannes Chrysostomos, Prediger aus Antiochia und um das Jahr 400 kurzzeitig Bischof von Konstantinopel, als auch die berühmteren Eiferer späterer Zeiten wie Melanchthon und Martin Luther erhielten die alten Erinnerungen und die alten Ängste im gemeinen Volk am Leben. Noch heute setzt die christliche Taufe die Bereitschaft voraus, »dem Teufel und seinen Werken abzuschwören«. Dafür, daß jemand darauf beharrte, die Erlösung abzulehnen, konnte es nur zwei Gründe geben: Ignoranz der Tatsache, »daß Christus gestorben ist für unsre Sünden« (1. Kor 15,3), oder die mutwillige Weigerung, die »Wahrheit« anzuerkennen. Den *Ignoranten* konnte die Wahrheit beigebracht werden; man war überzeugt, die Behinderung der Religionsausübung, das Verbot der Instandsetzung von Synagogen und eine ungerechte Besteuerung von Juden würden dazu führen, ihren Glauben und dessen »Irrlehren« auszurotten.[21] Bei den *mutwillig* Bösen sah die Sache jedoch anders aus: Von ihnen konnte man getrost annehmen, daß sie mit dem Christentum im Kampf lagen und dabei zu jedem Mittel greifen würden (1C, D). Deshalb mußten die Gläubigen die Welt von ihnen befreien – durch Vertreibung oder Tod.

Koexistenz mit den Juden war immer eine rein taktische Angelegenheit für die christlichen Zeloten: Im Mittelalter gab es für Juden nur zwei echte Wahlmöglichkeiten, nämlich die Alternative zwischen Konversion oder noch Schlimmerem. Die Kirche merkte jedoch bald, daß jeder das Ritual der Konversion vollziehen kann, ohne es *wirklich* zu erfüllen. Die Kirchenoberen sahen es als unmöglich an, denen, die mit dem Teufel im Bund standen, zu trauen. Mit derlei Unterstellungen wurde dann auch die berüchtigte spanische Inquisition ideologisch gerechtfertigt, die 1480 ihren Anfang nahm. Diesmal wurde sie auf königlichen Befehl eingeführt, denn sie stärkte die Macht eines aufblühenden Nationalstaats und einer neuen Form absoluter Monarchie über ein disparates Territorium und eine aufsässige Bevölkerung. Natürlich profitierte auch die Kirche davon: Die Inquisition bildete eine Einnahmequelle für die kirchlichen Amtsträger, die oftmals die von den Opfern vereinnahmten Reichtümer für sich behielten und von den Reichen, die sich auf diese Weise von einer Anklage freikauften, Bestechungsgelder annahmen.[22] Daneben war sie auch eine wirksame Methode, um gegen die

»falschen Juden« oder *Marranos* vorzugehen, die in den vorangegangenen Jahrhunderten zur Taufe gezwungen worden waren. Des weiteren sorgte sie für Konformität inmitten der Turbulenzen und Ausbrüche von Heterodoxie während des Hochmittelalters.

Da man die Juden mit dem Teufel in Verbindung brachte, galten sie als Verkörperung übernatürlicher Kräfte und Gefahr für die wahrhaft Gottesfürchtigen. Den Verdacht der Häresie konnten die Juden niemals von sich abschütteln: Es gab immer Gerüchte über seltsame Rituale, gefährliche Verschwörungen und Schwarze Magie, dazu bestimmt, den Triumph des Teufels herbeizuführen. Dies war nicht nur in Spanien der Fall, wo die Inquisition bis 1834 Bestand haben und im Lauf der Jahrhunderte neue Opfer finden sollte: Häretiker, Hexen und Kirchenkritiker.[23] Auch Luther weigerte sich, ein Risiko einzugehen. So verlangte er, sich auf Paulus' Brief an die Römer berufend, die Bestrafung jener,

> »welche äußerlich fromm scheinen, aber heimlich sündigen, wie es die Juden waren und es noch alle Heuchler sind, die ohne Lust und Liebe gut leben und im Herzen Gottes Gesetz feind sind, und doch andere gern verurteilen, wie es die Art aller Heuchler ist, daß sie sich selbst für rein erachten und doch voll Geiz, Haß, Hoffart und allem Unrat stecken, Matthäus 23, 27f. Die sind's eben, die Gottes Güte verachten und mit ihrer Härte den Zorn über sich häufen.«[24]

Die verspätete Modernisierung in Spanien und das bürokratischen Institutionen innewohnende Bestreben, die eigene Existenz zu sichern, zählen sicherlich zu den Gründen für das lange Überleben der Inquisition. Insbesondere in der Hochburg des Katholizismus deutet es aber auch darauf hin, daß der Häresievorwurf gegen die Juden nie fallengelassen wurde. So wie der Teufel zur Mahnung und Versuchung der Rechtschaffenen auf der Erde belassen worden sei, so hieß es, habe Gott die Juden auf der Erde gelassen, um zu zeigen, daß die Nichtjuden an der Ermordung Jesu unschuldig seien. Durch die Identifikation mit dem Teufel wurden die Juden zur Verkörperung transzendenter Mächte. Tatsächlich hat der Gegensatz zwischen der Gnade Gottes und dem Geist Satans schon vom 1. Jahrhundert an die Anhänger Jesu entlastet und ihre Feinde dämonisiert.

Der Jude konnte nicht dem Christen *gleich* sein; auf diese Weise begann die *Erfindung* des *Anderen*. In der Renaissance glaubte man weithin daran, daß jüdische Männer menstruierten, was als Erklärung für die berühmte »Blutklage« angesehen wurde; der Glaube, daß die Juden angeblich das Blut ermordeter Christenkinder für die zum Passahfest hergestellte *Mazza* verwendeten, um so den durch die Menstruation erlittenen Blutverlust zu ersetzen[25], war in der Zeit, als die *Protokolle* erschienen, in manchen Kreisen des zaristischen Rußland noch immer verbreitet. Etwas später wurden die Juden mit Vampiren gleichgesetzt:[26] Heimatlos, um die Welt wandernd, ist der Jude wie ein Vampir, der seinen teilweise mit der Erde seines Heimatlandes gefüllten Sarg mit sich umherträgt; in der Vorstellungswelt des Volks ernährt sich der jüdische »Blutsauger« wie der Vampir vom Blut der Christen, mit Vorliebe dem von christlichen Jungfrauen; auch er hat eine tödliche Angst vor dem Kreuz. Der Vampir gesellt sich zu seinesgleichen und heckt wie der Jude in der Dunkelheit seine Verschwörung gegen die christliche Gemeinschaft aus (7). Derartige Bilder und Mythen starben nicht mit dem Aufkommen der Moderne aus. Auch heute noch kann eine antisemitische Gruppe im Internet die *Protokolle* verteidigen, indem sie behauptet:

»Um die Verschwörung zur Übernahme der Weltherrschaft zu verstehen, müssen wir uns zunächst darüber klar werden, daß es Satan wirklich gibt und daß er im Kampf gegen Gott steht. In diesem Fall wäre es in der Tat seltsam, wenn er sich keine Verschwörung ausdenken würde, um die Welt zu beherrschen, und dabei auch menschliche Agenten einsetzte ... Das talmudische System des Judentums spielt in diesem Plan eine hervorstechende Rolle.«[27]

Die Bilder und Mythen vergangener Zeiten wurden den durch die Auflösung der traditionellen Gesellschaft entstandenen Bedürfnissen angepaßt, Überreste der Vergangenheit in die Moderne übertragen: Präkapitalistische Klassen, die gegen das neue kapitalistische System stritten; Aristokraten und das um seine Existenz ringende Kleinbürgertum, die zunächst den monarchischen Nationalstaat und dann seine republikanische Inkarnation bekämpften; und schließlich religiöse Institutionen, die gegen die Aufklärung stritten, deren Vertreter oftmals selbst mit überholten Vorurteilen behaftet waren. Der Fortschritt ist keine reine Erscheinung. Von Anfang an gehörte die antimoderne Reaktion zur Moderne und prägte deren Entwicklung mit. Dabei wurden ältere Formen des Antisemitismus im neuen Kontext umgestaltet. Der Sündenbock änderte häufig das Aussehen.

Unzählige mutige Taten wurden von gewissenhaften Christen zur Verteidigung der Juden unternommen, doch unleugbar weist die Geschichte der Christenheit auch ihre dunkleren Seiten auf, und es ist abscheulich, daß sich die katholische Kirche erst im späten 20. Jahrhundert unter Papst Johannes Paul II. entschlossen hat, die »Mißverständnisse« der Vergangenheit und die »Falschinterpretationen« der Heiligen Schrift zu verurteilen. Christen mißverstehen sich selbst und interpretieren ihre eigene Geschichte falsch, wenn sie die von den Juden erlittene Verfolgung mit diesen Begriffen beschreiben. Die offizielle Theologie war in der Tat traditionell weniger antisemitisch als die Volksmythen über die Juden; vielleicht haben deshalb die Standard-Geschichtsbücher über die christliche Lehre relativ wenig über die handgreifliche Realität Judenfeindschaft von seiten der Christen zu sagen. Aber mag der Antisemitismus auch ein Produkt der Volksseele gewesen sein, so wurde er doch gewiß verstärkt durch Kirchentheologen, die in ihrem Haß ebenso fanatisch waren wie im Glauben. In der Tat, wenn sich in der Vorstellungswelt der Angehörigen des neuen Zeitalters »eine jüdische Rasse bildet, so geschieht es nur deshalb, weil es vor allen diesen Gedankengängen eine theologisch verworfene Gruppe gegeben hat«.[28]

Soziale Vorurteile

Diese »verdammte Kaste« sehnte mehrheitlich die Moderne herbei. Die politische Vision der meisten gebildeten Juden war eindeutig und beruhte auf der Ablehnung der von Ambrosius formulierten schlichten Vorschrift: »Das bürgerliche Recht muß sich der religiösen Verehrung beugen.« Für Juden stellte die feudale Unterordnung des Rechts unter die Religion einen offensichtlichen Nachteil dar, und sie reagierten darauf durch die Identifikation mit dem neuen monarchischen Staat, dessen sich zentralisierendes Rechtssystem die Grundlagen für moderne liberale Demokratien schuf.[29] Juden wollten als Individuen mit gleichen Rechten in einem liberalen Rechtsstaat betrachtet werden, wie es Shakespeare auf einprägsame Weise ausgedrückt hat, als er seine antisemitische Karikatur Shylock im *Kaufmann von Venedig* gegen die Vorurteile der anderen Figuren des Stücks und wahrscheinlich auch des Autors selbst ausrufen ließ:

»Ich bin ein Jude. Hat nicht ein Jude Augen? Hat nicht ein Jude Hände, Gliedmaßen, Werkzeuge, Sinne, Neigungen, Leidenschaften? mit derselben Speise genährt, mit denselben Waffen verletzt, denselben Krankheiten unterworfen, mit denselben Mitteln geheilt, gewärmt und gekältet von eben dem Winter und Sommer als ein Christ? Wenn ihr uns stecht, bluten wir nicht? Wenn ihr uns kitzelt, lachen wir nicht? Wenn ihr uns vergiftet, sterben wir nicht? Und wenn ihr uns beleidigt, sollen wir uns nicht rächen? Sind wir euch in allen Dingen ähnlich, so wollen wir's euch auch darin gleichtun.«[30]

Wenn die Juden auch nicht die Aufklärung in Gang setzten (1E) oder die großen Revolutionen entfachten, durch die der Republikanismus eingeführt wurde (3D), so hätten sie es doch zweifellos tun sollen. Ihnen wurden über Jahrhunderte hinweg die Bürgerrechte vorenthalten, sie waren diskriminierenden Gesetzen und Praktiken ausgesetzt. Die große Mehrheit von ihnen war bitterarm und lebte in übervölkerten Provinzgettos, die mit der aufpolierten Porträtierung in *Anatevka* nichts gemein hatten. Die Juden mit den Rothschilds und Guggenheims gleichzusetzen und generell als Besitzer großer Reichtümer anzusehen (6A) ist eine historische Verzerrung der schlimmsten Art. Sie bildeten eine Gesellschaft innerhalb der Gesellschaft, eine Nation innerhalb der Nation und, wie der Philosoph Johann Gottlieb Fichte es ausdrückte, einen »Staat im Staat«. Den meisten Nichtjuden ging es wahrscheinlich weniger um die Anerkennung der Rechte der Juden als vielmehr darum, mit dieser »Geißel der Nation« Schluß zu machen, indem der Judaismus durch Assimilation abgeschafft wurde. Letztlich ist die Motivation jedoch unerheblich. Wichtiger war die Erkenntnis, daß die Dinge nicht bleiben konnten, wie sie waren.

Für weitsichtige Staatenlenker wie Kaiser Joseph II. in

Wien und Demokraten überall wurde die »Emanzipation« von den Hinterlassenschaften der feudalen Vergangenheit ein wichtiges Anliegen.[31] Sie begann während der Aufklärung des 18. Jahrhunderts, erweckte im folgenden Jahrhundert eine starke Opposition und erstreckte sich in einigen Staaten bis ins letzte Viertel des 19. Jahrhunderts. Ihr Ziel war es im Grunde, die Juden durch die Einführung einer flexiblen Auffassung von Nationalismus, die eng mit dem republikanischen Gedanken zusammenhing, in das öffentliche Leben einzubeziehen.[32] Die Mauern der Gettos fielen, gesellschaftliche Berufe wurden für Juden zugänglich, schließlich forderten sie ihre Anerkennung als gleichberechtigte Bürger ein. Die Emanziption der Juden war Teil des Versuchs, eine neue bürgerliche Gesellschaft von »Verfassungen und Maschinen« zu schaffen, wie es ein zeitgenössischer Slogan ausdrückte, und »das *ancien régime*« zu liquidieren: den Adel und den Großgrundbesitz, die Kirche und andere Überreste des Feudalismus.

Gekrönt wurde diese Bewegung durch die Amerikanische Revolution von 1776 und die Französische Revolution von 1789. Der Konstitutionalismus wurde eingeführt, und der lange Kampf für das Wahlrecht begann. Diese Revolutionen stützten sich auf die Vision einer neuen Ordnung, in der gleichberechtigte Staatsbürger unterschiedlicher Herkunft und divergierender Interessen über ihr Zusammenleben in liberaler Rechtsstaatlichkeit gemeinsam auf friedliche Weise selbst bestimmen sollten (10A).[33] Konstitutionalismus und Wahlrecht lehnten explizit die Vorstellung ab, daß der einzelne ohne ausdrückliche Menschenrechte in einer von Grundbesitz und Gewohnheitsrecht zusammengehaltenen »Gemeinschaft« lebt. Die Antisemiten waren außer sich: In ihren Augen waren Verfassungen eine »hohe Schule für allerhand Haß und Streit« (10A), und auf dem Wahlrecht beruhende parlamentarische Institutionen dienten ihrer Ansicht nach nur dazu, das Spiel jüdischer Interessen und die jüdische Kontrolle über die neue Industriegesellschaft zu verschleiern (10B). In der Tat konnten Juden diese Entwicklungen eigentlich nur begrüßen.

Aber ironischerweise hatten es selbst die stärker säkular ausgerichteten Juden nicht leicht. Während sie versuchten, die Rechte ihrer Glaubensbrüder zu erkämpfen, sie aus dem Getto zu befreien und in die Welt des *Anderen* einzuführen, stießen sie sowohl außerhalb wie auch innerhalb ihrer Gemeinschaft auf die Schranken der religiösen Tradition. Emanzipation bedeutete, die Juden sowohl von der feudalen Vergangenheit im weiteren Sinne als auch von ihrer Gettokultur zu lösen, und dies in einer kapriziösen Welt, in der die fortdauernde Macht der ersteren es im allgemeinen nicht gestattete, mit der letzteren völlig zu brechen. Nicht wenige Juden standen dem Unternehmen auch ablehnend gegenüber. Dazu gehörten orthodoxe Traditionalisten ebenso wie Mitglieder der neugegründeten *Chassidim*, die den Geist zu befreien suchten, indem sie die alltäglichen Angelegenheiten heiligten; des weiteren die politisch Konservativen, die ein Interesse an der Erhaltung des Status quo hatten, und die engstirnigen Kleinbürger, die sich im Getto sicher wähnten. Der Widerstand gegen den Modernisierungsgeist der *Haskala* und gegen die Aufklärung war am stärksten im Osten und in den wirtschaftlich zurückgebliebenen Gebieten der westlichen Länder. In Großstädten wie Berlin dagegen fand dieser Geist bei Akademikern, Geschäftsleuten und Intellektuellen viel Anklang. Bald sollte er von der Mehrheit der jüdischen Gemeinde im Westen Besitz ergreifen.

Juden wie Moses Mendelssohn und Nichtjuden wie Gotthold Ephraim Lessing, ein Freund des ersteren, der mit seinem Drama *Nathan der Weise* zur Toleranz aufgerufen hatte, setzten buchstäblich eine geistige Revolution in Gang. Führende Vertreter der *Haskala* riefen die Juden auf, in die Welt hinauszugehen. Während Mendelssohn selbst die religiösen

Bräuche noch beachtete, erleichterten er und seine Anhänger durch ihre Betonung säkularer Werte und die Teilnahme am gesellschaftlichen Leben des aufblühenden Nationalstaats die Abkehr von der religiösen Tradition. Juden suchten umgehend die von der liberalen Gesellschaft gebotenen Möglichkeiten zu nutzen, was einen grundlegenden Wandel ihres Identitätsgefühls nach sich zog: Sie wurden säkular, verließen das Getto, kamen vermehrt mit Nichtjuden in Berührung und strebten nach gesellschaftlichem Aufstieg. In den Augen der Antisemiten war dies nur eine weitere Art, Christen im Kampf um ihr täglich Brot von Juden abhängig zu machen und diesen zu unterwerfen (13A).

Viele Juden, besonders die ehrgeizigen und gebildeten, ließen sich taufen: so der bekannte Gelehrte Eduard Gans, ein zukünftiger Lehrer von Karl Marx; der Dichter Heinrich Heine, der Rechtsanwalt werden wollte; die faszinierende Rahel Varnhagen, deren Salon zum Anziehungspunkt für viele intellektuelle Größen ihrer Zeit werden sollte. Die meisten taten es aus praktischen Erwägungen heraus, wie Gans, der seinen Lehrstuhl für Philosophie an der Berliner Humboldt-Universität absichern wollte. Andere jedoch verspürten den von Heine so genannten »Betrugskomplex« oder blieben wie Rahel Varnhagen bis an ihr Lebensende irgendwie auf ihr Jüdischsein fixiert. Mit diesem im 19. Jahrhundert zu beobachtenden Trend zur Taufe begann ein Prozeß, der dazu führte, daß »der Jude« weniger durch die Religion als vielmehr durch andere Merkmale identifiziert wurde. Auf der anderen Seite verloren die Juden das Gefühl von Sicherheit und Zugehörigkeit, das ihnen das Getto vermittelt hatte. Sie betraten die Welt als Individuen, und dabei lockerten sich die Bande, welche die Gemeinde zusammengehalten hatten. Allein aus diesem Grund sind Mendelssohn und die führenden Köpfe der *Haskala* bei Konservativen, Postmodernisten und Zionisten gleichermaßen in Ungnade gefallen.

Von jenen, die sich mit dem Problem der »Identität« befassen, wird der Einwand erhoben, die Vertreter der Aufklärung und der liberalen Staatsidee hätten den Juden nur als Menschen, aber nicht als Juden akzeptiert.[34] Der liberale Staat sei zu schwach oder zu heuchlerisch gewesen, um seine meistgehaßte Minderheit zu schützen, und der alte Haß habe weiter Blüten getrieben. Auf den ersten Blick liegt darin das Scheitern der »Emanzipation« und der Ursprung des im 20. Jahrhundert verübten Genozids begründet. Doch dieser Gedankengang beruht auf einer Reihe grundsätzlicher historischer und philosophischer Mißverständnisse. Denn das wirkliche Hindernis für die Emanzipation war nicht die fehlende Bereitschaft reaktionärer Nichtjuden, den Juden als Juden zu akzeptieren, sondern vielmehr, im Gegensatz zur religiösen Intoleranz des vormodernen Zeitalters, ihr *Unwille, den Juden als Person anzuerkennen, die mit denselben Rechten wie der Nichtjude ausgestattet ist.*

Die antisemitische Erfahrung zeigt die Überlegenheit des anglo-amerikanischen gegenüber dem kontinentalen Verständnis von Liberalismus. Gemeint ist in diesem Fall der in erster Linie in England und den Vereinigten Staaten während des 17. und 18. Jahrhunderts von Gestalten wie John Locke, Thomas Jefferson und Thomas Paine geprägte konstitutionelle Liberalismus im Vergleich zu dem kontinentalen Liberalismus, wie er von J. G. Fichte, Ernest Renan, Friedrich Meinecke und anderen inspiriert wurde. Der konstitutionelle Liberalismus befaßte sich im Grunde nicht mit Fragen der nationalen Identität; in erster Linie sollte der einzelne vor der willkürlichen Ausübung politischer Macht geschützt und die Kirche vom Staat getrennt werden: Hauptziel war die Verhinderung altmodischer Formen religiös motivierter Bürgerkriege, indem allen Bürgern Gleichheit garantiert wurde, unabhängig von Herkunft, Sitten oder Überzeugungen.[35] Dadurch wären die Juden im Prinzip in der Lage gewesen, sich als Bürger zu betätigen und dennoch ihre Sitten und ihre Religion beizubehalten.

Der kontinentale Liberalismus war nicht ganz dasselbe. Er war weit weniger individualistisch und neigte mehr einer exklusiven, inflexiblen und gefühlsbetonten Form des Nationalismus zu oder dem, was Rousseau eine »staatsbürgerliche Religion« nannte.[36] Seine Fürsprecher hatten sich eine gewisse romantische Bindung an den Gedanken eines homogenen »Volksstaats« bewahrt, sie standen oftmals hinter autoritären Staatserbauern wie Bismarck. Einige vergöttlichten wie Fichte das deutsche »Volk« und betrachteten den Nationalismus als Äquivalent einer Offenbarungsreligion; für ihn war es fast logisch, zu behaupten, was die Bürgerrechte für die Juden betreffe, sehe er »wenigstens kein Mittel als das, in einer Nacht ihnen allen die Köpfe abzuschlagen und andere aufzusetzen, in denen auch nicht eine jüdische Idee sei«[37].

Andere kontinentale Liberale waren weniger rhetorisch. Dies wird deutlich in dem berühmten »Antisemitismusstreit« zwischen Heinrich von Treitschke und Theodor Mommsen (1879), in dem ersterer den unbilligen Einfluß der Juden auf die deutsche Gesellschaft thematisierte und verlangte, daß die Juden »deutscher« werden sollten, wobei er den Satz prägte, der unter den Nationalsozialisten populär werden sollte: »Die Juden sind unser Unglück!« Derartige Ansichten stehen natürlich in grundsätzlichem Widerspruch zu den Prämissen eines konstitutionellen Liberalismus und bestätigen nur den Mangel an einer echten liberalen Tradition in Deutschland und anderen Ländern, in denen der Antisemitismus eine bedeutende politische Rolle spielte.

Im Schatten des Holocaust und der Erinnerungen an die von Hitler auf dem Weg an die Macht zertrümmerte Weimarer Republik zeigten sich Historiker der Nachkriegszeit zunehmend skeptisch in bezug auf liberale Lösungen der

»Judenfrage«. Sie orientierten sich am Beispiel Deutschlands, um das »Scheitern« der Emanzipation zu erklären.[38] In Wirklichkeit erweist sich dieses Land aber als symptomatisch für jene Nationen, in denen versucht wurde, die liberale »Emanzipation« der Juden ohne das Vorhandensein liberaler politischer Institutionen, liberaler Traditionen oder ein Gefühl für die von der Renaissance ererbte »Würde des Menschen« zu erreichen. In Deutschland wurde die Emanzipation etappenweise durchgesetzt, indem man immer einen gesetzgeberischen Schritt nach dem anderen tat – mit wechselndem Erfolg in dem Flickenteppich aus überwiegend reaktionären Fürstentümern, in denen die Juden zahlenmäßig höchst unterschiedlich vertreten waren. Anfang des 19. Jahrhunderts war Deutschland noch nicht einmal eine Nation, und die Verspätung seiner Konstituierung als einheitlicher Staat sollte eine Reihe von Problemen im Zusammenhang mit seiner nationalen Identität hinterlassen.[39] Mehr als ein Jahrhundert später darf man die von den Befürwortern der »Emanzipation« vertretenen liberalen Anschauungen nicht danach beurteilen, welche Ergebnisse sie in einer immer noch unverkennbar »illiberalen Gesellschaft« erzielten.[40]

Die »Judenfrage« wurde nur in solchen Nationen zu einer Frage, in denen fortschrittliche, dem konstitutionellen Liberalismus und dem Kapitalismus verpflichtete Kräfte mit einem starken reaktionären Lager konfrontiert waren, das sich der hierarchischen, »katholischen« Vision der feudalen Vergangenheit verbunden fühlte (4B). In den Vereinigten Staaten hatte das Thema Emanzipation keinerlei praktische Bedeutung, und am anderen Ende der Skala, im zaristischen Rußland, stand es nicht einmal zur Diskussion. Während in Ländern mit liberalen Institutionen und Traditionen, wie den USA, England und den Niederlanden, die »Emanzipation« im wesentlichen erfolgreich war, kann man in Ländern ohne liberale Institutionen und Werte ebensowenig von einem »Scheitern« der jüdischen Emanzipation sprechen, wie man in wirtschaftlich unterentwickelten Ländern, die kein Proletariat kennen, vom »Scheitern« des Sozialismus sprechen kann.

Kritiker der Emanzipation weisen darauf hin, daß Clermont Tonnerre schon während der Französischen Revolution hervorgehoben habe, Ziel der neuen Gesellschaft sei es, den Juden als einzelnen und nicht das Judentum zu befreien.[41] Doch in dieser Kritik äußert sich ein tiefes Mißverständnis selbst der radikaleren Form des konstitutionellen Liberalismus gegenüber. Dieser sicherte zwar dem einzelnen Freiheit vor willkürlicher staatlicher Einmischung in sein Privatleben und Gleichheit vor dem Gesetz zu, aber keine »Gruppenrechte«; er wollte jeden einzelnen in einen Kapitalisten verwandeln, nicht aber den Kapitalismus abschaffen; und er versprach formale Gleichheit vor den staatlichen Gesetzen, nicht die Gleichheit im Bereich der bürgerlichen Gesellschaft. In der Tat betrachtete Marx in seiner frühen Schrift *Zur Judenfrage*, in der er die antisemitische Terminologie benutzte und antisemitische Untertöne anklingen ließ, diese Mängel als Rechtfertigung für den Übergang von der »politischen Emanzipation« zur »menschlichen Emanzipation«.[42]

Vor der Ausarbeitung seiner Geschichtstheorie und der berühmten Analyse des Kapitalismus geschrieben, assoziierte Marx' Aufsatz das neue Wirtschaftssystem mit jüdischen Eigenschaften und stützte sich auf eine vom Mittelalter überkommene wirtschaftliche Motivation für den Antisemitismus, die auf das Dritte Laterankonzil von 1179 zurückging, auf dem den Christen verboten worden war, Zinsen zu erheben, was Juden in die Lage versetzte, als Geldverleiher in einer agrarischen Gesellschaft aufzutreten. Die von Marx benutzten antisemitischen Charakterisierungen waren unter den Intellektuellen seiner Zeit nichts Ungewöhnliches. Bedeutsamer war das Fehlen eines jeglichen institutionellen Bezugspunktes für seine Idee der »menschlichen Emanzipation« im Vergleich zur Idee der »politischen Emanzipation«, die von der Existenz einer Republik ausging. Nicht weniger vage sind die Äußerungen jener, die die »Emanzipation des Judentums« forderten oder, wie Treitschke, die Juden »deutscher« machen wollten. Gemeinsam war den Vertretern dieser sehr verschiedenartigen Ansätze ein auffälliger Mangel an konkreten institutionellen oder programmatischen Vorschlägen.

Historisch gesehen, verlief der Kampf um die jüdische Emanzipation überall parallel zur Entwicklung des konstitutionellen Liberalismus.[43] Und das ist auch folgerichtig. Häufig wurde anfangs nur christlichen Männern mit Grundbesitz das volle Bürgerrecht, einschließlich des Wahlrechts, gewährt. Aber der konstitutionelle Liberalismus gründete auf den universalen Prinzipien formaler Gleichheit und Wechselseitigkeit. Die liberale »Rechtsstaatlichkeit« machte es möglich, einzelne diskriminierende Gesetze oder intolerante Forderungen nach Aufgabe des persönlichen Glaubens und der persönlichen Bräuche in Frage zu stellen. Genau dies war Antisemiten und Reaktionären an der von der Aufklärung initiierten, in den demokratischen Revolutionen herausgebildeten und von Napoleon unregelmäßig über Europa verbreiteten neuen Ordnung ein Dorn im Auge.

Die Juden setzten ihre Hoffnungen auf die Emanzipation in die umgebende Gesellschaft. Sich aufgrund ihrer »Identität« zu organisieren war nirgendwo eine realistische politische Option. Der Zionismus selbst war ein »post-emanzipatorisches« Phänomen, das bis zum letzten Viertel des 19. Jahrhunderts kaum Anhänger unter den Intellektuellen oder im Volk besaß. Im historischen Kontext des 18. und 19. Jahrhunderts stellte die liberale Vision der Emanzipation die einzige ernstzunehmende Möglichkeit dar, die Lebensbedingungen der Juden zu verbessern. Das wußten die Juden genauso gut wie die Vertreter der antisemitischen Reaktion. Die Vorkämpfer der liberalen Demokratie fochten für sie, und die gegenrevolutionären Feinde der liberalen Demokratie bekämpften sie. Von Fragen der »Identität« geblendet, richteten die Kritiker der Emanzipation das Augenmerk auf das falsche Ziel. Das Problem waren in erster Linie nicht die *Befürworter* der Emanzipation, die den Juden als Menschen, aber nicht als Juden anerkannten; das Problem waren vielmehr die *Gegner* der Emanzipation, die sich weigerten, den Juden als autonomes, nach dem Gesetz mit Rechten ausgestattetes menschliches Wesen zu sehen.

Schriften wie die *Protokolle* machten »den Juden« zum Agenten dessen, was Max Weber in anderem Zusammenhang die »Entzauberung der Welt« genannt hat. Allerdings mit einer Einschränkung: Während jüdische Philosophen oder in jüdischen Diensten stehende Denker angeblich die Unzulänglichkeiten des Christentums aufdeckten, würden sie es niemals wagen, die vermeintlichen mystischen Geheimnisse des Judaismus zu enthüllen (14B). Auf jeden Fall wurde den Juden aufgrund ihres zersetzenden Rationalismus und ihrer arithmetischen Fähigkeiten vorgeworfen, die traditionelle Gesellschaft zu untergraben und das moderne System, das sie so geschickt beherrschten, voranzutreiben (4B). Nach Ansicht der Antisemiten manipulierten sie mittels des neuen, liberalen Staats und seiner Institutionen die aufrichtigen, aber einfältigen Christen, um die unbestrittene Autorität der »Weisen von Zion« abzusichern (13C). Weil Freimaurer Juden in einige ihrer Logen aufnahmen, die durch Repression in den Untergrund getrieben worden waren, erschien es offensichtlich, daß beide Gruppen miteinander im Bunde standen: Schließlich benutzten die Freimaurer, offenbar in Übereinstimmung mit ihren Verbündeten, ebenfalls den sechszackigen Stern als mysteriöses Symbol in ihrer Mythologie. Auch wenn die Juden, kurz gesagt, danach strebten, sich in der Gesellschaft zu assimilieren, blieben sie für die Antisemiten Außenseiter, die das Ziel verfolgten, die organische, homogene bäuerliche Gemeinschaft zu zerstören (5A).

Nach den Napoleonischen Kriegen unternahm man den Versuch einer »Restauration« dieser Form der Gemeinschaft. Stendhal nannte diese von 1815 bis 1848 dauernde Periode mit Recht einen »Sumpf«, der von Armee und Kirche oder, um den Titel seines berühmtesten Romans zu benutzen, von »Rot und Schwarz« beherrscht wurde. Zwischen dem Antisemitismus und der romantischen Ideologie dieser selbsternannten »Konterrevolution« bestand eine ebenso tiefe wie offensichtliche Verbindung. Beide bekämpften alles, was mit Aufklärung und Französischer Revolution zu tun hatte, und versuchten den einst der Vernunft zuerkannten Primat durch Intuition zu ersetzen. Das Christentum wurde gewissermaßen wiederbelebt, um dem früheren Trend zum Säkularismus entgegenzutreten.[44] Aristokratische Tradition und religiöse Autorität waren die Antwort auf das Schlagwort von der »Gewissensfreiheit« (17).

In der Restaurationsphilosophie einer empörten Kirche und eines um seine Vorrechte gebrachten Adels kam ein romantisches Aufbegehren gegen die Moderne im allgemeinen und den Republikanismus im besonderen zum Ausdruck. Ihre Vertreter wiesen den Gedanken der Gleichheit zugunsten eines aristokratischen Standesbegriffs zurück und fürchteten die Aushöhlung der Hierarchie (9, 10, 16). Die Restauration machte sich die Idee einer universalen Kirche und einer einzigen »wahren« Religion von universaler Gültigkeit zu eigen, doch verwarfen ihre Fürsprecher universalistische Ideen hinsichtlich der säkularen Rechte von »Mensch und Bürger« zugunsten eines nationalistischen Partikularismus, und sie suchten die den Juden erst kurz zuvor gewährten politischen Zugewinne ihnen wieder zu entreißen. Ganz in diesem Sinn bemerkte einer der führenden Köpfe der Konterrevolution, Joseph de Maistre, in seiner bekannt geistreichen Art:

> »Die Verfassung von 1795, ebenso wie ihre Vorgängerinnen, war für *die Menschen* gemacht. Aber auf der Welt gibt es *den Menschen* nicht. Im Laufe meines Lebens sind mir Franzosen, Italiener, Russen etc. begegnet; dank Montesquieu weiß ich auch, *daß man Perser sein kann.* Aber was *den Menschen* angeht, so erkläre ich, daß ich ihn in meinem ganzen Leben nie getroffen habe; wenn es ihn geben sollte, weiß ich nichts von ihm.«[45]

Diese prosaische Beobachtung wird heute von fortschrittlichen Denkern zitiert, um den Angriff auf Universalität und eine auf Identität beruhende Politik zu rechtfertigen.[46] Dabei wird allzu leicht vergessen, daß der Angriff auf Universalität zugleich ein Angriff auf die liberale Idee von »Rechten« und das republikanische Ideal des Staatsbürgers ist. Diese Ablehnung von Naturrechten und Menschenwürde, welche die Aufklärung von der Renaissance übernommen hatte, war es, die zu Beginn des 19. Jahrhunderts die Verwandlung des Judenhasses in ein ausgesprochen gesellschaftliches Vorurteil bewirkte.

Die Verfechter dieser Position glaubten, der »jüdische Handel« sei der bürgerlichen Gesellschaft abträglich.[47] Und sie entstammten nicht nur einer Gesellschaftsschicht: Adlige sahen auf jüdische Emporkömmlinge herab; Bauern haßten die »jüdischen« Bankiers, die ihnen Zinsen für ihre Darlehen berechneten; kleine Kaufleute schimpften auf die Besitzer der neuen, »jüdischen« Kaufhäuser; religiöse Spießbürger bemerkten mit zunehmender Besorgnis das Vordringen von Juden in das Bildungssystem, während Nationalisten den Einfluß von Juden auf die Arbeiterschaft und ihre Rolle in der erstarkenden Gewerkschaftsbewegung fürchteten. Dem »Fortschritt«, der Verstädterung, dem Parlamentarismus und der neuen kapitalistischen Gesellschaft aus anonymen Individuen, die nur noch verband, was Marx den »Geldzusammenhang« nannte, standen alle diese Gruppen feindselig gegenüber (6). Sie alle hatten etwas gemeinsam: Sie waren alle *Verlierer* in der großen Schlacht zwischen den Kräften von Moderne und Tradition, und letztlich sollte sich die Verzweiflung über die Moderne als wichtiger für die Erklärung der Anziehungskraft des Antisemitismus im modernen Leben herausstellen als der empirische Klassenhintergrund des einzelnen.

Für die Christen waren die Juden in der modernen Gesellschaft nicht mehr *erkennbar*: Sie lebten in der Anonymität der Städte, erhielten Diplome, ergriffen Dienstleistungsberufe, nahmen am Geschäftsleben teil, wurden Journalisten, engagierten sich in liberaler und sozialistischer Politik und spielten eine bedeutende Rolle unter der »kritischen Intelligenz«.[48] Juden traten immer häufiger als Repräsentanten bestimmter politischer und kultureller Tendenzen hervor, während sie als Gruppe kaum noch erkennbar waren. Auf der anderen Seite verspürten die Antisemiten die immer dringendere Notwendigkeit, ihren Feind anhand gewisser Merkmale zu identifizieren. Während die Juden ihr traditionelles Gewand und ihre religiösen Bräuche ablegten und sich in die Zivilgesellschaft eingliederten, wurde daher die Versuchung immer größer, die Juden als »Rasse« zu definieren.

Bereits 1815 hatte die judenfeindliche Ideologie einen neuen Ausdruck gefunden, als der extreme Flügel des jungen deutschen Nationalismus ein Programm der »Rassenreinheit« entwarf. Dabei ging es nicht einfach um die Einführung einer hierarchischen Beziehung zwischen Überlegenheit und Unterlegenheit oder die Schaffung von perversen Stereotypen. Statt dessen wurde der Rassismus entgegen den universalistischen Prinzipien der politischen Theorie der Aufklärung dazu benutzt, die *risches* der Antisemiten zu rechtfertigen und Gründe dafür darzulegen, warum sich die Juden nicht in die Nation assimilieren könnten. Es sollte gezeigt werden, weshalb die Juden *keine* Menschen wie andere Menschen seien und nicht gleichberechtigt an der christlichen Gesellschaft teilhaben könnten. Tatsächlich folgte aus der Auffassung, die Juden seien eine organische »Rasse« oder »Nation«, die Forderung, die Nichtjuden müßten sich jetzt auf dieselbe Weise verstehen. Nur einem rassistischen Bewußtsein war es möglich, die Juden als Gefahr zu »erkennen«. Und so wurde »der Jude«, je nach Kontext, »dem Franzosen« oder »dem Arier« gegenübergestellt. Wer den unauslöschlichen Konflikt zwischen Juden und Nichtjuden ignorierte, war demzufolge ein Verräter an der Nation oder Rasse.

Solches Denken lag in der Luft, als 1819, während der Debatte über die jüdische Emanzipation, in Deutschland die »Hep-Hep«-Pogrome ausbrachen.[49] Angefacht von dem, was Demagogen »Volkszorn« nannten, forderten diese Übergriffe in Süd- und Ostdeutschland Menschenleben und materielle Schäden. Eine neue Form rechten Protests bildete sich heraus, die in den drei auf die Pogrome folgenden Jahrzehnten allerdings unauffällig blieb; vorherrschend war weiterhin die alte aristokratische Reaktion. Nach den Revolutionen von 1848, die im wesentlichen die unerfüllten Versprechen von 1789 einlösen wollten, indem sie republikanische Institutionen und soziale Gerechtigkeit zu schaffen versuchten[50], trat diese neue rechte Strömung jedoch in den Vordergrund. Durch die anschließende Welle der Reaktion gelangten Gestalten wie Napoleon III. und Bismarck an die Macht, während gleichzeitig ideologische Vorstellungen von integralem Nationalismus und »organischer Gemeinschaft« an Einfluß gewannen.

Derartiges ideologisches Gedankengut verhalf populistischen Bewegungen zum Durchbruch, an deren Spitze mächtige Figuren wie Karl Lueger, der langjährige Bürgermeister von Wien[51], und Adolf Stoecker, der Hofprediger Kaiser Wilhelms I., standen. Literaten wie der Franzose Maurice Barrès sorgten sich darüber, daß ihre Nation »entraßt« werden könnte, und im Wien des letzten Viertels des 19. Jahrhunderts verwendete Georg Ritter von Schönerer, einer der Führer der antiliberalen deutschnationalen Bewegung in Österreich und ein Idol des jungen Hitler, bereits erfolgreich Schlagworte wie »Deutschland den Deutschen« und »Durch Reinheit zur Einheit«.[52]

Bedeutende politische Aktivisten wie diese blieben bei ihrer Verachtung der jüdischen Religion.[53] Doch ihre Bewegungen ließen sich bei dem Unterfangen, eine »christliche« Nationalgemeinschaft aufzubauen, hauptsächlich von sozialen Vorurteilen und *risches* leiten. Sie stellten Kandidaten für politische Ämter auf, achteten aber in der Regel darauf, die bestehende politische Ordnung nicht anzugreifen. Tatsächlich standen ihre häufig rhetorisch radikalen und absurden symbolischen Aktionen gegen Liberale und Juden in bemerkenswertem Gegensatz zu ihren eigentlichen Forderungen. In Deutschland wurden die Ziele dieser Bewegungen in der berühmten Petition von 1880 zusammengefaßt, für die 265000 Unterschriften gesammelt wurden: Die jüdische Einwanderung sollte begrenzt, Juden von hohen Regierungsämtern ausgeschlossen, ein spezieller Zensus zur Überwachung der Juden eingeführt und die Einstellung von Juden als Grundschullehrer verboten werden.[54]

Um den Ansprüchen der Antisemiten des nächsten Jahrhunderts zu genügen, waren solche antijüdischen Maßnahmen noch zu gemäßigt. Zwar hatte Wilhelm Marr 1879 den Begriff »Antisemitismus« geprägt, um seine neue, stärker politisch definierte Judenfeindschaft von der ihrer Vorgänger abzugrenzen[55], aber hier war die Theorie der politischen Praxis vorausgeeilt. Diese Politiker des Hasses waren noch der traditionellen Ideologie verhaftet. Altmodische Heuchler wie Lueger und Stoecker versuchten sich anfangs noch als »friedliche« Verfechter einer im Gegensatz zur atheistischen, säkularen und revolutionären Sozialdemokratie stehenden »christlichen« Sozialreform darzustellen. Eine grundlegende Kritik des Parlamentarismus war von ihnen nicht zu hören, und sie weigerten sich, mit dem christlichen Symbolismus zu brechen. Zu sehr waren sie noch in der Interessenwelt des Establishments befangen, Gewalt lehnten sie ab. Deshalb waren sie nicht bereit, zu tun, was getan werden mußte.

In diesen frühen Bewegungen sind bereits viele Elemente des Nationalsozialismus zu finden: der Führerkult, die rassistische Haltung gegenüber den Juden, der antiintellektuelle Populismus und der überspannte Nationalismus. In antisemitischer Hinsicht war ihr Rassismus ebenso wie ihre allgemeine Programmatik jedoch zu diffus. Als Eugen Dühring seinen hitzigen Antisemitismus in der deutschen Arbeiterbewegung zu verbreiten begann, was Teil eines weitergreifenden Versuches war, einen irrationalen Populismus und eine neue, die Gewalt verherrlichende Theorie einzuführen, stellte Friedrich Engels in seinem proletarischen Bestseller *Anti-Dühring* die offizielle Position der Sozialdemokratie klar[56], und es sollte nicht lange dauern, bis die Arbeiterbewegung den Antisemitismus als den »Sozialismus des dummen Kerls« zu bezeichnen begann. Allgemein gesagt, führte der gescheiterte Versuch, in der europäischen Arbeiterklasse eine breitere Basis für den Judenhaß zu gewinnen, die Notwendigkeit einer neuen Herangehensweise vor Augen.

In der Folge begann das soziale Vorurteil, so wie es einst selbst an die Stelle der religiösen Intoleranz getreten war, einem politischen Antisemitismus zu weichen, der nicht nur gegen die Juden gerichtet war, sondern auch gegen die quintessentiell moderne Welt, die sie angeblich beherrschten. Der Erste Weltkrieg löschte schließlich die aristokratische Politik mit ihrer katholischen Vision als Alternative zu liberalem Staat und kapitalistischer Wirtschaft aus. Die antisemitische Ideologie mußte nun in bezug sowohl auf die historische Krise wie auf den Juden, der dafür verantwortlich gemacht wurde, eine neue Gestalt annehmen. Ein neuer Angriff auf die *Welt* der Moderne bereitete die Bühne für den Genozid, denn im Gegensatz zum Judenhaß früherer Zeiten setzte er eine Ablehnung des Juden als Person *und* als Jude voraus. Mit ihrem nostalgischen Blick in die Vergangenheit und ihrer Verzweiflung, was die Aussicht auf die Zukunft betraf, trugen die *Protokolle*, indem sie die fortschrittlichsten Trends der Moderne als »Ausfluß jüdischen Geistes« darstellten, zur Herausbildung dieser neuen Form des politischen Antisemitismus bei.

Politischer Antisemitismus

In den *Protokollen* sind die religiösen, sozialen und politischen Elemente des Judenhasses auf besonders schlagende Weise vereint. Sie drücken den Unmut einer christlichen Welt über die Aushöhlung ihres Glaubens aus und versuchen die Juden vom öffentlichen Leben auszuschließen. Aber ihre Hauptsorge ist nicht mehr der Verrat am »wahren Glauben«, die Rücknahme von Rechten oder die Verknüpfung von Juden mit dieser oder jener Bewegung in diesem oder jenem Land. Statt dessen bildet sich eine allumfassende Sicht der Juden heraus, in der die Summe ihrer Übel mehr ist als ihre einfache Addition: Der Jude erscheint jetzt als der Teufel im modernen Gewand. Indem er hinter den Kulissen die Fäden zieht und das neue System der Moderne dominiert, wird er zur Ursache jedweder Katastrophe. Damit ist der Antisemitismus nicht mehr auf die Vorstellung beschränkt, daß die Juden das Zeitenende verhinderten, dem Paradies im Weg ständen oder bestimmte Berufszweige beherrschten. Der Jude hat die Geschichte erobert, und der »jüdische Geist« ist in jeden Winkel des modernen Lebens eingedrungen. Demgemäß stehen die Antisemiten vor einer neuen Aufgabe: Es obliegt ihnen, den »jüdischen Geist« auszuschalten, weshalb es im Gegensatz zu früheren Formen des Judenhasses nötig war, den Juden *sowohl als Person als auch als Juden* abzulehnen.

Die *Protokolle* machten den Judenhaß zum Bestandteil einer »totaleren«, entschieden modernen Form des politischen Antimodernismus, indem sie dem Bild des Juden als Sündenbock feste Gestalt gaben. Der traditionelle antisemitische Haß auf die Juden und die sozialen Ängste hinsichtlich ihrer wirtschaftlichen Erfolge blieben erhalten. Doch jetzt wurde ihnen von den Antisemiten ein wahrhaft prometheisches Vorhaben unterstellt: Wie es hieß, planten sie, die krassesten Formen des feudalen Despotismus zu stürzen, um ihre eigene, noch weitaus schlimmere Tyrannei zu errichten (15D). Angeblich beabsichtigte eine internationale Verschwörung von Juden unter Führung des obersten der »Weisen von Zion«, die Macht zu übernehmen, wobei ihr jedes Mittel recht war, »ja selbst ... Entbehrungen, Hunger und Verbreitung von Seuchen« (10C). Chaos drohte – die Zivilisation selbst war jetzt in Gefahr, rief doch der Großrabbiner überall seine Gemeinde auf, »die Herrschaft des Königs aus dem Hause David über die ganze Welt für alle Zeiten fest [zu] verankern« (24).

Dies war die antisemitische Vision, die sich zu Ende des 19. Jahrhunderts herausbildete. Die wundervollen Gemälde der Impressionisten und frühen Nachimpressionisten mit ihrer Glorifizierung des Alltagslebens und die literarischen Werke, in denen sich eine geruhsame, unschuldige und geordnete »Welt von gestern« widerspiegelte, vermitteln ein falsches Bild vom Leben im *Fin de siècle.* Gewiß war es eine Zeit des relativen Friedens und einer unglaublichen technischen Entwicklung. Doch sie wurde eingerahmt von dem wirtschaftlichen Einbruch 1873 und der großen Finanzkrise von 1898 in Rußland, als die materielle Unsicherheit der

Massen schärfer zutage trat. Das *Fin de siècle* war von antijüdischen Ausschreitungen in Frankreich, staatlich gelenkten Pogromen in Rußland und Osteuropa, der Entstehung neuer antisemitischer Parteien und Bewegungen in Österreich und Deutschland sowie allgemein vom Aufstieg von Imperialismus, Militarismus und Chauvinismus gekennzeichnet. Für die Juden waren die »guten Jahre« trotz aller Erfolge der neuen Industriegesellschaft keineswegs so gut und die *Belle Époque* nicht ganz so schön.

Früher hatte man die Juden gehaßt, weil sie sich vom öffentlichen Leben absonderten. Jetzt, in der modernen Welt, wurden sie zunehmend dafür verurteilt, daß sie die Kontrolle über die *Öffentlichkeit* – im Sinne von Jürgen Habermas – beziehungsweise den Komplex von Institutionen, in denen die »öffentliche Meinung« (7B) geprägt wird, ausübten.[57] Anscheinend hatten sich Juden in die Universitäten (16A), das Erziehungswesen (16B), die Presse (12A) und alle von den bürgerlichen Freiheiten geschützten Foren der öffentlichen Diskussion (9D) eingeschlichen. Nachdem Richard Wagner die Juden in seiner populärsten Schrift, *Das Judentum in der Musik* (1849), wegen ihrer heimtückischen Herrschaft über die Musik angeprangert hatte, sollten sie jetzt mit den avantgardistischen Trends in Literatur und Malerei – mit dem, was die Nationalsozialisten »Kulturbolschewismus« nannten – identifiziert werden. Der große tschechische Schriftsteller Milan Kundera hat recht, wenn er bemerkt, die Juden seien der »intellektuelle Zement der mitteleuropäischen Kultur« gewesen. Von antisemitischen Zeitschriften wurde den Juden sowohl ihr Einfluß auf die öffentliche Meinung verübelt als auch vorgehalten, sie verursachten wirtschaftliches Chaos und zögen dann ihren Nutzen daraus (2C). In diesem Zusammenhang wurde seit Ende des 19. Jahrhunderts der Begriff »Zivilisationsjude« als modisches Schimpfwort gebraucht.

Die Antisemiten entwickelten eine geradezu pathologische Furcht vor Bestrebungen, den »öffentlichen Geist zu schwächen« (15D). Sie beweinten den Niedergang der Moral und des nationalen »Geistes« und nahmen sämtliche Einrichtungen, welche die Freiheit der Meinungsäußerung und andere bürgerliche Freiheiten sicherten, unter Beschuß (2C): Parlamentarismus, Wahlen, politische Parteien und konkurrierende Interessen. Um die Sache noch schlimmer zu machen, war man überzeugt, daß Erziehung und Bildung der Jugend in jüdische Hände gefallen waren (10A). Man stellte sich vor, daß die Juden Stand gegen Stand, Splittergruppe gegen Splittergruppe, Jung gegen Alt, den einzelnen gegen den einzelnen ausspielten: Eine solche Fragmentierung konnte nur in Chaos und Mißachtung der etablierten Macht enden. Eine jüdische Kontrolle des gesamten Finanzwesens (9C) wurde als notwendige Voraussetzung gesehen, um die internationalistischen Ziele der »Weisen von Zion« ins Werk zu setzen (5E).

So wundert es kaum, daß sich die Juden auch mit der russischen Autokratie und dem Papsttum beschäftigten (15A), die stärksten Bollwerke gegen Liberalismus und »westlichen Atheismus«. Antisemiten weigerten sich, die Transformation der feudalen Gesellschaftsbeziehungen entweder auf einen wirtschaftlichen Klassenkonflikt oder auf das Freiheitsstreben der einfachen Leute zurückzuführen. Sie konnten im Zusammenbruch der traditionellen Autorität nicht das Ergebnis innerer Probleme sehen (18); denn das hätte ja bedeutet, die Legitimität gerade der Klassen und Institutionen, an denen sie so sehr hingen, zu bestreiten. Statt dessen interpretierten die Antisemiten den Sturz von Königen und Kirchen als Ergebnis der Einwirkung äußerer Feinde und zufälliger Ereignisse wie Attentate und Volksverhetzung (19): Der Antisemit brauchte seinen Sündenbock.

Früher trennten Antisemiten die Freiheit von der Gleichheit und allen anderen liberalen Werten (4B). In Aufklärung und Revolution sahen sie nichts anderes als Produkte einer erfolgreichen, von den Juden durchgeführten und von den »Weisen von Zion« gelenkten »Verschwörung«. In den folgenden Jahrzehnten stellten die Antisemiten immer mehr die Fähigkeit der Juden in den Vordergrund, in der kapitalistischen Wirtschaft Erfolg zu haben, eine herausragende Rolle in der aufsteigenden Arbeiterbewegung zu spielen und allgemein das kulturelle Leben der Nation zu dominieren. Unter Moderne verstand man zunehmend die Welt der Juden, und schon aus diesem Grund fixierten Antisemiten ihre Wut zunehmend auf das »System«.

Die *Rasse* diente den Antisemiten als Erklärung für die Zweckgemeinschaft einer endlosen Reihe einander ausschließender Interessen. Dadurch wurde es ihnen möglich, diese Vielfältigkeit zu einer einzigen Feindfigur zu verschmelzen. So glaubte man zum Beispiel, daß die Juden, um ihre Ziele besser erreichen zu können, überall auf der Welt Freimaurerlogen gegründet und die prominentesten Vertreter der Öffentlichkeit durch Bestechung und Propaganda dazu verleitet hätten, ihnen beizutreten. Mittels der Logen konnten die »Weisen von Zion« offenbar ihre Aktivitäten organisieren und zentralisieren (15B). Die innere Disziplin der Logen war streng, der Gehorsam absolut (15C); Abtrünnige waren zu denunzieren, selbst durch Mitglieder der eigenen Familie (17B). Die Ausnutzung der geheimen Freimaurerlogen durch die allmächtige *Verschwörung* der Juden gab den Antisemiten eine Erklärung dafür an die Hand, wie es hinter dem Rücken der Nichtjuden und ihrer Institutionen zur Schaffung der Moderne hatte kommen können (11C).

Die Verschwörung existierte bereits seit undenklichen Zeiten. Aber im modernen Leben war sie mächtiger geworden. Sämtliche Zeitungen jeder möglichen politischen Ausrichtung wurden jetzt von Juden kontrolliert: »Sie werden, wie der indische Götze Wischnu, hundert Hände haben, von denen jede den Pulsschlag irgendeiner Geistesrichtung fühlen wird« (12D). Sogar Angriffe auf Juden wurden angeblich vorgetäuscht, um den Anschein einer liberalen Gesellschaft zu erwecken (12B). All dies sollte dem Zweck dienen, die Christen von der Erkenntnis abzuhalten, daß die Juden eine von Publizisten, Rechtsanwälten, Ärzten, Beamten, Diplomaten und anderen »Hilfskräften« unterstützte »Leitung« gebildet hatten (8A). Angeblich in Spezialschulen ausgebildet und von Millionären finanziert, hätten deren Agenten jede existierende Organisation unterwandert. Selbst Organisationen scheinbar antisemitischer Tendenz seien davon betroffen gewesen, denn auf diese Weise hätten die Weisen von Zion gleichzeitig ihre Glaubensbrüder aus den »unteren Schichten« bei der Stange halten und einen illusorischen Glauben an die Pressefreiheit nähren können (9A). Die unerschöpfliche Macht dieser neuen internationalen Verschwörung rechtfertigte das Gefühl der Dringlichkeit, das die Antisemiten in Krisensituationen empfanden, und bot zugleich eine Erklärung für ihre Schwäche und jeden strategischen Fehler, den sie vielleicht begingen.

Natürlich waren es nicht die Juden, sondern die Reaktionäre, die eine verschwörerische Politik betrieben. Die letzten beiden Jahrzehnte des 19. Jahrhunderts waren von der Entstehung neuer Interessengruppen wie des berüchtigten antisemitischen und imperialistischen, dennoch weithin respektierten Alldeutschen Verbandes geprägt, während sich in Frankreich in Gestalt der »Ligue des patriotes« (1883), der »Ligue de la patrie française« (1897) und der »Action Française« (1898) – der stärksten dieser Gruppen – neue politische Organisationsformen herausbildeten. Diese Bünde nahmen Lenins Idee der »Vorhut«-Partei mit ihrer Hierarchie und »Zellen«-Struktur vorweg. Die äußerste Rechte ging über den traditionellen Konservatismus hinaus und experimentierte mit einer explosiven Mischung aus Populismus, Nationalismus und Antisemitismus. Die meisten Rechten hatten den Eindruck, das historische Pendel würde nun nach links schwingen. Diese neue Perspektive wurde in Deutschland nach den Wahlen von 1912 augenscheinlich, die als »Judenwahlen« bekannt wurden: Die Sozialdemokraten stiegen zur stärksten Partei im Lande auf, während die antisemitischen Parteien abgewählt wurden und auch die traditionelle Rechte erheblich an Stimmen verlor. Mehr als zwanzig neue außerparlamentarische antisemitische und ultranationalistische Gruppierungen entstanden daraufhin neu, die letztlich das kulturelle Klima der Nation zutiefst prägen sollten.[58]

In dem von den *Protokollen* entworfenen Zukunftsbild ist Verzweiflung spürbar: Die Modernisierung scheint unaufhaltsam fortzuschreiten; die Aristokratie verliert ihren Vorrang, und die Juden sitzen offenbar an den Hebeln der Macht. Der Jude ist in seinem Element, während der wahre Christ mit der Moderne nicht zu Rande kommt. Schriften wie die *Protokolle* vermischen oft ihre Verachtung für die Leichtgläubigkeit der Massen mit einer widerwilligen Hochachtung für die angeblich überlegene Fähigkeit der Juden, die Geschichte in ihrem Sinn zu manipulieren (5B). Die Nichtjuden sind eine »Hammelherde«, die Juden »Wölfe« (11B). Kurz, der Antisemit vollführt eine Projektion: Einer unterlegenen Rasse unterstellt er überlegene Fähigkeiten. Die Juden kennen sich mit der Propaganda aus; sie nutzen Organisationen; sie intrigieren und planen; sie *wissen*, was politische Macht erfordert.

Die meisten frühen Texte des politischen Antisemitismus, einschließlich der *Protokolle*, sind von Verzweiflung hinsichtlich der Zukunft der Moderne geprägt. Ihr Bild des Juden, der Rolle, die er angeblich spielte, und seiner vermeintlichen Macht unterscheidet sich von dem vorher verbreiteten. Deshalb sind die *Protokolle* mehr als nur eine Wiederholung religiöser Themen und traditioneller sozialer Vorurteile. Sie vermitteln vielmehr ein wesentlich umfassenderes Bild der Juden und eine weitaus radikalere Vorstellung von ihren angeblichen weltweiten Ambitionen. Die Konversion fällt als Möglichkeit aus, und es ist nicht länger möglich, die Juden in ihren Gettos zu halten. Ganz gewiß können sie keine Bürger wie andere sein. Zwischen dem, was sie zu sein scheinen, und dem, was sie sind, klafft ein Abgrund. Juden bilden keinen sichtbaren Staat im Staate mehr, sondern eher eine neue, *unsichtbare* Gesellschaft in der Gesellschaft. Da ist es nur folgerichtig, daß die Antisemiten letztlich einen internationalen Angriff auf die angeblichen inneren Feinde der nationalen Gemeinschaft zu führen versuchten.

1860 wurde die »Alliance Israélite Universelle« gegründet, um den Opfern antisemitischer Unterdrückung zu helfen. Sie förderte diverse Bildungsprogramme und unterstützte wissenschaftliche Forschungsprojekte. Eine politische Kraft war sie jedoch nie. So hatte sie ihren Gegnern wenig entgegenzusetzen, als diese 1882 einen Internationalen Antisemitischen Kongreß organisierten und in ganz Europa eine Haßwelle gegen Juden auslösten, die fünfzehn Jahre andauern sollte: In Rußland kam es zu grausamen Pogromen, in Ungarn wurden Gerichtsverfahren wegen ritueller Verbrechen eröffnet, in Österreich gründete sich eine antisemitische Massenpartei, in Deutschland war ein Ausbruch antisemitischer Propaganda zu beobachten, und in Frankreich brachen im Gefolge der Dreyfus-Affäre Unruhen aus.

Als Theodor Herzl 1897 den ersten Zionistischen Weltkongreß einberief und mit dem schwierigen Unterfangen begann, aus einem Konglomerat von konkurrierenden Sekten und Organisationen eine Massenbewegung zu formen, lag der Zionismus danieder, und die Suche nach einer Heimat für die Juden war im Grunde nicht mehr als ein abstraktes Ideal. Ehemals ein Verfechter der Assimilation, hatten sich Herzls Ansichten gewandelt, als er für eine österreichische Zeitung über den dramatischen Fehlspruch der französischen Justiz gegen den einzigen Juden im Generalstab des Heeres, Hauptmann Alfred Dreyfus, berichtete.[59] Er hatte die Ungerechtigkeit der »Affäre« von Anfang an erkannt: Dreyfus war wegen angeblichen Geheimnisverrats an Deutschland angeklagt, verurteilt und auf die Teufelsinsel verbannt worden, doch nach und nach stellte sich heraus, daß Beweise manipuliert worden waren, Gutachter Meineide geleistet hatten, die Prozeßordnung mißachtet worden war und eine umfangreiche Vertuschungsaktion stattgefunden hatte. Der wahre Verräter war ein leichtlebiger Aristokrat, Major Graf Marie Charles Ferdinand Walsin Esterházy.

Als die Affäre nach über einem Jahrzehnt schließlich beendet war, befand sich Dreyfus wieder auf freiem Fuß, eine Regierung war gestürzt worden, und eine Reihe führender Angehöriger des Generalstabs hatte Selbstmord begangen. Inzwischen hatte der Skandal Frankreich jedoch gespalten und eine heftige neue Welle des Antisemitismus hervorgerufen. Herzl zog den Schluß, daß es für eine echte Assimilation nun zu spät war. Die Juden brauchten eine eigene Nation mit eigener Polizei und eigenen Gerichten, die ihnen als Zuflucht dienen konnte. Aber sie brauchten eine Organisation, die in der Lage war, dieses Ziel zu erreichen. So bemühte sich Herzl, von der steigenden Flut antijüdischer Gefühle bestärkt, die Juden zu einer politischen Kraft zu einen, die sich für einen jüdischen Staat einsetzte.

Die Antisemiten waren entsetzt darüber, was ihre eigenen Aktivitäten am Ende bewirkt hatten, und bemühten sich nun um eigene Formen der politischen Einheit. Tatsächlich scheint es nur logisch zu sein, daß die Dreyfus-Affäre nicht nur den Zionismus hervorgebracht hat, sondern auch die erste große faschistische Bewegung, die »Action Française«. Durch diesen neuen organisatorische Versuch waren die Antisemiten aufgerufen, ihren Überzeugungen und den Bestrebungen ihrer jüdischen Feinde neuen Sinn zu verleihen. Es galt, den religiösen Haß in säkularen Begriffen zu begründen und soziale Formen des Antijudaismus in eine moderne politische Doktrin des Antisemitismus umzuwandeln. Die *Protokolle* waren ein Ausdruck dieses Bestrebens. Der politische Erfolg der jüdischen Verschwörung erforderte eine unerbittliche politische Antwort.

In dieser Broschüre wird eine neue und noch entschiedenere Unterscheidung zwischen »Wir« und »Sie« getroffen, wodurch christliche Interessen ansonsten divergierender Klassen, Parteien, öffentlicher Institutionen und Nationen miteinander in Einklang gebracht werden. Andererseits wird die jüdische Verschwörung mit *sämtlichen* revolutionären Strömungen der Moderne identifiziert. Die *Protokolle* verleihen einem traditionellen, am Establishment orientierten, antimodernen und »gegenrevolutionären« Antisemitismus einen gegen das Establishment gerichteten, modernen und revolutionären Charakter. Dem angeblich allumfassenden jüdischen Einfluß wird eine ebenso umfassende Reaktion gegenübergestellt. Folglich befaßt sich der neue Antisemitismus mit mehr als nur den konformistischen Forderungen der Christenheit oder dem Verlangen, die »Emanzipation« der Juden rückgängig zu machen: Sie legt auch einen neuen apokalyptischen Impuls an den Tag.

Trotz ihrer unverkennbar reaktionären Perspektive spiegeln die *Protokolle* ein Gefühl wider, das auch der große marxistische Denker Antonio Gramsci empfand, als er schrieb, das Alte sei dabei »zu sterben und das Neue noch nicht geboren«. Vielleicht ist das eine Erklärung für die Widersprüchlichkeit des Pamphlets. Einerseits werden die Juden angegriffen, weil sie liberale Institutionen einführen, die vollständig unter ihrer Kontrolle stehen; andererseits werden sie verdammt, weil sie beabsichtigen, diese Institutionen zu zerstören, sobald sie an die Macht gekommen sind (11A). Der Kritik am Goldstandard mit seiner antiinflationären Betonung des »harten« Geldes (20C, D) folgt im selben Atemzug die Kritik an den staatlichen Kreditinstituten und deren Politik des »weichen« Geldes (21). Öffentliche Arbeiten und progressive Besteuerung werden verdammt, während gleichzeitig die Besorgnis über Arbeitslosigkeit und Armut deutlich wird (20A). Der Verurteilung der Absicht, die christliche Religion zu vernichten, steht die Forderung gegenüber, die jüdische Religion auszumerzen, der Kritik an der von den Juden geplanten Aufhebung der Freiheit das Verlangen nach einer Despotie (12C).

In den *Protokollen* wimmelt es von verworrenen Gedanken dieser Art. Doch im wesentlichen geht es, wie gesagt, darum, das Wirken einer verborgenen Macht zu erkennen: eines *unsichtbaren* jüdischen Despotismus, der die Errichtung einer *sichtbaren* antisemitischen Tyrannei rechtfertigt, die sich dem Kampf gegen den »Fortschritt« und die politischen Erben der Aufklärung verschrieben hat. Die Zurückdrängung der Moderne ist nur durch die Ausrottung des jüdischen Geistes möglich. Die *Protokolle* drücken, um mit Freud zu sprechen, die Furcht vor der »Wiederkehr des Verdrängten« aus. Sie projizieren die Eigenschaften des Antisemiten auf die Juden: Der Antisemit strebt nach Macht, also wird der Jude von diesem Ehrgeiz zerfressen; der Antisemit will das öffentliche Leben dominieren, also wird dem Juden vorgeworfen, er beherrsche es; der Antisemit will die Religion seines Feindes vernichten, also wird dem Juden vorgeworfen, er beabsichtige, alle Religionen außer seiner eigenen abzuschaffen; der Antisemit trachtet nach der Kontrolle über das Bildungswesen, also wird dem Juden nachgesagt, er pervertiere die Erziehung; der Antisemit tritt stark zentralisierten und militaristischen Organisationen bei, beteiligt sich an Attentaten und verbreitet die abgeschmacktesten Formen der Propaganda, aber der Jude wird wegen derartiger Aktivitäten angegriffen; der Antisemit ist ein Despot, den es nach einem Führer und der Zerstörung der modernen liberalen Gesellschaft verlangt, also wird der Jude, obwohl er ein Interesse am Bestand der liberalen Gesellschaft hat, verdächtigt, im Namen eines von Gott auserwählten »Weltherrschers« eine Despotie errichten zu wollen (23). In gewisser Hinsicht hatte Richard Wagner recht, als er die Juden das »böse Gewissen des Jahrhunderts« nannte.

Das in den *Protokollen* gezeichneten Bild des Juden hielt deren antisemitischer Leserschaft ihre eigenen Ängste und Sehnsüchte vor Augen. Verachtung der Masse in der entstehenden Massengesellschaft ist der Schlüssel zur neuen antisemitischen Sicht der Massenpolitik der Moderne. Angesichts der unterstellten jüdischen Kontrolle sowohl über Presse und Öffentlichkeit als auch über sämtliche Institutionen von Finanzwesen und Politik ist nur eine kleine Elite in der Lage, den Ernst der Lage zu erkennen. Deshalb sehnen sich Antisemiten nach einem autoritären Staat, in dem sie ihre Botschaft ohne Kritik oder Opposition verkünden können. Der Zusammenhang von antidemokratischer und antisemitischer Politik war seit dem Beginn der Moderne vorhanden. Eine liberale Demokratie beschneidet zwangsläufig die Möglichkeiten der Antisemiten, etwas gegen die jüdische Verschwörung zu unternehmen. Angesichts der von mächtigen, angeblich unter jüdischer Kontrolle stehenden internationalen Kräften geübten Kritik müßten sie sich mit dem Versuch zufriedengeben, die anderen Nichtjuden von der jüdischen Bedrohung zu *überzeugen.*

Leon Poliakov hatte recht, als er schrieb, »daß es sich dabei um einen Bereich handelt, auf dem die Einbildungskraft und die literarischen Klischees nur allzuviel Unheil angerichtet haben; denn hier kamen von antisemitischer Besessenheit geprägte Leidenschaften zum Zug, die zu allen Zeiten eine bezeichnende Übertreibung der von den Juden ausgeübten Macht in sich geschlossen haben«.[60] In dieser neuen Phase des Antisemitismus bewirkt die politische Raserei allerdings mehr als eine »bezeichnende Übertreibung«. Mit den *Protokollen* wird das *räumliche* und *zeitliche* Bild der jüdischen Gemeinde gesprengt: Nationale und sprachliche Trennungen lösen sich auf; Klassen- und Standesunterschiede verschwinden; unterschiedliche Bräuche und sogar religiöse Vorschriften verlieren ihre Bedeutung. Die Juden leben in der Diaspora; sie haben kein Heimatland, keine Nationalsprache und keine Loyalität außer jener untereinander. Bildeten sie einst eine erkennbare, im Getto eingeschlossene Einheit, so sind sie jetzt überall und nirgends. Was ihre Hauptschwäche zu sein schien, erweist sich als Quelle ihrer Stärke: Die »Gnade«, über die ganze Welt verstreut zu sein, verleiht dem Kampf gegen die Juden eine neue, internationale oder besser weltweite Dimension (11D).

Angeblich unternahm die entwurzelte Rasse einen Angriff auf die christliche Nation. Wie es hieß, vertraten ihre Repräsentanten liberale Werte, um zu legitimieren, was die Juden selbst häufig das »Recht zu hassen« nannten, und die meisten glaubten, daß sie sozialistische Vorstellungen von Gleichheit und Wissenschaftlichkeit benutzten, um die ihrer Rasse nachgesagten Eigenschaften zu leugnen. Die Antisemiten reagierten darauf, indem sie ihr Vorurteil mit Chauvinismus, Autoritarismus und Rassismus aufluden. Und so ging es zu Beginn des 20. Jahrhunderts nicht mehr nur darum, den Juden als Juden *oder* als Person abzulehnen. Vielmehr kamen beide Formen des Hasses zusammen: Der Jude war *als Jude* und exakt aus diesem Grund auch *als Person abzulehnen*. Selbst wenn dieser Glaube den Antisemitismus im größten Teil Europas bis nach dem Ersten Weltkrieg an den Rand des politischen Lebens verbannte, so waren die Implikationen der *Protokolle* doch in der Tat bereits klar genug: Für die Juden gibt es nirgendwo einen »Raum«, und angesichts der Art des Projekts, das die »Weisen von Zion« angeblich vorantrieben, gab es auch keinen Raum für Barmherzigkeit.

DIE GESCHICHTE EINER FÄLSCHUNG

Erfindung der *Protokolle*

Die *Protokolle* haben keinen Autor; zwar weiß man immer noch nicht genau, wer den Text fabriziert hat, der mit einigem Recht als einflußreichstes antisemitisches Propagandainstrument aller Zeiten bezeichnet werden kann, doch sicher ist, daß der erste Zionistische Weltkongreß von 1897 in Basel der Anlaß war. Als die Fälschung ein Jahr später angefertigt wurde, befand sich Rußland mitten in einer Wirtschaftskrise: Die Börse war zusammengebrochen, zwei große Banken waren ruiniert, und Millionen Menschen waren arbeitslos geworden. Der Zionistische Weltkongreß schien in der Tat die Warnungen einer Generation zu rechtfertigen, die eine jüdische Dominanz in der Finanzwelt und eine internationale jüdische Verschwörung mit dem Ziel, ein weltweites Chaos auszulösen, befürchtete.[1]

Zweck der *Protokolle* war, einen vermeintlichen jüdischen Welteroberungsplan zu entlarven, dessen Ursprünge angeblich bis ins Jahr 929 v. Chr. auf König Salomon zurückgingen. Kennzeichen dieses jüdischen Vorhabens war eine Schlange, deren Kopf die Eingeweihten symbolisierte, während der Körper die Rasse darstellte. Im Vorwort zur englischen Ausgabe der *Protokolle* merkte Victor Marsden 1925 an, die »Schlange von Juda« habe sich rund um die Welt geschoben und geschlängelt und überall nur Verwüstungen hinterlassen. Auf einer Karte wurde ihr Weg nachvollzogen: Begonnen hatte sie damit, die Herrschaft von Perikles in Griechenland und Augustus in Rom zu untergraben, um dann 1552, zur Zeit Karls V., Madrid und um 1790 das Paris Ludwigs XIV. heimzusuchen. Nach dem Sturz Napoleons wechselte sie nach England, von wo sie sich in der Folge des Deutsch-Französischen Krieges nach Berlin begab. 1881, vor der Ermordung Alexanders III., ließ sie sich schließlich endgültig in Rußland nieder. Kein Wunder, daß auf dem Einband der meisten Ausgaben der *Protokolle* eine sich um den Erdball ringelnde Schlange zu sehen war.

Die Idee einer allgegenwärtigen Verschwörung, fremdländisch und böse, mit übernatürlichen Kräften ausgestattet und sexuell verdorben, deren Ziel es ist, die Welt zu beherrschen, hat ihre Wurzeln im alten Rom. Für die »Heiden« waren es die Christen, die solch eine Verschwörung ausheckten, und später waren es die Christen, die derartige Kabalen den Ketzern, Juden und Hexen zuschrieben.[2] Die Verschwörungstheorien gehen auf verschiedenste, oftmals esoterische Quellen zurück. Da gab es jenen berühmten Templer-Orden, der zwar 1314 aufgelöst wurde, aber, wie es hieß, bis in die Neuzeit hinein aktiv geblieben ist. Es gab die Rosenkreuzer-Bruderschaft mit ihren 1615 erschienenen Manifesten, deren Autoren weiterhin unbekannt sind, die aber enormen Einfluß ausgeübt haben sollen. Für die Fürsprecher der *Protokolle* von besonderem Interesse waren jedoch die Freimaurer.[3]

Der Begriff leitet sich vom 11. Jahrhundert her, als in England Gruppen von »freemasons« (freien, das heißt keiner lokalen Gilde angehörenden Steinmetzen) von Ort zu Ort zu ziehen begannen und zusammen mit Künstlern, Bauhandwerkern und Architekten bei Großprojekten (zum Beispiel dem Kirchenbau) eingesetzt wurden. Organisiert in »lodges« (Logen, ursprünglich Bezeichnung für ein Holzgebäude, das den Bauhandwerkern als Werkstatt und wohl auch als Versammlungsraum diente), die aufgrund ihrer Exklusivität bald Anlaß zu allen möglichen Spekulationen gaben, nahmen sie seit dem 18. Jahrhundert auch Personen mit anderen Interessen und Berufen auf. In Deutschland wurde die erste Loge 1737 in Hamburg gegründet. Im Folgejahr nahm sie den preußischen Kronprinzen und späteren König Friedrich II., den Großen, auf. Die Freimaurer wurden von den Reaktionären gern als »wurzellos« bezeichnet und waren für ihre Toleranz bekannt. Die Logen waren dezentral organisiert, und ihre Mitgliedschaft war vielfältig. Ständig von der Kirche und selbst von säkularen Behörden mit Mißtrauen verfolgt, war es nur folgerichtig, daß sie sich oftmals im geheimen trafen. Infolgedessen sowie wegen ihrer Internationalität und ihrer konfessionellen Ungebundenheit wurden sie bald als verschwörerische Sekte bekannt. Weil sie sich untereinander durch geheime Zeichen verständigen, hieß es, daß die Mitglieder »einander kennen, ohne sich gesehen zu haben«.

Ihren Kritikern zufolge waren die Freimaurer strikt hierarchisch organisiert. Ungehorsam gegenüber dem Großmeister konnte angeblich mit dem Tod bestraft werden, womit sich jeder rätselhafte Mord, der irgendwo auf der Welt begangen worden war, erklären ließ.[4] Straff organisiert und säkular ausgerichtet, von liberalen geistig-künstlerischen Werten geleitet, wie sie waren, glaubte man, daß die Freimaurer einen geheimen Krieg gegen Monarchie und Papsttum führten. Voltaire, Turgot, Condorcet, Diderot und d'Alembert galten als ihre Agenten, und der reaktionären Ideologie zufolge entstammten auch die Jakobiner diesem Zirkel. Offenbar hatten die Jakobiner jedoch mehrere Meister, denn sie wurden angeblich zugleich von einem noch radikaleren Verbündeten der Freimaurer kontrolliert, den in Bayern beheimateten und von der Abschaffung des monarchischen Prinzips bis hin zum Königsmord besessenen Illuminaten[5]: Offenbar spielte es dabei kaum eine Rolle, daß die Illuminaten, über die relativ wenig bekannt ist, in Konkurrenz zu den Freimaurern standen und 1786 aufgelöst wurden, drei Jahre vor dem Ausbruch der Französischen Revolution.

In einem mehrbändigen Werk mit dem Titel *Mémoire pour servir à l'histoire du Jacobinisme* verdammte der weitgehend vergessene Abbé Barruel diese Gruppen, weil er in ihnen die wahren Anstifter der Französischen Revolution sah. Doch dann erhielt er einen Brief von einem gewissen Jean-Baptiste Simonini aus Florenz, von dem nichts weiter bekannt ist – möglicherweise handelte es sich um eine Fälschung des legendären Geheimpolizeichefs Joseph Fouché. In dem Brief wurde er darüber aufgeklärt, daß Juden sowohl den Freimaurer- als auch den Illuminatenorden gegründet hätten, daß Hunderte der höchstrangigen Kirchenmänner in Italien Juden seien und daß die »fluchbeladene Rasse« im Lauf der Jahrhunderte eine große Anzahl von Monarchen vergiftet hätte. Ihre Führer hätten die Schriften der Freidenker der Aufklärung unterschrieben, die ihrerseits von den Jakobinern dominiert worden seien, und jetzt seien sie auf Welteroberung aus. So wurden die Juden und Freimaurer in der paranoiden Einbildung der Reaktionäre mit den Freidenkern in Zusammenhang gebracht; es wurde sogar unterstellt, daß das Bündnis zwischen ihnen durch einen Pakt zwischen den Freimaurern und B'nai B'rith nach dessen Gründung im Jahre 1843 besiegelt worden sei.[6]

Natürlich hatte keine dieser Gruppen irgendein besonderes Interesse an den Juden.[7] Die Freidenker umgab nichts Geheimnisvolles, Juden hatten mit den Illuminaten nicht das geringste zu tun, und nur wenige Juden fanden überhaupt Eingang in die Freimaurerlogen. Aber die feudale Vergangenheit holte die moderne Gegenwart ein. Die perversen Vorstellungen von »dem Juden« und der Irrglaube, der diese »Christusmörder« umgab, zeigten ihre Wirkung. In der Tat ist es nur folgerichtig, daß man den Juden seit Beginn des 18. Jahrhunderts nachsagte, sie ständen an der Spitze einer allumfassenden Verschwörung gegen die christliche Zivilisation.

In Rußland, wo der Antisemitismus staatlicherseits gefördert wurde, war Jacob Brafmann mit seinen Werken *Die lokalen und universellen jüdischen Bruderschaften* (1868) und *Das Buch vom Kahal* (1869) der erste, der die Verschwörungslegende verbreitete. Brafmann, »Judenexperte« des Generalgouverneurs der Nordwestregion Rußlands, bezeichnete den Kahal, der eigentlich nur die jüdische Gemeindeorganisation darstellte, als Teil eines riesigen, von der »Alliance Israélite Universelle« kontrollierten Netzwerks, dessen Ziel es war, christliche Unternehmer zu schwächen, ihren gesamten Besitz zu übernehmen und schließlich die politische Macht an sich zu reißen.[8] Es ist in der Tat verlockend, eine genealogische Analyse der angeblichen jüdischen Intrige gegen die christliche Zivilisation durchzuführen. Denn dabei stößt man auf überaus komische Geschichten. In Frankreich zum Beispiel fanden Schriften über

> »die satanische Weltverschwörung der Freimaurer und der Juden oder beider zusammen ... ihre Leser vor allem in den Kreisen der Landpfarrer, die fast durchweg Bauern- oder Handwerkersöhne, wenig gebildet und unendlich leichtgläubig waren. Was ihnen zugemutet werden konnte, spottet der Beschreibung. 1893 redete ihnen der große Schwindler Leo Taxil ohne viel Mühe Dinge wie diese ein: Der Oberste der amerikanischen Freimaurer habe ein von Teufeln konstruiertes und bedientes Telefonsystem, durch das er in ständiger Verbindung mit den sieben wichtigsten Hauptstädten der Welt stehe, und: Unter dem Felsen von Gibraltar seien Scharen von Teufeln am Werk, Epidemien auszubrüten, um die katholische Welt zu vernichten. Taxil beschränkte seine Angriffe allerdings auf die Freimaurer, aber andere brachten auch die Juden ins Spiel.«[9]

Die Idee einer jüdischen Verschwörung gelangte nicht nur aufgrund derart haarsträubenden Unsinns in Umlauf. So wurde *Das Buch vom Kahal* auf Staatskosten publiziert, an zahlreiche Beamte verteilt und als ernsthafter regierungsamtlicher Text behandelt.[10] Brafmann gab der jüdischen Bedrohung eine internationale Dimension und verknüpfte sie mit der Nationalitätenproblematik, die in der russischen Geschichte bis heute eine gewichtige Rolle spielt. Außerdem paßte die Idee einer jüdischen Verschwörung gut zur allgemeineren konservativen politischen Philosophie der »Restauration«, die von der Vorstellung besessen war, die »Menge« oder die »Masse« würde vom neuen kritischen Geist der Moderne irregeleitet. Wenn auch nicht für Edmund Burke oder Alexis de Tocqueville, so doch für die extremeren Konservativen *konnte* die Französische Revolution, die gegen eine auf alten Traditionen beruhende Monarchie gerichtet war, nur das Werk eines Außenseiters oder Antichrist gewesen sein, der das französische Volk betrügen wollte, und nur die Freimaurer oder die Juden, vermutlich beide zusammen, *konnten* eine Katastrophe solchen Ausmaßes in Gang gesetzt haben.

Die Protokolle *finden eine Heimat*

Wenngleich international verbreitet, erlangte diese Meinung nirgendwo mehr Einfluß als in Rußland. Das Zarenreich war nicht nur die wirtschaftlich am wenigsten entwickelte, sondern auch die politisch und kulturell rückschrittlichste »Großmacht« der damaligen Zeit. Trotz einer glanzvollen literarischen Tradition, zu deren Vertretern Giganten wie Puschkin, Dostojewski und Tolstoj gehörten, die mit beeindruckender Klarheit die Probleme des Landes geschildert hatten, begegnete seine Kultur liberalen Idealen und dem westlichen Individualismus im allgemeinen mit Mißtrauen. Das zaristische Rußland wurde von einem isolierten Zarenhof und einer mittelalterlichen Kirche beherrscht, sein merkwürdiger messianischer Nationalismus hatte mit dazu beigetragen, die ersten Pogrome im modernen Europa anzuzetteln, und seine theokratische politische Struktur machte den Staat unbeweglich und gegen jegliche Reformidee immun. Mit der ungleichen Verteilung des Reichtums, den Widersprüchen zwischen wenigen Großstädten und einem riesigen bäuerlichen Land, dem massenhaften Analphabetismus und religiösen Obskurantismus, dem Absolutismus und dem Fehlen einer wirklichen Öffentlichkeit bildete das Rußland von 1903 eine ideale Bühne für die Publikation der *Protokolle.* Das Pamphlet sollte als Weckruf für das Pogrom von Kischinjow in Bessarabien dienen, bei dem 45 Juden getötet wurden.

Vehikel der Veröffentlichung war die St. Petersburger Zeitung *Snamja* (Das Banner), herausgegeben von dem bekannten Antisemiten Pawolatschi Kruschewan, der zu den Hauptanstiftern des Pogroms gehörte. Er und sein Freund G. W. Butmi, der später unter dem Titel *Die Wurzel unserer Übel* eine zweite Fassung des Pamphlets herausgab, waren Mitglieder der extrem reaktionären »Wahren Freunde des russischen Volkes«, die allgemein als »Schwarzhunderter« *(Tschernosotenzi)* bekannt waren. Diese unter Zar Alexander III. gegründete Organisation war ein Vorläufer von Mussolinis Schwarzhemden und der berüchtigten SA – oder Braunhemden – der Nationalsozialisten und genoß die Unterstützung von gewissen Adligen und hohen Regierungsbeamten. In den Städten wurden die Schwarzhunderter jedoch überwiegend von Kriminellen und Schlägern beherrscht. Diese Organisation machte die *Protokolle* in der Tat zu ihrem Manifest.

Sergej Nilus fügte die *Protokolle* im Dezember 1905 der zweiten Auflage seines 1903 erstmals erschienenen Buches *Das Große im Kleinen. Der nahende Antichrist und die Herrschaft Satans auf Erden*, in dem er von seiner Bekehrung vom weltlichen Intellektuellen zum religiösen Mystiker berichtete, als Anhang hinzu.[11] 1917 brachte er sie in einer erweiterten Ausgabe erneut heraus, um vor der bevorstehenden, von den Juden heraufbeschworenen Apokalypse zu warnen; entsprechend hatte er auch den Titel des Buches geändert: *Er ist nahe, vor den Toren ... Es kommt der Antichrist und das Reich des Teufels auf Erden.* Über Nilus' Leben ist sogar noch weniger bekannt als über die Entstehung der *Protokolle.* Die beste Quelle stammt von einem jungen Mann namens Armand Alexandre du Chayla[12], der sich zu Anfang des Jahrhunderts mit religiösen Forschungen befaßte. Während seines Aufenthalts in Rußland besuchte er auch das berühmte Kloster Optina Pustyn, das bereits zahlreiche Schriftsteller angezogen hatte; einer der bekanntesten Presbyter des Klosters hatte Dostojewski als Vorbild für die Figur des Vaters Sosima in seinem Roman *Die Brüder Karamasow* gedient. Dort lernte Chayla Nilus kennen, der mit seiner Frau Jelena Alexandrowna Oserowa und seiner kranken ehemaligen Geliebten Natalja Komarowskaja in der Nähe wohnte, seit er sich nach einer gescheiterten Karriere als Geschäftsmann, Gutsbesitzer und Richter in diese Gegend zurückgezogen hatte.[13]

Obwohl Nilus der Sohn eines unter Zar Peter I. nach Rußland ausgewanderten Schweizers war, brüstete er sich damit, direkter Nachfahre eines Henkers unter Iwan dem Schrecklichen zu sein. Er war nicht nur Mystiker und Besessener, sondern auch gebildet, durch und durch reaktionär, exzentrisch und leicht gekränkt; zudem sprach er offenbar ausgezeichnet Französisch und bewunderte Nietzsches Zivilisationskritik. Von den Bolschewiken zunächst ins Gefängnis gesteckt, führte er später ein unstetes Leben und starb am 14. Januar 1929 im Alter von 67 Jahren friedlich an Herzversagen. Auch in diesem Fall fiel der Apfel nicht weit vom Stamm: Nilus' Sohn bot den Nationalsozialisten seine Dienste an, und seine geliebte Nichte arbeitete, bis sie 1989 sechsundneunzigjährig starb, für mehrere antisemitische Organisationen in Frankreich, Deutschland und den Vereinigten Staaten.[14]

Chayla und sein neuer Freund kamen rasch auf religiöse Themen zu sprechen, und bald bot Nilus dem Gast aus Frankreich an, ihm ein brisantes Dokument zu zeigen. Beim ersten Blick in die *Protokolle* erkannte Chayla, daß sie nicht von einem Franzosen verfaßt worden sein konnten; dafür enthielten sie zu viele idiomatische und orthographische Fehler. Außerdem waren die Eintragungen in dem kleinen, von einem blauen Tintenfleck beschmutzten Notizbuch mit drei verschiedenen Tinten und Handschriften geschrieben. Nilus versuchte seine Skepsis zu zerstreuen. Als Beweise für den von der jüdischen Verschwörung gehegten großen Plan, die er später auch in der Neuauflage seines Buches *Das Große im Kleinen* von 1911 anführen sollte, galten ihm diverse Dinge, von Haushaltsgegenständen über die Insignien verschiedener Schulen bis zum Kreuz der Ehrenlegion, auf denen er jeweils ein Dreieck oder ein übereinandergeschobenes Paar von Dreiecken ausmachte, das er als »Siegel des Antichrist« ansah.

Paranoia war schon immer ein Element des Antisemitismus gewesen. Nilus, der überall Juden am Werk sah, war das beste Beispiel dafür. 1911 sandte er Briefe an die Patriarchen des Orients, den Heiligen Synod und den Papst, um sie aufzufordern, das Christentum gegen den nahenden Antichrist zu schützen. Jeder Jude, dem er begegnete, stellte eine Bedrohung dar. Aus Furcht vor Agenten wie dem jüdischen Apotheker, der einmal versehentlich seinen Vorgarten überquert hatte, bewahrte er sein Exemplar der *Protokolle* nicht in seiner Wohnung auf, sondern hinterlegte es bei einem Freund. Nilus war besessen, ebenso wie seine Freunde und andere Herausgeber der *Protokolle*. Deren Echtheit zog keiner von ihnen je in Zweifel. Nilus drückte es unmißverständlich aus: »Sofort, als ich den Inhalt des

Manuskripts kennenlernte, war ich überzeugt, daß seine furchtbare Wahrheit seine wahre Herkunft von den ›Zionistischen Weisen‹ bezeugt und daß kein weiterer Beweis für seinen Ursprung nötig ist.«[15]

Die Ursprünge

Zahlreich sind die Versionen der Entstehungsgeschichte der *Protokolle*:[16] Behaupteten die einen, sie seien ursprünglich auf Hebräisch verfaßt und von Nilus, der oftmals fälschlich als Professor für orientalische Sprachen vorgestellt wurde, übersetzt worden, mutmaßten andere, ihr Autor sei ein abtrünniger Jude gewesen. Waren die einen überzeugt, bei dem Pamphlet handelte es sich um Mitschriften des Basler Kongresses, glaubten andere, sie seien von Generation zu Generation weitergereicht worden. Beharrten die einen darauf, daß die Autoren die Weisen von Zion und diese wiederum identisch mit Herzls Zionisten seien, glaubten wieder andere, Ascher Ginzberg, der unter dem Pseudonym Achad Ha'am schrieb, habe die *Protokolle* im Auftrag einer supergeheimen Organisation namens »Die Söhne Mosis« verfaßt.[17] Selbstverständlich wurde für keine dieser Aussagen jemals von irgendeinem der Verteidiger der Echtheit der *Protokolle* ein Beweis erbracht.[18]

Nachdem die *Protokolle* 1920 unter dem Titel *The Jewish Peril* auf Englisch erschienen waren, mehrten sich die kritischen Stimmen. 1921 bestätigte Fürstin Katarina Radziwill in einem im Exil gegebenen Interview für die Zeitschrift *American Hebrew* Chaylas Bericht, und nach einigem Zögern willigte auch ihre erzreaktionäre antisemitische Freundin Henriette Harblut ein, ihre Erinnerungen mitzuteilen: Beide hätten ehemals am Zarenhof verkehrt, seien mit vielen Geheimnissen vertraut und mit Matwej Golowinski, dem Assistenten von Pjotr Ratschkowski, Chefagent der Ochrana in Europa, eng befreundet gewesen.

Beide hatten bei ihrem Freund Golowinski dasselbe Notizbuch mit dem blauen Tintenfleck auf dem Einband gesehen, das später bei Nilus auftauchte, und Prinzessin Radziwill hatte Golowinski auch über die Fälschung und eine internationale jüdische Verschwörung reden hören. Beide Frauen betrachteten die *Protokolle* lediglich als Mittel, um Kosaken und Schwarzhunderter gegen die Juden aufzuwiegeln, und gaben an, daß niemand von einigem Gewicht bei Hof das Pamphlet ernst genommen hätte.[19] Schließlich erfuhr Philip Graves, Korrespondent der Londoner *Times*, ebenfalls im Jahr 1921 von einem Informanten namens Raslowlew, der das Originalmanuskript gesehen hatte, daß die *Protokolle* ein verzerrtes Plagiat der *Gespräche in der Unterwelt* von Maurice Joly seien.[20]

Weit phantastischer sind die Geschichten der Antisemiten über die Entdeckung der *Protokolle*. Die intelligenteste Haltung nahm Kruschewan ein, der sich, zweifellos um seine Freunde nicht in Gefahr zu bringen, schlicht weigerte, preiszugeben, auf welchem Weg er das Manuskript aus der »Zentralkanzlei von Zion in Frankreich« erhalten habe. Sein Freund Butmi dagegen behauptete, es sei aus deren jetzt unzugänglichem »Geheimarchiv« herausgeschmuggelt und Seite für Seite aus dem Französischen ins Deutsche übersetzt worden. Gottfried zur Beek, der Herausgeber der ersten deutschen Ausgabe der *Protokolle*, erklärte, die Weisen von Zion seien von einem Juden verraten worden, dem die Mitschriften des Basler Kongresses zum Transport anvertraut worden waren; dieser habe sie in einer ungenannten Stadt einem anonymen Spion der russischen Regierung zur Verfügung gestellt, der mehrere ungenannte Kopisten bei sich gehabt habe. Andere glaubten, ein jüdischer Freimaurer namens Joseph Host, alias Schapiro, habe die *Protokolle* Madame Justine Glinka, der Tochter eines russischen Generals, verkauft, die sie ins Russische übersetzte und in einer gewagten Geheimoperation

Alexej Suchotin übergab.[21] Dieser habe als Vizegouverneur von Sebastopol einmal ein ganzes Dorf verhaften lassen, weil die Bewohner sich geweigert hätten, verseuchten Dünger aus seinen Ställen auf seine Felder zu bringen.[22] In späteren Ausgaben des Pamphlets wurde diese Angelegenheit in der folgenden Weise abgehandelt:

> »Der Ursprung der Protokolle ist in tiefes Dunkel gehüllt. Die Protokolle selbst stellen eine Reihe von Vorträgen, welche vor einem größeren Zuhörerkreis stattfanden, dar. Wann und wo dies war, wer die Protokolle aufzeichnete und zuerst der Öffentlichkeit übergab, all dies ist kaum noch zu ergründen. Gerüchte, die sich mit dem Ursprung der Protokolle befassen, gibt es viele. ... Die Juden haben das Dunkel, welches über der Herkunft der Protokolle liegt, dazu benützt, die Protokolle als Fälschung hinzustellen. Doch spricht eben die unaufklärbare Herkunft eher für die Echtheit der Protokolle als dagegen, denn es ist klar, daß ein so gefährliches und geheimgehaltenes Dokument nur auf dunklen Wegen in die Öffentlichkeit dringen kann.«[23]

Von der Hauptfigur in diesem Drama, Sergej Nilus, sind zwei Versionen der Herkunft der *Protokolle* überliefert. Fügt man seine fragmentarischen Erinnerungen zu einer halbwegs schlüssigen Geschichte zusammen, ergibt sich ungefähr folgendes: Er erhielt von seinem Freund Suchotin ein Notizbuch mit den Mitschriften des geheimen Basler Kongresses, das diesem 1902 von einer anonymen Frau übergeben worden war, die sie zusammen mit zwei Freunden kopiert hatte. Gefunden hatte sie die *Protokolle* in einem Schrank, in dem sich auch das »Archiv der Zentralkanzlei von Zion« befand, als sie einen Abend mit einem der »einflußreichsten« Führer der jüdischen Freimaurer verbrachte, der offenbar geschäftlich abberufen wurde.

Chayla behauptete später, diese Frau sei niemand anders als Natalja Komarowskaja gewesen, Nilus' Geliebte. Doch das wurde nie nachgewiesen. Weder Nilus noch seine Geliebte nannten den führenden Repräsentanten des Zionismus jemals beim Namen, noch erklärten sie, was die anderen Kopisten, die gleichfalls anonym blieben, dort taten. Außerdem ist es schwer vorstellbar, daß eine riesige Verschwörung wie die der »Weisen von Zion« ihr wertvollstes Schriftstück in einem leicht zugänglichen Schrank aufbewahrte.

Auch in anderer Hinsicht wirft Nilus' Bericht Fragen auf. So konnte er sich nicht entscheiden, ob die *Protokolle* in Paris oder der Schweiz erworben wurden. Darüber hinaus beharrte er darauf, daß die »Mitschriften« auf einer nicht näher erläuterten und historisch nicht belegten Konferenz im Jahr 1902 angefertigt wurden, während der Zionistische Weltkongreß in Basel 1897 stattfand. Außerdem ergibt es wenig Sinn, daß sie auf Französisch niedergeschrieben worden sein sollen, da die Konferenzsprache in Basel Deutsch war und kein einziger französischer Delegierter an dem Kongreß teilnahm. Die Mitglieder der »Gesellschaft«, die angeblich das Dokument unterzeichnet hatten, wurden nie mit Namen genannt, und wenn Nilus sie als »Zionistische Repräsentanten des 33. Grades der orientalischen Freimaurerei« bezeichnet, dann übertrug er den Begriff des Grades von den Freimaurern auf die Zionisten. Aber Nilus wußte ja auf alles eine Antwort. Tatsächlich soll der Mystiker, als Chayla ihn fragte, ob er an die Echtheit des Pamphlets glaube, erwidert haben: »Hat Gott nicht Bileams Esel gewählt, um Prophezeiungen auszusprechen? Kann Gott nicht die Knochen eines Hundes in heilige Wunder verwandeln? Wenn er diese Dinge tun kann, mag er nicht auch einen Lügner gewählt haben, damit er die Botschaft der Wahrheit überbringe?«[24]

Die Quellen

Die *Protokolle* wurden wahrscheinlich zwischen 1894 und 1897 gefälscht, als sich die Dreyfus-Affäre auf dem Höhepunkt befand. In diesen Jahren wurden in zahlreichen populären Druckwerken, unter anderem in der berüchtigten Tageszeitung *La libre parole* von Edouard Drumont, ähnliche Behauptungen wie die in den *Protokollen* geäußerten in Umlauf gesetzt. Und es waren die Jahre, in denen die künftigen Klassiker des Antisemitismus erschienen: *Le Juif, le judaïsme et la judaïsation des peubles chrétiens* (1869) von Gougenot des Mousseaux, *Die Eroberung der Welt durch die Juden* (1870) von Osman-Bey, *Der Talmud und die Juden* (1879/80) von Hippolytus Lutostanski, *Die Judenfrage als Rassen-, Sitten- und Kulturfrage* (1881) von Eugen Dühring, *La France juive* (1886) des oben erwähnten Edouard Drumont[25] und dann später *Die Grundlagen des 19. Jahrhunderts* (1899) von Houston Stewart Chamberlain.

Diese Werke waren überwiegend historischer und philosophischer Natur, und die meisten von ihnen wurden Bestseller oder verkauften sich zumindest außerordentlich gut. Ebenso bedeutsam ist jedoch die literarische Tradition des Antisemitismus. Das erste Werk, in dem eine jüdische Verschwörung gegen die christliche Gesellschaft eine wichtige Rolle spielte, war wahrscheinlich die *Ungöttliche Komödie* des polnischen romantisch-nationalistischen Dichters Zygmunt Krasinski. In Werken wie diesem wurde den theoretischen Überspanntheiten der Pseudophilosophen und Pseudohistoriker dramatische Form verliehen, in keinem jedoch krasser als in einem besonders bösartigen Roman von 1868, der mit dazu beitrug, den Mythos der *Protokolle* zu schaffen. Sein Titel war *Biarritz* und sein Autor angeblich ein Sir John Retcliffe. Hinter diesem Pseudonym verbarg sich ein ehemaliger preußischer Postbeamter namens Hermann Goedsche (1815–1878), der aus dem Dienst entlassen worden war, weil er Dokumente gefälscht hatte, um Benedikt Waldeck, einen bedeutenden demokratischen Politiker, in der Nachfolge der Revolution von 1848 zu diskreditieren. Bald darauf wurde Goedsche zum Informanten und Spion der Regierung. Gleichzeitig veröffentlichte er unter dem Pseudonym Sir John Retcliffe Biographien und historische Romane, die besonders in Rußland viel Anklang fanden.

Der Form nach Schauerromane und dem Inhalt nach halbpornographisch, waren Goedsches Romane Thriller für den Massenmarkt. Dieser Stil war durch die Romane von Alexandre Dumas und Eugene Sues *Geheimnisse von Paris*[26], die Marx besonders gut gefielen, in Mode gekommen, aber die Beimengung antisemitischer Bilder und Gedanken war Goedsches Werk. Ein Kapitel von *Biarritz* (1868) sollte in der Tat den Boden für die *Protokolle* bereiten.[27] Es spielt »Auf dem Judenkirchhof in Prag« und schildert ein angebliches Treffen von Vertretern der ursprünglichen zwölf jüdischen Stämme, einschließlich der zehn untergegangenen, das von dem Vertreter des Stammes Levi dominiert wird, dem Architekten ihres Welteroberungsplans.[28]

Das Melodram kommt nur langsam in Gang. Auf dem Friedhof ist es stockdunkel und still. Jeder Vertreter der »Auserwählten Israels« bewegt sich auf geisterhafte Weise über den Friedhof, bis er das Grab des »heiligen Rabbis Simeon ben Jehuda« erreicht, wo er sich hinkniet, dreimal den Kopf neigt und ein Gebet spricht. Das Treffen beginnt um Punkt Mitternacht. Es werden Strategien der Welteroberung besprochen, und jeder Teilnehmer erstattet über seine Aktivitäten Bericht: über Versuche, die Börse zu beeinflussen, die jeweiligen Staatsschulden zu vergrößern, sich Land anzueignen, Zeitungen zu kontrollieren, politische Parteien zu beherrschen, ein Proletariat heranzubilden, die Kirche zu zerstören, das Militär zu zersetzen, internationale Konflikte anzuzetteln, bürgerliche Freiheiten einzuführen und Mischehen zu legalisieren.

»... noch kein Jahrhundert erfreute sich solcher [jüdischen] Erfolge, wie dieses«, erklärt der Levit, »*unser* ist die Zukunft!«[29] Die anderen stimmen ihm zu. Jeder wirft einen Stein auf das Grab, und »eine goldene unförmliche Tiergestalt im geisterhaft blauen Schein«, zweifellos das Goldene Kalb, erscheint. Dann wird die Versammlung aufgelöst, und jeder geht seiner Wege, voller Vorfreude auf das nächste Treffen ihrer Enkel in hundert Jahren. Zu ihrem Pech, aber zum Glück für die Christenheit wurden sie, ohne es zu bemerken, von einem deutschen Gelehrten und einem getauften Juden beobachtet, die aus Angst und Empörung zu eifrigen Kämpfern gegen diese teuflische Verschwörung werden.

Aus dem Zusammenhang des Romans gerissen, eignete sich die Szene auf dem Judenfriedhof in Prag hervorragend zur Bildung der Legende einer jüdischen Verschwörung; jedenfalls hatte sie als solche eine durchschlagende Wirkung. 1872 kam in St. Petersburg eine originalgetreue russische Übersetzung des *Biarritz*-Kapitels heraus, 1876 eine weitere in Moskau unter dem Titel »Auf dem Judenfriedhof im tschechischen Prag (Die Juden Herren der Welt)«, die 1880 eine zweite Auflage erlebte. Im Juli 1881 erschien die Geschichte in der französischen Zeitschrift *Le Contemporain*, nunmehr allerdings zusammengezogen zu einer einzigen, scheinbar authentischen Rede, die angeblich ein Großrabbiner auf einem Geheimtreffen von Juden gehalten hatte. 1887 nahm Theodor Fritsch die »Rede des Rabbiners« in seinen *Antisemiten-Catechismus* auf, der später zum *Handbuch der Judenfrage* erweitert wurde und bis 1933, dem Todesjahr Fritschs, eine Gesamtauflage von 100000 erreichte, und im gleichen Jahr erschien sie nochmals in Frankreich in der antisemitischen Anthologie *La Russe juive*. 1893 wurde die Rede in den österreichischen *Deutsch-*

sozialen Blättern abgedruckt. Eine tschechische Bearbeitung erschien 1901 unter dem Titel »Rede eines Rabbiners über die Gojim«* in Prag, wurde jedoch von den Behörden konfisziert. Als der tschechische Abgeordnete Brzenowski daraufhin die »Rede« in Form einer Anfrage im Wiener Reichstag verlas, nahmen dies zwei Wiener Blätter zum Anlaß, sie ebenfalls abzudrucken. Im Jahre 1903 benutzte sie der russische Antisemit P. A. Kruschewan, um den Pogrom von Kischinjow in Bessarabien zu entfesseln, und 1906 veröffentlichte sie sein Freund G. W. Butmi in seiner Ausgabe der *Protokolle.*[30]

Mit dieser neuen »Rede des Rabbi« hatte die romanhafte Erzählung die Wandlung zu einem angeblichen Tatsachenbericht vollzogen: Was als Friedhofszene in *Biarritz* begonnen hatte, erhielt dadurch einen Anschein von Wahrheit.[31] Sogar intelligente Leute wie der große Historiker Heinrich von Treitschke nahmen die Fiktion für wahr. Zudem wurde die Rede öfters mit dem größeren Traktat verwechselt. Und in gewissem Sinne kann man sie als dessen Kurzversion betrachten. Ludwig Müller, der die *Protokolle* 1919 unter dem Pseudonym Gottfried zur Beek in Deutschland herausbrachte, nahm die »Rede« sogar als Beleg für ihre Echtheit in seine Einleitung auf. Zwar wurden die Ähnlichkeiten zwischen »Ein Rabbiner über die Gojim« und Goedsches Originaltext bald darauf erkannt, bereits im selben Jahr erschien eine ausführliche Zusammenstellung der Parallelen.[32] Aber da war der Schaden schon angerichtet.

Bildete *Biarritz* die Grundlage für die »Rede des Rabbi«, so diente ein Werk von ganz anderer Art als Vorlage für die *Protokolle.* Es ist in der Tat eine Ironie, daß die *Gespräche in der Unterwelt zwischen Machiavelli und Montesquieu oder Der Machiavellismus im XIX. Jahrhundert*, geschrieben von dem Franzosen Maurice Joly, ursprünglich den Republikanis-

* Gojim = Nichtjuden, insbes. Christen.

mus verteidigen und den von Napoleon III. instituierten Autoritarismus kritisieren sollten. Die Plagiatoren verwandten über 160 Stellen aus diesem obskuren Werk, mehr als die Hälfte der neun Kapitel, für die *Protokolle der Weisen von Zion* und ordneten sie in den meisten Fällen sogar in derselben Reihenfolge an. Daß ausgerechnet eine liberale Schrift, die zudem absolut nichts mit Juden zu tun hatte, für reaktionäre, antisemitische Zwecke mißbraucht wurde, ist in der Tat recht seltsam. Aber die Idee, sie zu plagiieren, war dennoch nicht gänzlich abwegig. Als die *Protokolle* verfaßt wurden, waren Joly und seine *Gespräche* schon längst dem Vergessen anheimgefallen.

1864 geschrieben, als Joly einunddreißig Jahre alt war, wurden die *Gespräche in der Unterwelt*, um die Zensur zu umgehen, in Belgien gedruckt und nach Frankreich geschmuggelt. Doch der Trick funktionierte nicht. Joly wurde verhaftet und kam für fünfzehn Monate ins Gefängnis. Nach seiner Entlassung schrieb er weiterhin Romane und Polemiken. Obwohl er 1871 die Pariser Kommune begrüßt hatte, wurde er erneut festgenommen und wegen Verleumdung und Hochverrats angeklagt. Auch das Ende der Kommune und die Errichtung der Dritten Republik brachten ihm kein Glück. Literarisch erfolglos, krank und verbittert nahm er sich 1879 das Leben, lange bevor sein Werk auf zynische Weise von Leuten benutzt wurde, für die er nur Verachtung übrig gehabt hätte. Indem man die erdichteten Worte von Jolys Machiavelli einem ebenso erdichteten jüdischen Weisen in den Mund legte, entstand eine antisemitische Schmähschrift von immenser Durchschlagskraft.

Antisemitische Verfechter der *Protokolle* versuchten später nachzuweisen, Maurice Joly sei eigentlich ein Jude namens Moische Joel gewesen, der unter den Einfluß von Adolphe Isaak Crémieux, dem Gründer der »Alliance Israélite Universelle«, geraten sei.[33] Andere, darunter auch modernere Autoren, die sich gegenüber dem Antisemitismus äußerst kritisch äußern, haben seine angebliche Verbindung zu den Freimaurern hervorgehoben.[34] Wiederum andere unterstellen, daß es »eigentlich« nicht die Autoren der *Protokolle* gewesen seien, die Joly plagiiert hätten, vielmehr sei es Joly gewesen, der einen Juden namens Jacob Venedy plagiiert habe, der angeblich 1847 zusammen mit Karl Marx an der Gründung der Geheimorganisation »Bund der Kommunisten« mitgewirkt hätte, die ihrerseits offenbar ein Ableger des »Vereins für Kultur und Wissenschaft der Juden« gewesen sei.[35] So waren also, den Antisemiten zufolge, die Urheber der *Protokolle* zwei Juden, wenn nicht Crémieux selbst. Ihre Verbindung zum Marxismus, der Grundlage von Sozialismus und Kommunismus, war von Anfang an gegeben.

Marx und Engels gehörten von 1847 bis 1852 tatsächlich der Führung des »Bundes der Kommunisten« an, hervorgegangen aus dem »Bund der Gerechten«; das *Kommunistische Manifest* entstand als doktrinäre Grundlage dieses Geheimbundes deutscher Intellektueller und Handwerker im Londoner Exil. Diese Organisationen der frühen Arbeiterbewegung hatten jedoch rein gar nichts mit dem »Verein für Kultur und Wissenschaft der Juden« in Berlin zu tun, der von 1819 bis 1824 bestand. Marx arbeitete auch nie mit Venedy zusammen, und Joly war kein Jude; seine Eltern stammten aus Italien und waren katholisch. Warum der Oberste der Weisen von Zion seinem jüdischen Publikum nicht seine Quelle angegeben haben sollte, da seine Rede doch so weitgehend auf dem Buch von Joly beruhte, ist ebenfalls etwas schwer verständlich. Und selbst wenn Joly ein Jude oder Freimaurer gewesen sein sollte, so gehen antisemitische Interpretationen nicht darauf ein, warum er in seinem Buch auf seiten Montesquieus und des Republikanismus stand, in den *Protokollen* dagegen offenbar Machiavelli und dessen Pläne für einen autoritären Staat befürwortete. Mit dem Plagiat von Jolys

Werk ging ja offensichtlich auch eine Verkehrung der politischen Intention desselben einher.

Bleibt die Frage, wie eine Gruppe russischer Agenten, die wahrscheinlich mit der politischen Literatur Frankreichs nicht besonders vertraut war, das Werk überhaupt entdecken konnte. Seit Joseph de Maistre Mitte des 19. Jahrhunderts als französischer Botschafter in Moskau tätig gewesen war, bestanden enge Beziehungen zwischen reaktionären Kreisen in Frankreich und Rußland, und als Anfang der achtziger Jahre die Furcht vor einer internationalen jüdischen Verschwörung zunahm, wurden sie noch enger. Antisemitische russische Adlige besuchten den Salon von Juliette Adam, in dem auch Edouard Drumont, Herausgeber der überaus populären antisemitischen Tageszeitung *La libre parole*, und sein Berater Graf Esterházy verkehrten, derselbe Graf Esterházy, der sich später als der Schuldige und wahre Verräter in der Dreyfus-Affäre erweisen sollte. In diesem Salon oder von jemandem wie Drumont hatten Ratschkowski und seine Mitarbeiter wahrscheinlich von Maurice Jolys Roman gehört.[36] Aber auch wenn diese Annahme nicht hundertprozentig beweisbar ist, so bleibt doch unbestritten, daß die *Protokolle* zum überwiegenden Teil von den *Gesprächen* abgekupfert sind.

Die strukturelle Ähnlichkeit beider Werke stellt sich folgendermaßen dar: Die Sitzungsprotokolle 1–19 korrespondieren im allgemeinen mit den *Gesprächen* 1–17; nur die letzten fünf Sitzungen können, von ein paar Paraphrasen abgesehen, als Originaltext bezeichnet werden. Diese beschreiben den Erfolg des Vorhabens, nachdem das Haus David die Herrschaft über die Welt angetreten hat und nunmehr ein messianisches Zeitalter heraufdämmert. Den verbliebenen Gesprächen konnten die Fälscher der *Protokolle* kaum etwas abgewinnen, da sie sich fast ausschließlich mit Themen befaßten, die sich auf das zweite Kaiserreich Napoleons III. bezogen. Bereits in den zwanziger Jahren wurden Textvergleiche angestellt und anschließend wiederholt nachgedruckt.[37] Zwar ergeben sich angesichts der verschiedenen Versionen der *Protokolle* hierbei gewisse Probleme, die von den Verfechtern des Pamphlets auch schnell erkannt wurden, dennoch sollen hier zwei kurze Beispiele angeführt werden, in denen Abschnitte aus der von Ludwig Müller alias Gottfried zur Beek besorgten deutsche Ausgabe von 1919 Jolys *Dialogen* gegenübergestellt werden:

Gespräche (Machiavelli):
Das, was Sie und ich von der Vergangenheit wissen, gibt mir von hier an das Recht zu behaupten, daß das Prinzip der Volkssouveränität alle Stabilität zerstört, daß es ohne jede Einschränkung das Recht zur Revolution geheiligt hat. Es bringt die Gesellschaften in einen offenen Krieg gegen alle menschlichen Mächte und selbst gegen Gott. Es ist die Verkörperung der Gewalt selbst. Es macht aus dem Volke eine wilde Bestie, die erst dann zur Ruhe kommt, wenn sie satt ist vom Blut, und die man an die Kette legen muß.

Protokolle:
Das Wort *»Freiheit«* stürzt die menschliche Gesellschaft in den Kampf gegen alle Gewalten, gegen jede Macht der göttlichen und natürlichen Weltordnung. Wenn wir erst auf dem Throne sitzen werden, dann werden wir dieses Wort aus dem Wortschatze der Menschheit vertilgen, weil es der Inbegriff der *tierischen* Kraft ist und die Massen auf die gleiche Stufe mit den blutgierigen Raubtieren stellt. Diese Raubtiere sind erst satt, wenn sie Blut genossen haben. (3. Sitzung)

Gespräche (Machiavelli):
Wie der Gott Wischnu wird meine Presse hundert Arme haben, und diese Arme werden über das ganze Land hin

ihre Hände den Vertretern aller politischen Richtungen reichen.

Protokolle:

Unsere Zeitungen ... werden, wie der indische Götze Wischnu, hundert Hände haben, von denen jede den Pulsschlag irgendeiner Geistesrichtung fühlen wird.[38]

Jolys imaginäres Gespräch zwischen zwei Giganten der politischen Theorie über die Zukunft der Demokratie ist eine bewundernswerte Arbeit, die mit ihren Einsichten in die Natur der modernen Regierung und die in der willkürlichen Machtausübung liegenden Möglichkeiten ziemlich einzigartig dasteht. Machiavelli ist eindeutig die dominierende Gestalt, und er wird ganz im Sinne des 19. Jahrhunderts interpretiert, als Thomas Carlyles Theorie der herausragenden Persönlichkeiten vorherrschte und die Bildung von Nationen in Kontinentaleuropa als vordringliche Aufgabe galt. Der italienische Denker erscheint als Verfechter der *raison d'état* und eines Einheitsstaats, geführt von einem Diktator, dessen Hauptsorge es ist, seine Macht zu erhalten und seine Feinde durch eine Mischung aus Propaganda und Terror zu spalten. Machiavelli bestreitet den größten Teil des Dialogs, während Montesquieu nur in den ersten sechs der vierundzwanzig Gespräche wirklich antwortet, das heißt mehr als Zwischenrufe von sich gibt. Wie für den Machiavelli in den *Gesprächen* führt auch für den Redner in den *Protokollen* Freiheit nur zur Anarchie. Beide beabsichtigen, die Presse zu kontrollieren, und beide betrachten politischen Widerstand als Verbrechen *tout court*. Parlamentarische Organe sind nur zum Zweck der Manipulation da, Quelle der Macht ist der Polizeistaat, dessen Führer als moralisch erscheinen muß, selbst wenn er nur im eigenen Interesse handelt. Macht hat nichts mit Moral zu tun; sie ist durch sich selbst gerechtfertigt.

Durch den Mund Montesquieus verurteilte Joly Taktik und Vision Machiavellis, die in den *Protokollen* den Juden unterstellt werden. Montesquieus Vision war anderer Art; sie stellte der Realität der Zeit Napoleons III. die Werte der Aufklärung und damit implizit auch der Französischen Revolution gegenüber. Die aristokratischeren Aspekte von Montesquieus Denken fehlen in Jolys Porträt. Statt dessen wird er als unkritischer Vertreter des Republikanismus dargestellt, der für eine verantwortliche Regierung, eine geschriebene Verfassung und die Teilung der Macht eintritt. Prophetisch an den *Gesprächen* ist die Schwäche von Jolys eigener republikanischer Position bei der Abwehr autoritärer Argumente; das programmatische Vakuum sowie das scheinbar naive Vertrauen auf ethische Werte und in die Massen sind unübersehbar. Statt dessen steht der Egoismus kurz davor, die Vernunft aus dem Feld zu schlagen, und ein instrumenteller Realismus drängt darauf, die Normen aufzuheben. Doch wie groß ihr Einfluß auf die *Protokolle* auch gewesen sein mag[39], das echt antizipatorisches Element der *Gespräche* besteht eher in dem düsteren Bild, das sie hinsichtlich der Aussichten auf ein autoritäres System entwerfen, als in einem echten Verständnis des modernen Totalitarismus.

Joly hatte keinen Begriff davon, wie totalitäre Bewegungen und das Streben nach politischer Macht auch von ideologischen Beweggründen geleitet werden. Er hatte keine Ahnung davon, in welchem Maße es möglich sein würde, »Personenkult« mit einer ganz neuen Form des bürokratischen Staates zu verbinden. Es lag auch außerhalb seines Vorstellungsvermögens, daß Massenmord weniger als zielgerichtete Handlung denn um seiner selbst willen stattfinden würde. Napoleon III. war nicht Hitler. Deshalb erwiesen sich die *Gespräche*, wie unglaublich das Ausmaß ihres Plagiats auch war, für die Zwecke der Fälscher der *Protokolle* letztlich auch als ungenügend.

Machiavelli läßt sich nicht einfach in einen Rabbi verwandeln. Auch wenn die Worte die gleichen sind, ist der Rabbi doch eine völlig andere Gestalt. Sein Realismus ist mit einer weitaus böseren Absicht verknüpft; ihm geht es nicht nur um Machterhalt und noch nicht einmal nur darum, die Welt zu beherrschen: Er will seinen Gegner, die christliche Zivilisation, vernichten und eine qualitativ neue utopische – oder unutopische – Ordnung errichten. *Biarritz* war insofern eine wesentliche Ergänzung der *Gespräche.* Der instrumentelle Realismus erhielt sozusagen eine Prinzipieninfusion und einen neuen, rein mythischen Kontext, in dem er sich entfalten konnte. Kurz, die Fälscher der *Protokolle* bedienten sich in beiden Werken, wenn auch auf sehr unterschiedliche Weise.

Hofintrigen

Nilus hatte die *Protokolle* höchstwahrscheinlich von Pjotr Ratschkowski erhalten, dem Direktor der Auslandsabteilung der russischen Geheimpolizei, dem es allerdings weniger um Ideologie als vielmehr um sein Vorankommen ging.[40] Er wäre gewiß der richtige Mann für die Fälschung gewesen. Immerhin hatte er in den Jahren, die er damit verbrachte, die Kreise von im Ausland lebenden russischen Oppositionellen zu infiltrieren und zu diskreditieren, schon eine Vielzahl falscher Dokumente fabriziert; in Frankreich selbst hatte er bereits unter dem Pseudonym Jean Préval 1892 ein Buch mit dem Titel *Anarchismus und Nihilismus* veröffentlicht, das viele der Themen enthielt, die dann auch in den *Protokollen* zur Sprache kommen. Wie es scheint, war er auf Befehl seines Chefs, des berühmten Finanzministers Sergej Witte, in das Haus eines gewissen Elie de Cyon eingebrochen, eines erbitterten Gegners des von Witte betriebenen Modernisierungsprogramms, das durch die Betonung des industriellen Wachstums und die

Einführung des Goldstandards die wirtschaftliche Vormachtstellung des Landadels und dessen traditionelle Werte gefährdete. Cyon wird häufig als Autor der *Protokolle* angesehen, was jedoch höchst zweifelhaft ist. Er war ein konvertierter Jude, der anscheinend keine antisemitischen Vorurteile hegte, Physiologe und politischer Kommentator, also ein Intellektueller. Es ist eher unwahrscheinlich, daß dieser Mann einen derart grobschlächtigen, von grammatikalischen und orthographischen Fehlern durchsetzten Text wie die *Protokolle* gefälscht haben sollte. Offenbar kannte er jedoch Jolys Schrift und benutzte sie für eine eigene Satire, die wiederum, wie man vermutet, von Ratschkowskis Agenten bei der Anfertigung des Pamphlets verwendet wurde. Am wahrscheinlichsten ist, daß Cyon »Jolys Satire auf Napoleon III. in eine Satire auf Witte [umarbeitete] und diese ... dann unter Anleitung Ratschkowskis in die *Protokolle der Weisen von Zion* verwandelt« wurde.[41]

In dem Pamphlet kommt die verbreitete Furcht vor dem wachsenden Einfluß des Sozialismus auf jüdische Organisationen in Rußland zum Ausdruck. Auch beobachtete man besorgt den Aufstieg des streng antizionistischen, säkularistischen »Allgemeinen Jüdischen Arbeiterbundes in Litauen, Polen und Rußland« – kurz: »Bund« – mit seinen drei Grundpfeilern: Republikanismus, Sozialismus und nationale kulturelle Autonomie für die Juden in der russischen Diaspora. Juden hatten außerhalb des berüchtigten »Ansiedlungsrayons«, der sich im Westen Rußlands von der Ostsee bis zum Schwarzen Meer zog und auf den sie seit dem Ende des 18. Jahrhunderts beschränkt waren, einen gewissen Einfluß erlangt, und der Zar fürchtete die Macht einer nichtrussischen Nationalität, die kein historisches Recht auf Selbstverwaltung besaß.[42] Wenn die Juden nationale Selbstbestimmung für ihr Volk verlangten, zog dies möglicherweise Schwierigkeiten auch mit anderen Gruppen nach sich; sie konnten zum Vorbild für andere starke Minderheiten wie Polen, Weißrussen, Litauer und Ukrainer werden.[43]

Die Zeit war günstig für das Pamphlet. Was als »permanenter Pogrom gegen die russischen Juden« bezeichnet worden ist, begann 1882 nach der Ermordung Alexanders II. und setzte sich bis nach der Revolution von 1905 fort.[44] Dies führte zur Bildung von bewaffneten jüdischen Selbstverteidigungsgruppen, die von politischen Organisationen wie dem »Bund« gefördert wurden. Im Jahr 1905 erreichte der Russisch-Japanische Krieg seinen Höhepunkt, und die revolutionäre Streikwelle, die 1902 in Baku begonnen hatte, gelangte nach St. Petersburg, wo sich ein aus hundertvierzigtausend Menschen bestehender demokratischer »Sowjet« konstituierte. Der Rußland durch Japan zugefügten Niederlage auf dem Schlachtfeld und der Katastrophe, in die der Adel durch die Revolution von 1905 gestürzt wurde, folgte eine bewußt durchgeführte Politik antijüdischer Hetze.

Kurz, als die *Protokolle* erschienen, war der Judenhaß ein bedeutender Faktor des politischen Klimas, und sie sollten schließlich eine wichtige Rolle in einer Hofintrige mit weitreichenden Folgen spielen. Offenbar hatte man mit der Fälschung ursprünglich bezweckt, den ehemaligen Finanzminister Sergej Witte und seine Anhänger in Mißkredit zu bringen. Als russischer Hauptbevollmächtigter hatte er in Portsmouth nach schweren Verhandlungen den Friedensvertrag mit Japan unterzeichnet und dem Zaren darüber hinaus die Zustimmung zu einer Verfassung abgerungen. Am Zarenhof haßte man den durch das »Oktober-Manifest« zum Ministerpräsidenten avancierten Witte, und der Zar nannte seinen Kreis die »jüdische Clique«. Witte entging nur knapp einem Anschlag der Schwarzhunderter, während zwei jüdische Duma-Abgeordnete, Jollos und Hertzstein, tatsächlich ermordet wurden.[45] Sein liberales Industrialisierungsprogramm wurde allgemein mit den Interessen von Juden und Freimaurern identifiziert und als Teil eines größeren verschwörerischen Plans betrachtet, die Traditionen des russischen Zarenreichs auszuhöhlen.

Da betrat Sergej Nilus die Bühne. Als Mystiker präsentierte er sich gern als Heiliger, dessen Gedanken ganz auf das Jenseits gerichtet sind. Aber dieser Lügner besaß auch Ehrgeiz. *Das Große im Kleinen* hatte starken Eindruck auf die Großherzogin Elisabeth, die ältere Schwester der Zarin, gemacht, und als eingefleischte Reaktionärin glaubte sie, der Autor des Buchs könnte einen guten Einfluß auf den Zaren ausüben.[46] Was sie gelesen hatte, schien die von der »Alliance Israélite Universelle« und den jüdischen Selbstverteidigungsgruppen in Rußland ausgelösten Befürchtungen zu bestätigen. Außerdem setzten die *Protokolle* die Demokratie mit den »jüdischen Interessen« gleich und flößten dem Volk den Glauben ein, daß es noch etwas Schlimmeres gab als die bestehende Form des Autoritarismus. Zusammen mit dem Haß gegen Republikanismus und Sozialismus paßte der extreme Nationalismus des Machwerks perfekt zur Ideologie der konservativsten Fraktion am Hof und ihrer Hauptsprecherin, der Großherzogin Elisabeth.

Ihre Gegnerschaft zu westlichen Vorstellungen von Modernität im allgemeinen und zu Frankreich, dem Geburtsland der Aufklärung, im besonderen war unerschütterlich. Der führende politische Repräsentant ihrer Gruppe, der eifrige Antisemit und künftige Innenminister Wjatscheslaw Plehwe, ein Erzfeind Wittes, stand ihr in dieser Hinsicht nicht nach. In der Tat wollte die Gruppe die während der Revolution von 1905 durchgeführten Reformen rückgängig machen, insbesondere diejenigen, welche die Freiheit der Juden betrafen. Dafür war es unter anderem erforderlich, den vergleichsweise liberalen Einfluß eines gewissen Philippe zurückzudrängen, eines Gesundbeters und Mystikers aus Lyon, der zum religiösen Ratgeber des Zaren und der

Zarin aufgestiegen war und die Seancen zwischen Nikolaus und Alexandra einerseits und deren Ahnen andererseits mit dem Ausruf *»Vive la France!«* einzuleiten pflegte.[47]

Während Nilus wohl zumeist außerhalb Moskaus in religiöser Abgeschiedenheit lebte, wurde sein Buch für die Großherzogin und die konservative Opposition am Zarenhof wichtig. Gottfried zur Beek erklärte später, Nilus sei Mitarbeiter der Geheimpolizei gewesen.[48] Aber unabhängig davon, ob dies zutraf oder nicht, so war Nilus doch mit Ratschkowski bekannt, und es wäre nachvollziehbar, wenn ein extremer Reaktionär versucht haben sollte, dem anderen – und vielleicht zugleich sich selbst – Hilfestellung zu leisten, indem er ihm ein Dokument von solcher Bedeutung zugänglich machte. Als dem Zaren die erste Ausgabe der *Protokolle* vorgelegt wurde, war er entzückt. In seinen Randbemerkungen heißt es unter anderem: »Welche Gedankentiefe!« – »Welche Voraussicht!« – »Welche Präzision der Verwirklichung des Programms!« – »Unser Jahr 1905 ist so verlaufen, als wäre es von den Weisen inszeniert worden« – »An ihrer Echtheit kann kein Zweifel sein« – »Überall sieht man die lenkende und zerstörende Hand des Judentums«.[49]

Philippe verlor die Gunst des Zarenpaars. Den letzten Schlag hatte er sich selbst versetzt, als er der Zarin einredete, sie würde mit einem männlichen Erben schwanger werden, und sie eine Scheinschwangerschaft hatte, was sie zum Gespött Europas machte.[50] Großherzogin Elisabeth erkannte, was sich *tatsächlich* zugetragen hatte: Offenbar waren der Zar und die Zarin von einem Freimaurer aus Frankreich düpiert worden, einem Komplizen des Weltjudentums, dessen Führer das Land ins Chaos gestürzt hatten, indem sie die Japaner herbeiriefen, um das heilige Rußland zu vernichten. Sie riet dem Zarenpaar, Philippe durch einen echten Russen und wahren Reaktionär zu ersetzen. Der Autor von *Das Große im Kleinen* schien vor seinem Durchbruch zu stehen. Man traf alle Vorbereitungen, um ihm die Priesterweihe zu erteilen, und er bestellte sich schon die Priesterkleidung.

Zu seinem Pech nahmen die Anhänger Philippes Rache. Sie verschworen sich, Nilus' Priesterweihe zu verhindern, und lösten zu diesem Zweck einen Skandal um seine Geliebte aus. Obwohl Philippe bald darauf seinen Einfluß am Hof verlor und nach Frankreich und in die Bedeutungslosigkeit zurückkehrte, stand sein russischer Konkurrent wieder einmal vor dem Ruin. Er wanderte von Kloster zu Kloster, bis der Zar seiner Frau 1905 schließlich eine Pension zuerkannte. Dies ermöglichte es Nilus, eine zweite Auflage seines Buchs zu publizieren. Inzwischen gingen am Zarenhof die Intrigen darüber weiter, wer dem Zarenpaar als nächster Berater in religiösen Fragen dienen sollte. Mit seiner üblichen unfehlbaren Akkuratesse und seinem Sinn für die Bedürfnisse der Nation entschied es sich für einen Psychotiker von unbändigem Geist: Rasputin.

Auf Nikolaus und Alexandra und ihren Hof ist reichlich Sentiment und unangebrachte Nostalgie verwendet worden.[51] Gewiß wurde dem Zarenpaar und vielen Angehörigen ihres Gefolges durch die Bolschewiken ein brutales Ende bereitet. Aber sie waren Vertreter der schlimmsten Aspekte einer traditionellen Ordnung, deren gute Seiten im »postkommunistischen« politischen Klima maßlos übertrieben worden sind. Nikolaus und Alexandra standen allem, was mit dem Erbe der Aufklärung zu tun hatte, ablehnend gegenüber. Sie ermutigten die Schwarzhunderter und ihre Pogrome, auch wenn sie für gewöhnlich hinter den Kulissen blieben, und begnadigten in den Folgejahren buchstäblich jeden, der wegen der Beteiligung an diesen Greueln verurteilt worden war.[52] Maurice Samuel nannte sie zu Recht »blutrünstig durch Vertretung«. Ihnen fehlte jegliches Wissen über Außenpolitik, moderne Ökonomie und die sozialen Entwicklungen, die sich in ihrem Reich abspielten. Ohne den geringsten Sinn für das elende Leben ihrer Untertanen waren beide schrecklich arrogante, politisch reaktionäre, engstirnige Autokraten von schwachem Charakter, zum Herrschen völlig ungeeignet.

Anfangs waren sie begeistert von den *Protokollen*. Von deren Ideen zeugte der berüchtigte, unglückselige Vertrag von Björkö (1905), in dem Nikolaus und der deutsche Kaiser Wilhelm II. Frankreich aufforderten, das Bündnis mit England aufzugeben und sich einem Angriff auf das internationale Judentum anzuschließen. Nikolaus und Alexandra ordneten in allen 368 Kirchen Moskaus eine Predigt mit Zitaten aus dem Pamphlet an und setzten sich für seine Veröffentlichung in rechtsgerichteten Zeitungen ein. Die *Protokolle* gaukelten ihnen vor, daß die russischen Menschen mit ihrer Herrschaft nicht unzufrieden waren, daß Juden und Freimaurer hinter der Niederlage Rußlands gegen Japan im Jahre 1905 standen, daß die Juden den Massenstreik ausgelöst hatten, der 1902 in Baku begonnen und drei Jahre später St. Petersburg erreicht hatte, und daß sie die Forderung nach Schaffung eines Parlaments, der *Duma*, und nach der Einführung des Achtstundentages in die Wege geleitet hatten. So dienten die *Protokolle* als Selbstrechtfertigung eines zerrütteten theokratischen Regimes und als Erklärung für die Rückschläge, die es inmitten der Revolution von 1905 erlitt, die Trotzki zutreffend die »Generalprobe« für 1917 genannt hat.

Als das Zarenpaar erfuhr, daß es sich bei den *Protokollen* um eine Fälschung handelte, war es erschüttert. Nicht anders als gewöhnlichere russische Antisemiten, die den Juden einen angeborenen Hang zu materiellem Gewinn und Geldscheffeln zuschrieben, standen sie nicht nur dem Judaismus als Religion, sondern auch dem Judentum als ethnischer Gruppe feindlich gegenüber – beziehungsweise dem, was sie als rassischen oder nationalistischen Kult betrachteten, der das Ziel verfolgte, das Reich zu untergraben. Es trifft zwar zu, daß die Großherzogin Elisabeth Einfluß auf die Zensur nahm und dafür sorgte, daß das Buch weiter gedruckt wurde[53], aber es dürfte ihr nicht allzu schwer gefallen sein; immerhin stimmten der Zar und die Zarin auch dann noch der Subventionierung des Drucks der *Protokolle* zu, als sie bereits wußten, daß sie eine Fälschung waren.[54] In ihren Augen wäre es zweifellos bedauerlich gewesen, wenn das Interesse an dem Pamphlet nachgelassen hätte. Nilus jedenfalls war wütend darüber, daß die Welt sich weigerte, ihn und sein Buch ernst zu nehmen. Nach Chaylas Beobachtung hatten die meisten religiösen Magazine und Journale das Machwerk ignoriert; vernünftige Aristokraten stellten fest, daß anständige Leute sich gar nicht erst damit befaßten.

Aber das alles geht an der Sache vorbei. Die *Protokolle* mögen nach Ansicht ihres versponnenen Herausgebers nicht angemessen gewürdigt worden sein; Intellektuelle mögen sie nicht gelesen haben; intelligente Aristokraten haben selbstverständlich zum Pöbel und zu den Schwarzhundertern Abstand gehalten, und das Pamphlet mag sich nicht so gut verkauft haben, wie es später der Fall sein sollte. Doch nichts davon sagt etwas über die Popularität der darin ausgedrückten Ideen aus. Zu ihrer Stärkung trug sicherlich die anfängliche Förderung durch das Zarenpaar und die Verbreitung durch die Moskauer Kirchengemeinde bei. Tatsächlich kam es zwischen 1903 und 1906, der Zeit des Erscheinens der *Protokolle*, zu über hundert Pogromen, die in den meisten Fällen von Verfechtern ihrer Ideen bei den Schwarzhundertern ausgelöst wurden. Allein 1905 kosteten die Pogrome in 53 Städten und über 600 Dörfern mehr als 5000 Menschenleben. Die Massaker, die in Kischinjow und anderswo verübt wurden[55], werden von der weit größeren Tragödie der dreißiger Jahre überschattet und sind häufig vergessen. Doch das ist eine Ungerechtigkeit gegenüber den Opfern. Und die *Protokolle* spielten eine Rolle bei diesen Ereignissen, deren Grausamkeit vielleicht am deutlichsten aus einem Augenzeugenbericht über ein Einzelschicksal hervorgeht:

> »Er verließ seine schwangere Frau und seine drei Kinder, um auf eine Geschäftsreise zu gehen. Als er zurückkehrte, hatte das Massaker stattgefunden. Sein Haus war eine Ruine, seine Familie fort. Er ging zum Krankenhaus und dann zum Friedhof. Dort fand er seine Frau mit einem mit Stroh gestopften Bauch vor; auch seine drei Kinder waren tot. Es brach ihm das Herz, und er verlor den Verstand. Aber er war harmlos, und man sah ihn durch das Krankenhaus streifen, als suche er jemanden. Und jeden Tag wurde er dünner und leidender.«[56]

Der Antisemitismus war in Rußland um nichts besser, wahrscheinlich sogar schlimmer als in Deutschland, insbesondere in den Jahren nach dem verheerenden Krieg gegen Japan. Zwischen 1905 und 1906 wurden in Rußland über 14 Millionen Exemplare von rund 3000 antisemitischen Büchern und Broschüren verbreitet, und der Zar selbst steuerte mehr als 12 Millionen Rubel zu dem Unternehmen bei.[57] Unterstellungen von einflußreichen Regierungsbeamten, die mit den Schwarzhundertern in Verbindung standen, hinsichtlich der »Blutklage«, der zufolge Juden angeblich Christenkinder ermordeten, um ihr Blut für Geheimrituale zu benutzen, führten im Zusammenhang mit der berüchtigten Beiliss-Affäre von 1911 zum internationalen Skandal.[58] Gelegentliche Pogrome fanden weiterhin statt, und das demokratische Leben im Lande erstarb. In den Jahren unmittelbar vor dem Ersten Weltkrieg herrschte eine weitgehende Apathie im ganzen Land. Die *Protokolle* verschwanden in der Versenkung, das Interesse an dem Pamphlet verblaßte. Das überrascht jedoch nicht: Die *Protokolle* besaßen in diesen Jahren keinen Nutzen. Das aber sollte sich bald ändern.

Die *Protokolle* mußten einen Zweck finden, den sie erfüllen konnten, und der Erste Weltkrieg lieferte einen solchen Zweck. Das Geheimnis war durchaus real. Vor 1914 war die Außenpolitik schließlich mittels »Geheimdiplomatie« geführt worden. Allerdings hatten die jeweils getroffenen Entscheidungen nichts mit irgendwelchen Machenschaften von Juden und Freimaurern zu tun; es gab auf dem gesamten Kontinent in der Tat kaum einen Juden, der eine Stellung mit echter politischer Entscheidungsmacht innehatte. Aber das spielte kaum eine Rolle. Die *Protokolle* boten eine mythische, für gewisse Gruppen und Klassen praktische Erklärung: Sie schoben die Schuld an dem Krieg auf eine geheime jüdische Kabale und machten jüdischen Geist für die Einführung der Moderne verantwortlich.

Eine ernsthafte Analyse muß jedoch an anderer Stelle ansetzen. Der Erste Weltkrieg war der Höhepunkt alter »Großmacht«-Rivalitäten und imperialistischer Schachzüge, die letztlich bis zur Niederlage Napoleons zurückreichten. Seine Architekten waren von der alten Schule, sie hatten ihre Laufbahn noch unter den beherrschenden Gestalten der Diplomatie des 19. Jahrhunderts begonnen: Andrássy, Bismarck, Cavour, Disraeli und Gortschakow.[59] Alle maßgeblichen Akteure auf der Weltbühne wollten das bestehende Kräftegleichgewicht aufrechterhalten und gleichzeitig das Recht besitzen, in die Angelegenheiten kleinerer Staaten einzugreifen und ihre Position durch Imperialismus zu untermauern. Der Erste Weltkrieg wurde von alten Männern angefacht, von denen keiner die Fähigkeit oder den Willen besaß, sich den zum Krieg führenden Tendenzen entgegenzustellen. Die meisten der Mächtigen zogen fälschlicherweise den Deutsch-Französischen Krieg von 1870/71, der nur sechs Monate gedauert hatte, als Bezugspunkt heran. Keiner der Verantwortlichen war wirklich imstande, sich vorzustellen, was ein *Weltkrieg* nach sich ziehen würde. Während die Bündnisse zwischen den Großmächten wechselten, vergrößerten die europäischen Großmächte ihren Kolonialbesitz in den vierzig Jahren vor Ausbruch des Ersten Weltkriegs um fast dreißig Millionen Quadratkilometer.[60] Dabei geriet man immer wieder an die Schwelle des Krieges, ohne sie allerdings zu überschreiten. Die *Protokolle* bringen, wenn schon nicht die Analyse, so doch das Gefühl einer Welt zum Ausdruck, die am Rand eines Abgrunds steht.

Selbst nach der Ermordung des Erzherzogs Franz Ferdinand in Sarajevo im Juni 1914 wäre der Ausbruch des Krieges vermutlich noch vermeidbar gewesen. Doch nach einer scheinbar endlosen Kette von Krisen hatte sich ein lähmender Fatalismus breitgemacht: Die beiden Marokkokrisen hatten fast zum Krieg geführt, und die lokalen Kriege auf dem Balkan – in Bosnien 1908 und der Balkankrieg von 1912/13 – waren beinahe zu größeren Flächenbränden eskaliert. Durch diese Krisen war eine scheinbar eiserne Logik in Gang gesetzt worden, durch welche Europa in den Krieg gestürzt wurde. Der Auslöser dieser Entwicklung blieb im verborgenen oder war kaum verständlich zu machen, was letztlich die Anziehungskraft vereinfachender Verschwörungstheorien, wie sie von den *Protokollen* geboten wurden, verstärkte.

Das Pamphlet führte internationale wie innenpolitische Entscheidungen auf eine einzige, unsichtbare Quelle zurück und spiegelte dabei auf perverse Art und Weise zum Teil einen durchaus realen Sachverhalt wider, denn der internationale Wettbewerb zwischen Staaten und die inneren Klassenkonflikte schaukelten sich gegenseitig hoch. In den Köpfen der Oberschicht herrschten Bilder dessen vor, was José Ortega y Gasset später die »Revolte der Masse« nennen sollte. Die Jahrzehnte vor dem Ersten Weltkrieg waren überall in Europa von einem außerordentlichen Aufschwung der sozialistischen, für Demokratie und soziale Gerechtigkeit eintretenden Arbeiterbewegung geprägt. In Frankreich erinnerten sich die Reaktionäre noch gut an die Pariser Kommune, während das deutsche Kaiserreich zunehmende Wahlerfolge der Sozialdemokraten zu verzeichnen hatte und Rußland immer noch unter den Folgen der Revolution von 1905 litt. Konstitutionalismus und wirtschaftliche Forderungen nach Umverteilung bedrohten überall die Macht der verwurzelten aristokratischen Eliten, während die neue ideologische Beschäftigung mit Naturwissenschaft und Materialismus die überlieferten Sitten und religiösen Glaubenssätze in Frage stellte. Angst wurde zum Doppelspiegel, in dem gegnerische Nationen und gegnerische Klassen innerhalb der Nationen einander als Schreckbilder erblickten.[61]

Der Krieg erschien mehr und mehr als Taktik, durch die nicht nur die imperialistischen Bestrebungen anderer Nationen zurückgedrängt, sondern auch die neuen Forderungen der arbeitenden Massen im Innern bekämpft werden konnten. Diese These wirkte kühn, als sie in den zwanziger Jahren von dem großen liberalen Historiker Elie Halévy in *L'ère des tyranies* zum ersten Mal aufgestellt wurde. Sie wirkt immer noch so. Der Zar sah ebenso wie der deutsche Kaiser eine jüdische Verschwörung am Werk, die zusammen mit allen demokratischen und sozialistischen Kräften an der Zerstörung der jeweiligen Vaterländer arbeitete.[62] Und die Ziele der Juden lagen klar vor Augen: Die Antisemiten fragten: Wäre die Balfour-Deklaration von 1917, durch die in Palästina ein zionistisch-jüdischer Staat unter britischem Protektorat angelegt wurde, ohne die Niederlage des kaiserlichen Deutschland und des zaristischen Rußland möglich gewesen?[63]

1918, als der Ausgang des Krieges noch ungewiß war, behauptete die stramm nach rechts ausgerichtete englische Zeitschrift *The Imperialist*, das Haus Windsor habe sich zusammen mit britischen Bürgern deutscher Herkunft an einer

»internationalen Verschwörung« von Juden und Homosexuellen beteiligt, um England den Deutschen auszuliefern. Der berüchtigte Antisemit Leslie Fry veröffentlichte ein paranoides Vorwort zu den *Protokollen*, während der amerikanische Industrielle Henry Ford in dem unter seinem Namen veröffentlichten Buch *The International Jew* [64] verkündete, die Juden hätten die Ermordung von Erzherzog Ferdinand geplant und die Nationen zur Mobilisierung getrieben. Er behauptete, jüdische Zeitungen hätten die Kriegsbegeisterung geschürt, jüdische Finanziers von dem Gemetzel profitiert und jüdische Agitatoren die Vereinigten Staaten in den Krieg hineingezogen. Die *Protokolle* »paßten« in der Tat in die historische Situation: Die Juden waren die Geißel Europas.

Der Antisemitismus wuchs im selben Maß, wie die anfängliche Euphorie nach Ausbruch des Krieges 1914 verebbte. Grabenkrieg, Schiebergeschäfte, Finanzspekulationen, schwere militärische Führungsfehler, Politikerstreit, ein katastrophaler Friedensvertrag, der Zustrom von Juden aus dem Osten: alles schien durch die traditionellen Stereotypen erklärbar zu sein, die von neuen paramilitärischen und agitatorischen Organisationen der äußersten Rechten verbreitet wurden. Der Feind im Innern war derselbe wie der äußere. Der »internationale Jude«, um das Schlagwort von Henry Ford zu benutzen, war jetzt in der Lage, nationale Gefühle aufzupeitschen, ein Land gegen ein anderes auszuspielen und von dem Konflikt zwischen ihnen zu profitieren: vor einem Krieg durch die Herstellung von Waffen, während eines Krieges durch nationale Anleihen und nach einem Krieg durch die Schaffung eines »offenen Basars«, auf dem sich alle Nationen um die von dem Außenseiter kontrollierten Ressourcen rangeln müssen.[65]

Die *Protokolle* hatten all dies vorausgesagt. Jedenfalls schien es so. Ihr Bild von Krieg und moralischem Zerfall, ökonomischer Krise und politischer Revolution, sozialem

Niedergang und kulturellem Chaos muß jenen, die bereits dazu neigten, das Pamphlet für wahr zu nehmen, prophetisch erschienen sein. Das mit dem Krieg verbundene Chaos genügte als Echtheitsbeweis der *Protokolle*, und ihre Echtheit genügte als Grundlage für den Glauben an eine jüdische Verschwörung. Daß diese Art zu denken tautologisch ist, spielte keine Rolle. Der Jude *hatte* den Krieg verursacht; der Jude *betrog* die Nation. Da zählte es nicht, daß auf deutscher Seite 100000 Juden am Krieg teilgenommen und 78000 an der Front gekämpft hatten; genausowenig zählte es, daß 12000 von ihnen gefallen und 30000 für ihre Tapferkeit mit dem Eisernen Kreuz ausgezeichnet worden waren.[66] Die *Protokolle* enthüllten eine andere Wahrheit. Eine Katastrophe war eingetreten, »der Jude« steckte dahinter. Das war genug.

DIE NACHRICHT VERBREITET SICH

Triumphzug der *Protokolle*

Der Erste Weltkrieg wurde von den »Großmächten« ohne Ideale oder klar definierte Interessen angezettelt, und als er zu Ende ging, lag ein ganzer Kontinent in Trümmern.[1] Von den unbeschreiblichen Opfern – 38 Millionen Tote und Verstümmelte –, von den bis dahin unvorstellbaren Verwüstungen waren eben jene betroffen, an denen die »Weisen von Zion« Rache zu nehmen sich verschworen hatten. Vier Reiche waren vernichtet, deren Wurzeln mehr als tausend Jahre zurückreichten: das österreichungarische, das deutsche, das osmanische und das russische. Der Krieg dezimierte das *Ancien régime.* Hergebrachte Traditionen wurden verworfen, und ein beißender Zynismus bemächtigte sich eines großen Teils der Bevölkerung. So nimmt es kaum wunder, daß die *Protokolle* in einer chaotischen Zeit des Übergangs derart an Popularität gewannen.

Der Erste Weltkrieg war eher eine irrationale Flucht vor inneren Problemen als ein Weg, erreichbare Ziele zu verwirklichen. Da die alten Eliten den Reformforderungen im eigenen Land nicht gewachsen waren, verlagerte sich ihre Legitimation immer stärker auf ihre Fähigkeit, spektakuläre außenpolitische Erfolge zu erzielen. Weder waren sie imstande, die Sinnlosigkeit des Konfliktes zuzugeben, noch vermochten sie ihre eigene Schuld offenzulegen. Den Weiterungen von Imperialismus, Militarismus, Klassenkonflikt standen sie verständnislos gegenüber, sie waren in störrischen, reaktionären, zur Reform unfähigen politischen Strukturen gefangen.

Diese abzuwerfen hätte bedeutet, sich selbst auf den »Müllhaufen der Geschichte« zu werfen und die »Bruderschaft des Schützengrabens« herabzuwürdigen. So war es nur logisch, daß die alten Eliten die organische Einheit der Nation beschworen, die sie zu vertreten behaupteten, und einen Außenseiter oder Verräter für das Gemetzel verantwortlich machten, das sie selbst herbeigeführt hatten. Praktisch alle Konservativen und militanten Reaktionäre, besonders jene auf der Verliererseite, hatten das Bedürfnis, sich politisch und existentiell zu rechtfertigen. Als sich die erhofften spektakulären Erfolge nicht einstellten, mußte ein Grund für die Niederlage, mußte eine Quelle der verfehlten Politik gefunden werden. Der Antisemitismus bot beides.

Nirgendwo wurde dies deutlicher als im zaristischen Rußland. Nach westlichem Standard herrschte dort im Jahre 1914 immer noch wirtschaftliches Elend; die Massen der Bauern auf dem Land, der Proletarier in der Stadt waren verarmt; die Armee war schlecht ausgebildet, ihr Personalstand zu gering und ihre Ausrüstung unzureichend für einen längeren Kampf. Dies hinderte den Zaren und die Zarin, die sich ständig mit dem altersschwachen Doppelmonarchen Franz Joseph von Österreich-Ungarn um den Balkan gestritten hatten, jedoch nicht daran, sich in die Gruppe der Hauptanstifter des Krieges einzureihen. Die Niederlagen folgten rasch. Doch das bemitleidenswert inkompetente russische Herrscherpaar war bereit, wachsende Verluste hinzunehmen, um ihr wankendes Prestige aufrechtzuerhalten.

Der Zar und die Zarin blieben unerschütterlich bei ihren Überzeugungen. Nicht einen Augenblick zogen sie ihre königlichen Privilegien oder die gottgegebene Legitimation ihrer Herrschaft in Zweifel. Und als dann die Revolution ausbrach, waren sie am Boden zerstört. Bereits die erste Phase im Februar 1917, die zur Bildung der Provisorischen Regierung unter Alexander Kerenski führte, war für die Aristokratie und andere Bannerträger des alten Regimes schwer zu verdauen; die zweite Phase, die bolschewistische Machtübernahme im November, gab ihnen den Rest. Wenn die Juden nicht gewesen wären, hätte die extreme Rechte wahrscheinlich irgendeinen anderen Sündenbock für die Katastrophe erfunden.

Der Erste Weltkrieg zwang auch den Widerspenstigsten, die Kröte der Moderne zu schlucken. Zar Nikolaus und Kaiser Wilhelm mochten die Nase rümpfen über die beiden fortschrittlichen politischen Alternativen der Moderne, die sich im Gefolge des Ersten Weltkriegs herausbildeten und gegen die die *Protokolle* gepredigt hatten: die auf dem Prinzip der Rechtsstaatlichkeit beruhende Republik und die »Diktatur des Proletariats«, die es sich zur Aufgabe machte, die Traditionen und Privilegien des alten Regimes mit Stumpf und Stiel auszurotten. Doch in beiden Regierungsformen war kein Platz mehr für sie und ihresgleichen, für Königtum von Gottes Gnaden und etablierte Kirche, für Agrargesellschaft und traditionelle Sittenkodizes.

Aber nicht nur die Anhänger dieser alten Monarchen, sondern auch jene, die zu radikalen Parteigängern der entstehenden faschistischen Bewegung werden sollten, verloren den Boden unter den Füßen. Sie hatten es zum einen mit den neuen kontinentalen Republiken aufzunehmen, deren liberale kapitalistische Institutionen sich auf eine sozialdemokratische Massenbasis stützten, und sahen sich zum anderen mit einer autoritären kommunistischen Bewegung konfrontiert, die eine neue Form wirtschaftlicher Gleichheit verwirklichen wollte. So sorgten ein anscheinend unaufhaltsamer »Sturm aus dem Osten« einerseits und ein offenbar triumphierender Geist der Demokratie im Westen andererseits für ihre Entfremdung von der Arbeiterklasse und von dem politischen System, in dem sie in Zukunft gezwungen sein würden, sich zu betätigen.

Die *Protokolle* allein boten keine hinreichende Grundlage für eine neue reaktionäre Weltanschauung. Ihre Vision einer wiedererstarkten Aristokratie und ihr Traum von politischer Restauration lag zerschmettert unter den Trümmern der Schlachtfelder. Schon vor dem Ersten Weltkrieg hatten autoritäre Radikale zu erkennen gegeben, daß für sie die Zeit der Aristokratie vorüber und ein Kompromiß mit der gegenwärtigen Ordnung unmöglich sei: Französische Autoritaristen, die in der verhaßten Dritten Republik lebten – sie dauerte von 1871 bis 1940 –, suchten bereits weniger eine Rückkehr zum Feudalismus als eine Diktatur unter einem militärischen »Helden« wie General Boulanger. Die antidemokratischen, wenn nicht antisemitischen italienischen Futuristen stellten die Aristokratie und die Überreste einer von ihr geprägten Vergangenheit an den Pranger. Imperialistische Segmente der deutschen Rechten begannen die adligen Junker als Anachronismus zu betrachten, und Hitler selbst verbrachte die Jahre vor dem Ersten Weltkrieg in Wien damit, gegen die niedergehende Habsburger Monarchie zu wettern.

All dies soll keineswegs heißen, daß nicht ein großer Teil der politischen Rechten traditionalistisch blieb und oftmals eine gewisse Nostalgie zutage trat, wenn man an die Kaiserzeit vor dem Krieg zurückdachte. Als Europa sich aus den Trümmern des Ersten Weltkriegs erhob, wurden die Kräfte der Reaktion noch nicht von echten Revolutionären angeführt. Monarchisten wie General Denikin, Führer der Weißen Armee im russischen Bürgerkrieg, und General Erich Ludendorff, der im Ersten Weltkrieg weitgehend die deutsche Kriegführung bestimmt hatte, waren die Vorbilder der Rechten. Dennoch begann die *romantische* Sehnsucht nach Vergangenem einer neuen *neoromanti-*

schen Vision von der Schaffung einer rassisch homogenen »Volksgemeinschaft« Platz zu machen. In der abgestumpften, zynischen Perspektive von verhärteten Kriegsveteranen und einer entfremdeten Jugend, von Lumpenproletariern und verachteten Bohemiens, heruntergekommenen Bürgerlichen und desillusionierten Intellektuellen verlor sich der traditionelle Sinn für Pietät und Rang, der Primat von Kirche und Feudalstatus.

Die kühnsten und weitsichtigsten Parteigänger der Rechten merkten, daß die neue »Volksgemeinschaft« eine neue Führerschaft und neue Glaubenssätze verlangte. Ihre radikalsten Vertreter gaben im Gefolge des Krieges die aristokratischen Prätentionen und religiösen Überzeugungen ihrer stärker der etablierten bürgerlichen Gesellschaft zuneigenden Gesinnungsgenossen auf. In den ersten Jahren nach dem Krieg hatte es fast den Anschein, als hätten die Autoren der *Protokolle* auf das falsche Pferd gesetzt. Nilus begann eine seiner Nachkriegsausgaben mit der Feststellung, politische Probleme könnten »nur von Herrschern verstanden werden, welche die Staatsaffären seit Jahrhunderten in der Hand haben«. Das gleiche galt für Gottfried zur Beek, alias Ludwig Müller, als er 1920 die deutsche Ausgabe der *Protokolle* herausbrachte. Nach Kräften gefördert von Abkömmlingen des deutschen Adels wie Fürst Otto zu Salm-Horstmar, Prinz Joachim Albrecht von Preußen und sogar dem Exkaiser Wilhelm II., der das Pamphlet seinen Besuchern in Doorn empfahl, war es tatsächlich »den Fürsten Europas gewidmet«.[2]

Zwischen den romantischen Reaktionären und Parteigängern der monarchischen Ordnung einerseits und den neuen neoromantischen Revolutionären der Rechten andererseits wuchsen die Spannungen ständig. Doch seltsamerweise gewann das Pamphlet rasch an Popularität, als die zwanziger in die dreißiger Jahre übergingen und die Weimarer Republik über der Leiche einer zerstrittenen

Linken – noch vor dem Kampf auf Leben und Tod zwischen Faschisten und antifaschistischen »Volksfronten« in Frankreich und Spanien – zerbrach. Die in den *Protokollen* dargebotenen wirtschaftlichen Ideen waren bestenfalls antiquiert, um nicht zu sagen völlig konfus. Auch boten sie keine positiven Anregungen, die für eine im Aufstieg befindliche neue konterrevolutionäre Organisation oder Bewegung relevant gewesen wären. Sogar ideologisch, im Hinblick auf den Antisemitismus, fehlten dem Dokument die biologischen und wissenschaftlichen Grundlagen, die von modernen Heuchlern wie Adolf Hitler so bewundert wurden. Dennoch leisteten sie in der Zwischenkriegszeit einen enormen Beitrag zur Herausbildung des rechten Weltbildes. Es wurde zu einer Brücke zwischen den alten und neuen Rechten.

Der Bekanntheitsgrad des Pamphlets nahm eben deshalb zu, weil eine erstarkende internationale Rechte es mit frischem Eifer verbreitete und es gleichzeitig zur ideologischen Waffe in einem gegen den existierenden republikanischen Staat gerichteten gemeinsamen revolutionären Unterfangen wurde. In der Tat dienten die *Protokolle* als eine Art Anleitung zum Handeln und machen insofern die Strategie verständlich, nach der die Feinde »Zions« vorgingen. Sie vermittelten der neuen »wissenschaftlichen« Diskussion über den Antisemitismus einen Anflug von politischer Dringlichkeit und setzten den politischen Kampf gegen die Juden auf die historische Tagesordnung. Mit Georges Sorel gesprochen, schuf das Pamphlet einen »Mythos«: ein Gefühl der Gefahr, Motivation zum Handeln, ein heroisches Selbstverständnis und Rechtfertigung für Gewalt.[3] Gerade seine Ungereimtheiten, im Verein mit dem kritischen Angriff gegen diejenigen, die in der jüdischen Frage noch lavierten, zwangen die extreme Rechte, ihr Weltbild zu überdenken. Daher erzeugten sie die Notwendigkeit, als Reaktion auf eine »jüdische« Moderne eine neue magische Vergangenheit zu formulieren und als Antwort auf einen »jüdischen« Kosmopolitismus eine neue rassistische Form des integralen Nationalismus zu erfinden. All dies machte die *Protokolle* zu einem entscheidenden Instrument für all jene, denen es darum ging, sich den in Ost und West allem Anschein nach triumphierenden politischen Strömungen entgegenzustemmen.[4]

Gegen Ost und West

Die *Protokolle* erschienen zu einer Zeit, als republikanische Aspirationen in der Luft lagen und die sozialistische Arbeiterbewegung international einen Wachstumsschub erfuhr. Der Marxismus war ihre leitende Ideologie, und während seines »goldenen Zeitalters«[5], das von 1889 bis 1914 andauerte, wurden die Werte der republikanischen Demokratie von den Sozialisten uneingeschränkt unterstützt. Vor der russischen Revolution verband jeder Sozialist von Rang und Namen die »Diktatur des Proletariats«, sofern er diesen Begriff überhaupt akzeptierte, entweder mit der Republik oder mit noch höheren Organisationsformen der Mitbeteiligung, wie »Sowjets« oder »Arbeiterräten«. Die Grundidee des Marxismus, die auf der Annahme beruhte, daß das Proletariat wachsen würde, während alle anderen Klassen schrumpften, war genau das, was die Vision einer demokratischen Ordnung so reizvoll machte. Problematisch sollte in der Tat immer weniger der antisemitische Charakter der sozialistischen Arbeiterbewegung werden als vielmehr ihr marxistischer Optimismus hinsichtlich des »unausweichlichen« Sieges des Proletariats und die daraus folgende Unterschätzung der Gefahr eines in unvereinbaren Interessengegensätzen und verworrenen ideologischen Ansprüchen begründeten politischen Antisemitismus.[6]

Republikanismus und Sozialismus bildeten die beiden

großen fortschrittlichen Ausdrucksformen der Aufklärung, und Reaktionäre brachten beides traditionell mit jüdischen Interessen in Zusammenhang. Zwar ist es dumm, ihnen den gemeinsamen Faktor jüdischer Interessen unterzuschieben, doch interessanterweise standen beide Ideen tatsächlich in einer engen Beziehung zueinander. Da nämlich während eines Großteils des 19. Jahrhunderts fast überall auf dem Kontinent eine politisch selbstbewußte Bourgeoisie fehlte, wurde die sozialistische Arbeiterbewegung im Westen zur Haupttriebkraft des Republikanismus. Diese Schwäche des bürgerlichen Liberalismus wurde in der Weimarer Republik offenbar, in der sich die Sozialdemokratie letztlich als Grundpfeiler republikanischer Politik bewährte. Die liberale Deutsche Demokratische Partei (DDP), die 1919 als drittstärkste Kraft in die Nationalversammlung eingezogen und maßgeblich am Aufbau der Weimarer Republik beteiligt gewesen war, sank im Laufe der zwanziger Jahre infolge reaktionärer Angriffe – sie wurde oftmals als »Judenpartei« beschimpft – von einem Hauptakteur auf der parlamentarischen Bühne zu einer unbedeutenden Sekte herab. Welch kulturelle Macht die Juden im Deutschland der Zwischenkriegszeit auch ausgeübt haben mögen, im Niedergang dieser liberalen Partei spiegelte sich jedenfalls ihre nachlassende Bedeutung im gesamtpolitischen Leben Deutschlands wider.[7]

Wie man weiß, engagierten sich Juden in den verschiedensten politischen Bewegungen. Die meisten waren Liberale, andere Konservative, wieder andere Zionisten, und bevor 1938 die Rassengesetze erlassen wurden, fühlte sich eine nicht unbeträchtliche Zahl sogar zum italienischen Faschismus hingezogen.[8] Tatsache ist jedoch, daß die Juden überproportional dem linken Spektrum zuneigten. Zu den bekanntesten Sozialisten jüdischen Ursprungs gehörten Eduard Bernstein, Léon Blum, Theodor Dan, Julius Martow und Rosa Luxemburg. Was die Kommunisten betrifft, so zählten Nikolai Bucharin, Lew Kamenew, Karl Radek, Grigori Sinowjew und Leo Trotzki zu den wichtigsten Führern der neuen Bewegung, und auch Lenin wurde von den meisten Rechtsextremisten fälschlicherweise als verkappter Jude eingeschätzt. Juden hatten in der Führung der beiden konkurrierenden Flügel der Arbeiterbewegung also herausragende Stellungen inne. Doch nun standen sich diese Fraktionen als Todfeinde gegenüber. Der Erste Weltkrieg hatte unwiderruflich einen Keil zwischen Kommunisten und Sozialisten getrieben, beziehungsweise, wie Blum es treffend bezeichnete, eine grundlegende »moralische Inkompatibilität« zwischen ihnen geschaffen. Die Tatsache, daß sozialdemokratische Parteien im Westen die nationalen Kriegsanstrengungen unterstützt hatten, veranlaßte radikale Elemente innerhalb der Arbeiterbewegung, sich einer revolutionären kommunistischen Bewegung im Osten zuzuwenden, die bedingungslose Treue gegenüber ihrer autoritären »Diktatur des Proletariats« verlangte.

All dies bedeutete den Antisemiten und den Kräften der Reaktion kaum etwas. Die Verurteilung der westlichen »Arbeiteraristokratie« durch Lenin kümmerte sie ebensowenig wie die Prophezeiung sozialistischer Intellektueller, der von Lenin initiierte Sturz der im Februar 1917 gebildeten und zuletzt von Alexander Kerenski geführten demokratischen Provisorischen Regierung Rußlands – die jegliche Veröffentlichung der *Protokolle* verbot – werde eine Dynamik von Repression und Terror auslösen.[9] Für die Parteigänger der extremen Rechten liefen bourgeoise Republik und Diktatur des Proletariats auf dasselbe hinaus, und das Bindeglied zwischen beiden waren »die Juden«. In der Tat konnten aristokratische Konservative und Rechtsextremisten dem beherrschenden Ereignis ihrer Zeit nur insofern einen Sinn abgewinnen, als es ihnen dazu diente, die Vorstellung dieser Verbindung zu verfestigen.

Der Oktoberrevolution folgte 1918 der Ausbruch eines brutalen Bürgerkriegs, in dem die republikanische Option völlig unterging. Was blieb, war die Wahl zwischen »Roten« und »Weißen«. Den meisten Juden lag nur am Frieden und an einer Möglichkeit, dem Konflikt zu entkommen, der sich durch eine sogar für damalige Verhältnisse extreme Barbarei auszeichnete. Vor die Wahl gestellt, entschieden sich jedoch die meisten für das kleinere Übel und unterstützten die Bolschewiken gegen die durch und durch antisemitischen »Weißen«. Damit schienen sie die von den *Protokollen* in die Welt gesetzte Überzeugung zu bestätigen, die Juden stünden sowohl hinter der »bourgeoisen«, von Liberalen und Sozialisten unterstützten Provisorischen Regierung als auch hinter der »proletarischen« Diktatur. Die zwei Phasen der Revolution waren scheinbar zu einer einzigen verschmolzen, und indem die *Protokolle* als Bindeglied zwischen ihnen die Juden ausmachten, versorgten sie die extreme Rechte mit einer Möglichkeit, mit eigenen Begriffen zu erklären, was Trotzki als »permanente Revolution« bezeichnete.

Die *Protokolle* hatten vor den Sozialisten gewarnt, und nun schienen die Kommunisten mit ihrem Monopol über die Medien, mit der Umgestaltung des Schulwesens und den Angriffen auf die Kirche diese »Vorhersagen« zu bestätigen. In den Augen der extremen Rechten war die Oktoberrevolution die entscheidende Phase der Ausdehnung jüdischer Macht oder, mehr noch, der Kulminationspunkt eines Welteroberungsplans, der von den Juden schon seit Anbeginn der westlichen Zivilisation vorangetrieben worden war. Dies jedenfalls brachte der Publizist Dietrich Ekkart, der in den frühen Jahren der nationalsozialistischen Bewegung Hauptschriftleiter des notorisch antisemitischen *Völkischen Beobachters* werden sollte, in seiner postum veröffentlichten Broschüre *Der Bolschewismus von Moses bis Lenin – Zwiegespräch zwischen Adolf Hitler und mir* zum Ausdruck.[10] Diese Idee könnte sogar dazu beigetragen haben, daß die Entente auf seiten der »Weißen« in den Bürgerkrieg eingriff. So schrieb Lucien Wolf 1921 in England:

> »Es ist unglaublich, aber dennoch eine Tatsache, daß diese verrückten Fälschungen hinter den Kulissen eine Rolle bei den internationalen Absprachen über die Unterstützung der antibolschewistischen Reaktion in Rußland spielten, die in den letzten beiden Jahren die öffentliche Meinung so stark beschäftigt und dieses Land annähernd hundert Millionen Pfund gekostet haben. Es gab einen Moment, als die Großmächte bereit waren, die Russen ihre Streitigkeiten unter sich ausfechten zu lassen, doch Freunde Admiral Koltschaks und General Denikins erhoben nachdrücklich Einwand gegen diese Politik, unter anderem mit dem Argument, daß es in Rußland eigentlich keinen Bürgerkrieg gebe, daß der Bolschewismus nicht russisch sei, sondern gänzlich aus dem Ausland komme, als Werk internationaler Juden, die ihrerseits Instrument einer weltweiten geheimen Verschwörung gegen die Christenheit und die politische Ordnung Europas seien.«[11]

Derartige Ansichten verwandelten den Bürgerkrieg in der Sowjetunion in etwas, das mehr war als ein Kampf epischen Ausmaßes zwischen »Weißen« und »Roten«. Fortan wurde er von vielen als Schlacht zwischen den Kräften des Christentums und dem jüdischen Antichrist aufgefaßt. Die Ermordung des Zaren und seiner Familie am 16. Juli 1918 schien diese Ansicht zu bestätigen: Offenbar hatte die Zarin ein Exemplar von Nilus' Buch *Das Große im Kleinen*, das auch die *Protokolle* beinhaltete, in ihr letztes Domizil in Jekaterinenburg mitgenommen, und in der Fensternische des vom Zarenpaar bewohnten Zimmers fand sich ein anscheinend kurz vor ihrem Tod an die Wand gemaltes Hakenkreuz, das den Kampf zwischen »Ariern« und Juden symbolisieren sollte.[12] Sowohl das Buch wie auch das Hakenkreuz wurde von den »Weißen« am Schauplatz der Mordtat entdeckt. Der Schuldige war klar: Nun hatte sich tatsächlich das »Große« im »Kleinen« offenbart.

Diese Interpretation der Ereignisse in der Sowjetunion fand nicht nur bei den Fanatikern der alten Ordnung oder der russischen und deutschen Rechten Anklang. Selbst die Londoner *Times*, die sich später bei der Enthüllung der Unechtheit der *Protokolle* hervortun sollte, kam anfangs in einem längeren Leitartikel zu dem Schluß, das Pamphlet sei echt. Noch aufschlußreicher ist, daß Winston Churchill im *Illustrated Sunday Herald* vom 8. Februar 1920 schreiben konnte,

> »diese weltweite Verschwörung zum Sturz der Zivilisation und zum Wiederaufbau der Gesellschaft auf der Grundlage von Entwicklungsstillstand, Neid und Mißgunst und einer unmöglichen Gleichheit [sei] ständig gewachsen ... Es erübrigt sich, die Rolle dieser internationalen und größtenteils atheistischen Juden bei der Schaffung des Bolschewismus und der eigentlichen Herbeiführung der Russischen Revolution zu übertreiben. Sie ist zweifellos sehr groß; wahrscheinlich überwiegt sie die aller anderen.«

Es wäre den Bolschewiken gewiß leichtgefallen, die antisemitische Karte auszuspielen; immerhin hatten dreizehn zuvor am Krieg beteiligte Nationen Truppen und Ausrüstung nach Rußland geschickt, um die »Konterrevolution« zu unterstützen, und nichts wäre einfacher gewesen, als das »kosmopolitische Judentum« oder das »jüdische Kapital« beziehungsweise »jüdische Interessen« für den vereinten Angriff auf die bolschewistische Revolution verantwortlich zu machen. Es spricht für die »Roten«, daß sie im allgemeinen auf diese Taktik verzichteten und sogar Kampagnen gegen den Antisemitismus initiierten. Erst unter Stalin[13] und später unter Breschnew rückte der Antisemitismus in den Vordergrund: Sprachen die Nationalsozialisten von einer durch die jüdische Bourgeoisie finanzierten jüdisch-kommunistischen Verschwörung, so glaubte sich nunmehr auch Moskau von einer jüdisch-antikommunistischen Verschwörung bedroht, die gleichfalls von einer jüdischen Bourgeoisie finanziert wurde.

Bei den »Weißen« lagen die Dinge, solange der Bürgerkrieg wütete, anders: Drei Militärbefehlshaber – General Denikin, Admiral Koltschak und General Wrangel – waren übriggeblieben, um nach dem Tod des Zaren um die Macht zu kämpfen. Jeder von ihnen suchte Unterstützung in der Bevölkerung, und Attacken gegen die Juden schienen ein einfacher Weg, sie zu bekommen. 1918 erschien eine Neuausgabe der *Protokolle*, die von General Denikins Armee an die Freiwilligen und die Kosakenverbände am Kuban verteilt wurde. Eine weitere Ausgabe wurde für Admiral Koltschak in Omsk gedruckt. Von den furchtbaren Pogromen, die unter Wrangel in der Ukraine und auf der Krim stattfanden, heißt es, sie seien unmittelbar durch das Erscheinen des Pamphlets ausgelöst worden.[14] Die Zahl der jüdischen Opfer des Bürgerkrieges belief sich auf rund dreihundertdreißigtausend.[15] Vergewaltigung, Plünderei und Mord waren an der Tagesordnung; es kam zu unvorstellbaren Grausamkeiten. Aus einem Bericht soll hier stellvertretend zitiert werden, wenn auch nur, um des Martyriums der Opfer zu gedenken und an das Wüten derjenigen zu erinnern, die sie quälten:

»Man erzählte mir von einem Fall, wo ein Mann lebend in das Feuer geworfen wurde. Einem Mann namens Kiksman wurde die Zunge herausgeschnitten, danach wurde er mit einer Dumdumkugel erschossen. Jedermann, auch das Personal des Krankenhauses, spricht davon, daß Dumdumgeschosse verwendet wurden. Einem Mann namens Markman wurden beide Ohren abgeschnitten, ein Mitglied derselben Familie erhielt zwölf Säbelhiebe, ein anderes erhielt acht. Die Leiche eines kleinen Mädchens, M. Polskaja, zeigte, daß es lebend verbrannt worden war. Eine Liste der Begrabenen (beim Polizeischreiber erhältlich) enthält die Namen von zwei Kleinkindern im Alter von sechs Monaten, Awrum Slobodski und Ruwin Konik. Ein Mann wurde in zwei Teile zerhauen. Vor der Synagoge wurden zwanzig Juden nackt ausgezogen und dann erschossen. … Viele wurden … aufgehängt, bis sie tot waren – zum Beispiel Moschko Remenik (an einem Baum in seinem Garten) und ein Vater mit seinem schulpflichtigen Sohn, Mayer und Boris Sabarski. Diese beiden wurden erst probeweise halb aufgehängt, dann wurde der Junge gezwungen, die Schlinge um den Hals seines Vaters zuzuziehen.«[16]

Geschichten dieser Art machten die Runde in England und im übrigen Europa. Doch trugen sie kaum dazu bei, den Erfolg der *Protokolle* aufzuhalten. Ganz im Gegenteil. Die Breitenwirkung des Pamphlets ging in Europa so weit, daß Agatha Christie 1927 in ihrem Kriminalroman *Die Großen Vier*, einem Fall des berühmten Detektivs Hercule Poirot, satirisch auf eine internationale Verschwörung und ein furchteinflößendes Werk mit dem Titel »Die versteckte Hand in China« anspielte. In der Tat hatte das seit Kriegsende herrschende wirtschaftliche Chaos ein Klima entstehen lassen, in dem Verschwörungstheorien gediehen; hinzu kam der Widerhall, den der russische Bürgerkrieg im Ausland fand. Die *Protokolle* gewannen überall in Europa gerade deswegen an Popularität, weil dort mehr oder weniger die gleichen reaktionären Kräfte in mehr oder weniger dem gleichen Kreuzzug am Werk waren, um im

Kampf gegen Republik und Sowjet, Bourgeoisie und Proletariat, Sozialismus und Kapitalismus, Liberalismus und Bolschewismus eine Selbstrechtfertigung zu erlangen.

Die verdrängten Eliten und desillusionierten Massen waren, zumal in den durch die Niederlage besonders schwer betroffenen Staaten Österreich, Deutschland und Ungarn, den gleichen Ängsten ausgesetzt wie ihre rechten Brüder in Rußland. Jüdische Sozialdemokraten versuchten jetzt offenbar republikanische Regierungen einzuführen, wo vorher monarchische Regime geherrscht hatten, während sich jüdische Radikale wie Rosa Luxemburg und der Spartakusbund in Berlin, Béla Kun in Budapest oder Kurt Eisner und die Münchner Räterepublik im Geist der Oktoberrevolution bemühten, »Sowjets« zu bilden und die »Diktatur des Proletariats« zu errichten.[17] 1920 gab Lenin jedoch mit seiner Schrift *Der »linke Radikalismus«, die Kinderkrankheit im Kommunismus* offiziell eine neue Parteilinie vor. Das Schreckgespenst der kommunistischen Revolution verblaßte. Die Rechte konnte ihre Aufmerksamkeit nunmehr auf die demokratischen Staaten richten, die aus einem – wie es zunehmend erschien – nutzlosen Konflikt hervorgegangen waren. Und diese Staaten standen oft seit dem Augenblick ihres Entstehens auf schwankendem Boden, wie es das Beispiel der Weimarer Republik auf dramatische Weise vor Augen führte.[18]

Vor dem Hintergrund möglicher radikaler Aktionen der extremen Linken, die mit der Einführung von »Sowjets« drohte, hatte die sozialdemokratische Führung einen Kompromiß errungen, indem sie den monarchistischen Vorkriegseliten zusicherten, die bestehenden Eigentumsverhältnisse sowie den Justiz-, Verwaltungs- und militärischen Führungsapparat der Vorkriegszeit beizubehalten, wofür diese im Gegenzug die neue Regierungsform formell akzeptierten. So wurde die Weimarer Republik auf einer reaktionären, antirepublikanischen Infrastruktur aufgebaut. Sie entbehrte die Loyalität der Eliten vielleicht noch mehr als jene der Bevölkerung im allgemeinen. Und die Rechte zog ihren Nutzen daraus. Voller Verachtung für demokratische Politik, angesichts einer dezimierten Aristokratie und ohne ein konkretes Programm für sozialen Wandel, besann sie sich zunächst auf ihre politische Tradition und formierte sich in konspirativen Vereinigungen wie der Antibolschewistischen Liga oder den Freikorps oder in radikalen, autoritären politischen Parteien, in deren Dunstkreis eine Vielzahl von paramilitärischen Organisationen, Geheimgesellschaften und Agitationsvereinen wie Pilze aus dem Boden schoß.[19] Deren Vorkämpfer erwiesen sich als sehr viel effizienter bei der Durchsetzung der in den *Protokollen* enthaltenen konspirativen Lektionen als die angeblich allmächtigen »Weisen von Zion«, die sie mit soviel Eifer zu bekämpfen trachteten.

Der Antisemitismus paßte ihnen vorzüglich ins Konzept. Alle christlichen Nationen hatten unter dem Krieg leiden müssen, Sieger und Verlierer gleichermaßen; nur den Juden war es noch nie so gut gegangen: Sie waren die eigentlichen Gewinner. Man glaubte weithin, die Rothschilds und Guggenheims und ihre Agenten hätten Europa in den Krieg gestürzt, um sich daran zu bereichern. In den Siegerstaaten meinte man, sie hätten die »Früchte des Sieges« billig verschachert, während man in Deutschland der Legende anhing, sie hätten der Nation just in dem Moment, als die Truppen kurz vor dem Sieg standen, den entscheidenden »Dolchstoß in den Rücken« versetzt. Jedermann »wußte«, daß sie sich davor gedrückt hatten, an der Front ihrer patriotischen Pflicht nachzukommen, daß sie die Kriegsanstrengungen unterminiert hatten, um die abscheuliche Weimarer Republik zu errichten, und daß ihre sozialdemokratischen und liberalen Agenten, die »Novemberverbrecher«, auf fast hämische Weise den verhaßten Vertrag von Versailles unterzeichnet hatten: Nur Außenseiter wie die Juden hatten Deutschland dahin bringen können, seine Schuld am Ausbruch des Krieges einzugestehen und dem Land die Last der Reparationen aufzubürden.

Die Gründung der Weimarer Republik hatte eine politische Identitätskrise zur Folge. Deutschland war erst spät zur Nation geworden, deshalb fehlten ihm tragfähige demokratische Traditionen.[20] Mit der neuen Republik kamen das allgemeine Wahlrecht, eine unklare Vorstellung von Staatsbürgerlichkeit, eine neue Betonung der Werte der Aufklärung. Parteien vertraten jetzt anscheinend eher partikulare als nationale Anliegen, Interessengruppen blühten auf, und es schien, als gebe es keinen Vertreter des Gemeinwohls, kein existentielles Gefühl nationaler Einheit:

> »Selbstgefälligkeit der Mittelklasse und ihr Kampf um Reichtum, symbolisiert durch die Korruption der parlamentarischen Regierung, schienen den Sieg des Materialismus über die Nation zu exemplifizieren. Der Materialismus des Establishments stand dem Materialismus der Sozialisten gegenüber. Der Kampf um immer größeren Reichtum drohte die Nation zu spalten. Um der Bedrohung von oben und von unten zu begegnen, wurde das Ideal der nationalen Gemeinschaft in eine dritte Kraft verwandelt, die sich angeblich sowohl vom kapitalistischen als auch vom sozialistischen Materialismus abhob.«[21]

Es wurde zunehmend zu einem Glaubensartikel der reaktionären Kräfte, daß die Republik ein dem deutschen Wesen fremdes System sei, das der »Volksgemeinschaft« von außen aufgezwungen worden war. Die Hyperinflation, die mit der Einführung der Republik einherging – von den *Protokollen* immer als einzigartige Waffe »der Juden« bezeichnet –, war ebenfalls Wasser auf die Mühlen der Reaktion:

Die Schuld daran wiesen die Vertreter der extremen Rechten einer internationalen jüdischen Verschwörung zu, die daran arbeite, ein bereits geschlagenes Deutschland weiter zu schwächen. Und der Angriff gegen die Juden ließ sich dann logischerweise in einen Angriff auf die »jüdische Republik« ummünzen. Was als reaktionäre Verteidigung gegen den Kommunismus im Osten begonnen hatte, wurde rasch zu einem erbarmungslosen Angriff auf das demokratische Erbe des Westens.

Die Protokolle *auf dem Marsch*

Der Faschismus war eine Revolte der Gefühle gegen die Vernunft. Als Alternative für moderne Ideologien und die beherrschenden Klassen des modernen Produktionsprozesses – Bourgeoisie und Proletariat – bot er Rettung aus dem wirtschaftlichen Chaos, vor dem Klassenkampf und dem Verfall der Autorität in den turbulenten zwanziger Jahren. Seine Anhänger redeten einen autoritären Staat herbei, identifizierten sich selbst mit dem nationalen Willen, bedachten Andersdenkende mit Schmäh und fanden stets einen »Sündenbock«. Dagegen setzten sie die von einem mit mythischen Kräften ausgestatteten neuen *Führer* oder *Duce* ausgeübte Willkürherrschaft und priesen in ihrer Ideologie die Tat um ihrer selbst willen, den Krieg um des Krieges willen und den Tod um des Todes willen.[22] Tatsächlich ging es den Faschisten letztlich weniger darum, althergebrachte Traditionen zu bewahren oder gar »Gesetz und Ordnung« wiederherzustellen; sie wollten eine »nationale Revolution« entfachen.

Dennoch schufen die Verachtung für die Moderne und das Erbe der Aufklärung eine Art »Wahlverwandtschaft« zwischen den eher traditionell eingestellten Konservativen und den Faschisten. Nicht jeder traditionelle Antisemit war auch Faschist, und nicht jeder Faschist war Antisemit, aber beide Haltungen verstärkten einander. Die faschistische Ideologie erschien vielen als Möglichkeit, die traditionelle Politik des Antisemitismus mit neuer missionarischer, beinahe religiöser Inbrunst zu erfüllen. Darüber hinaus waren die Feinde des Faschismus im allgemeinen die gleichen wie die der etablierten Eliten. Traditionalisten gerieten regelmäßig in Panik, wenn es um die »Roten« und ihre »jüdischen« Führer ging. Auch sie engagierten sich für eine homogene »Volksgemeinschaft«, und die meisten waren ebenso wie die Anhänger der extremen Rechten scharfe Kritiker der kulturellen »Dekadenz« und des liberalen Geistes, die angeblich mit dem Republikanismus einhergingen.

Das war nicht nur in Deutschland so, wo die katholische und die protestantische Kirche die *Protokolle* ihren Gläubigen ans Herz legten, was oftmals zu Pogromen auf dem Lande führte, und sie vor dem »Fremdkörper« innerhalb des deutschen Volkes warnten.[23] Ungarn war unter der Herrschaft des »Reichsverwesers« (und späteren »Regenten«) Admiral Horthy (1920–1944) entschieden antiliberal und antisozialistisch geprägt; dessen »christlicher Nationalismus«, der von Konservativen und Faschisten gleichermaßen unterstützt wurde, war kaum mehr als eine offiziöse Bezeichnung des Antisemitismus. In Italien kam es zum Konkordat zwischen Mussolini und dem Papst, während in Spanien katholische Kirche und faschistische Falange, die ihre eigene Version der *Protokolle* unter das Volk bringen sollte, in dem politischen Prozeß, der 1936 zum militärischen Angriff auf die Republik und zum Bürgerkrieg führte, von Anfang an Verbündete waren. Der humanistischen Tradition Italiens ist es wahrscheinlich zu verdanken, daß bis in die dreißiger Jahre eine ernsthafte Verfolgung der Juden, ebenso der Freimaurer, ausblieb. In Frankreich gewann zwar in den zwanziger und dreißiger Jahren die »Action Française« zunehmende Unterstützung unter den etablierten Konservativen, doch der Versuch einer radikalen antisemitischen Bewegung, die sich »Rassemblement Anti-Juif« nannte, eine vereinte Front der Antisemiten zu bilden, blieb erfolglos. Insbesondere die Anhänger dieser Organisation machten es sich zur Aufgabe, die »internationale jüdische Verschwörung« zu bekämpfen. In den *Protokollen* sahen sie eine »›gewisse‹ Bestätigung der Verbrechen und Kräfte, die sie den Juden bereits zugeschrieben hatten«.[24]

Die antisemitischen Befürchtungen im Nachkriegseuropa verstärkten sich, als der Bürgerkrieg in der eben flügge gewordenen Sowjetunion schließlich entschieden war und Westeuropa von »weißen« Emigranten überflutet wurde. Sie ließen sich in Großstädten wie Berlin und Paris nieder, nahmen Kontakte zu antikommunistischen und antiliberalen Gruppen auf und begeisterten junge Rechtsextremisten wie Hermann Rauschning, der den Nationalsozialismus als »Revolution des Nihilismus« verstand, und Arthur Moeller van den Bruck, dessen Buchtitel *Das Dritte Reich* (1923) von den Nationalsozialisten bald als Schlagwort aufgegriffen werden sollte, für Dostojewski und den russischen Mystizismus. Nicht nur die Linke, sondern auch die Rechte spürte in der Folge des Krieges den »Wind aus dem Osten«. Es ist in der Tat nicht ganz abwegig, sich vorzustellen, daß der zynische und verschwörerische Politikansatz, den die Nationalsozialisten in den *Protokollen* vorfanden, sehr wohl durch die Worte des »Großinquisitors« in Dostojewskis *Brüdern Karamasow* oder der Nihilisten in seinem anderen großen Roman, *Die Dämonen*, bestärkt worden sein könnte.[25]

Angesichts des Grolls, der durch jüngste Versuche, den Holocaust als Auswirkung einer ausschließlich deutschen Tradition des Antisemitismus hinzustellen, erzeugt wurde,[26] ist ein Hinweis darauf angebracht, daß das politisch signifikanteste antisemitische Werk der Zwischenkriegszeit, die *Protokolle*, keine deutsche Erfindung war, mit der deutsche Rechte den Geist der Aufklärung aus dem Feld schlagen wollten. Es handelte sich vielmehr um einen Importartikel, der von Immigranten aus dem zaristischen Rußland nach Deutschland gebracht wurde. Einer von ihnen war Alfred Rosenberg, ein aus dem Baltikum stammender Deutscher mit ultrarechter Weltanschauung, der zum Chefideologen der NSDAP und später zum Reichsminister für die besetzten Ostgebiete aufsteigen sollte.[27] Er hatte ein Exemplar des Pamphlets in seinem Koffer, als er sich 1918 auf den Weg nach München machte. Wie erzählt wird, war ein Jahr zuvor ein Fremder in sein Büro in der Universität von Reval gekommen, hatte die Broschüre auf seinen Schreibtisch gelegt und war dann wieder verschwunden.[28] Offenbar kam Rosenberg bald nach seiner Ankunft mit Dietrich Eckart und Rudolf Heß, der später Hitlers Privatsekretär wurde und zum »Stellvertreter des Führers« aufstieg, in Kontakt, und seine neuen Freunde machten sich das Dokument sofort zu eigen.

Alle drei waren Mitglieder der 1918 gegründeten »Thulegesellschaft«, die auf die seit 1912 bestehende »Germanen-Thule-Sekte« zurückging und den Glauben an das Okkulte mit der Schwärmerei für arische und germanische Mythen vermischte. Als logenartiger Bund im Zentrum des Rechtsextremismus in München stehend, veröffentlichte die Gesellschaft antisemitische Flugblätter und Broschüren in großer Zahl und zu niedrigen Preisen.[29] 1919 brachte die Thulegesellschaft auch die *Protokolle* heraus, und zwar unter der Schirmherrschaft des »Verbandes gegen Überhebung des Judentums«, 1912 von Ludwig Müller gegründet, der unter dem Pseudonym Gottfried zur Beek ein gelehrtenhaftes Vorwort verfaßte, in dem allerdings Sergej Nilus mit keinem Wort erwähnt wurde.[30] Das Pamphlet wurde ein durchschlagender Erfolg. Es verkaufte sich über hundertzwanzigtausendmal und wurde in Deutschland bald zur »Bibel der Antisemiten«.

Hitler mag Rosenberg, der interessanterweise zu einer treibenden Kraft des Vorhabens werden sollte, die deutsche Kunst und Kultur von jüdischen Einflüssen zu befreien, späterhin verachtet haben und das weitschweifige, offenbar von den *Protokollen* inspirierte Hauptwerk seines Hofphilosophen, *Der Mythus des 20. Jahrhunderts* (1930), nie gelesen haben. Doch nachdem sich die beiden 1920 in München begegnet waren, ließ sich der künftige »Führer« zweifellos von ihm beeinflussen. Besessen von der Allgegenwart dunkler Mächte, die hinter den Kulissen am Werk waren, offensichtlich paranoid, brachte Rosenberg 1940 eine eigene Ausgabe der *Protokolle* heraus. Im *Völkischen Beobachter* erschien am 25. Februar 1920 eine gekürzte Fassung der *Protokolle*. Es war der Tag nach der Versammlung, auf der Hitler sein Programm zum ersten Mal vorgestellt hatte. Bald darauf beschäftigten sich weitere Versammlungen mit der von den *Protokollen* vorgegebenen Analyse, und danach griffen Nazigrößen deren Themen in zahllosen Reden gegen die Weimarer Republik auf. Ein jüdischer Reporter stellte fest:

> »In Berlin nahm ich an verschiedenen Versammlungen teil, die ganz und gar den *Protokollen* gewidmet waren. Der Redner war gewöhnlich ein Professor, ein Lehrer, ein Redakteur, ein Rechtsanwalt oder ähnliches. Das Publikum gehörte den gebildeten Schichten an: Beamte, Kaufleute, ehemalige Offiziere, Damen, vor allem aber Studenten, Studenten aller Fakultäten und Semester … Leidenschaften wurden zum Kochen gebracht.«[31]

Die *Protokolle* verschmolzen die qualitativ unterschiedlichen Gegner der Rechten zu einem einzigen gemeinsamen Feind, der für alle Übel der Moderne verantwortlich gemacht wurde, und unterstellten ihm einen Plan zur Eroberung der Weltherrschaft. Außerdem lieferten sie der

Rechten eine Erklärung nicht nur für einen ansonsten unerklärlichen, durch eine inkompetente militärische Führung und eine außerordentliche Verschwendung von Menschenleben und Material geprägten globalen Konflikt – den Ersten Weltkrieg –, sondern auch für die russische Revolution und später für die Weltwirtschaftskrise von 1929. Ohne sich um die Überprüfung von Fakten kümmern zu müssen, gab das Pamphlet scheinbar *praktische* Gründe für ein *internationales* Vorgehen gegen die Juden an die Hand: Heinrich Himmler, der sich 1919 von einer Krankheit erholte, ließ sich anscheinend von einem Werk beeinflussen, das auf den *Protokollen* beruhte und in dem Juden, Freimaurer und Demokraten als Agenten der Weltrevolution bloßgestellt wurden; in sein Tagebuch notierte er, es sei ein Buch, »das alles erklärt und uns sagt, gegen wen wir das nächstemal kämpfen müssen«.[32]

Es ist bereits verschiedentlich beschrieben worden, wie die *Protokolle* die Ansichten der Nazis und die Aktionen jener Gruppe beeinflußten, die am 24. Juni 1922 den deutschen Außenminister, den Schriftsteller und Industriellen Walther Rathenau, ermordete.[33] Unter den Tätern befanden sich auch Mitglieder der »Thulegesellschaft«, die sich ausdrücklich auf die *Protokolle* beriefen und Rathenau zu den führenden »Weisen von Zion« zählten. Seine Äußerung: »Dreihundert Männer, von denen jeder jeden kennt, leiten die wirtschaftlichen Geschicke des Kontinents«, war berühmt, und sein Reichtum machte ihn suspekt. Scharf kritisiert wurde er, weil er angeblich den Ausverkauf Deutschlands an seine früheren Feinde betrieb, indem er dazu aufrief, sich an die im Vertrag von Versailles festgelegte Reparationspolitik zu halten. Seine Befürwortung des Rapallovertrags, durch den die Beziehungen zu Rußland gefestigt werden sollten, brachte ihm den Vorwurf ein, er arbeite als Agent für die Bolschewisten, und es ging das haltlose Gerücht, er habe heimlich seine Schwester an den berühmten Revolutionär Karl Radek verheiratet.[34] Vor allem aber entsprach Rathenau genau dem von den *Protokollen* gezeichneten Bild vom Juden: Er war ein sagenhaft reicher kosmopolitischer Intellektueller, der, zumeist hinter den Kulissen agierend, an den Schalthebeln der politischen Macht saß. Der berüchtigte Spruch machte die Runde: »Knallt ab den Walther Rathenau, die gottverdammte Judensau!«

Der Mord an Rathenau war ein dramatischer Moment in der Geschichte der Weimarer Republik. Aber den Vorfall isoliert zu betrachten oder die Bedeutung der *Protokolle* für die Motivation der Ermordung gerade dieses Juden hervorzuheben ginge an der Sache vorbei. Das Attentat und die funktionelle Rolle des Pamphlets müssen im Kontext eines umfassenden Feldzuges gegen die Anhänger des Republikanismus und die Arbeiterbewegung gesehen werden. Mordaufrufe richteten sich auch gegen Rosa Luxemburg und Karl Liebknecht, die 1919 ermordet wurden, und gegen jüdische Sozialdemokraten wie Hugo Haase und Kurt Eisner, ultralinke jüdische Radikale wie Gustav Landauer und Eugen Leviné sowie den katholischen Liberalen Matthias Erzberger, die allesamt ebenfalls Mordanschlägen zum Opfer fielen. Ein Geist der Intoleranz war spürbar, und Gewalt gehörte in der neuen Republik zum Alltag. Straßenkämpfe zwischen Kommunisten und Nazis waren während eines Großteils ihrer Geschichte an der Tagesordnung. Doch Verbrechen der extremen Rechten überwogen die der Linken zahlenmäßig bei weitem; zugleich konnten diese Täter mit weitaus gelinderen Strafen als üblich rechnen. Man konnte mit Fug und Recht von einer weitreichenden rechten Verschwörung gegen die Weimarer Republik sprechen, wobei die *Protokolle* als organisatorisches Handbuch für die Rebellen dienten.

Albert Camus hat in seinem Schauspiel *Caligula* (1938) den Gedanken zum Ausdruck gebracht, die totalitäre Gesinnung beruhe auf der Idee, daß alles möglich sei. In diesem Sinne wird in den *Protokollen* eine Verschwörung vorgezeichnet, die jedoch nicht, wie in ihnen suggeriert, von den Juden, sondern vielmehr von den Faschisten in die Praxis umgesetzt wurde. Die *Protokolle* waren gewiß eine der Quellen, aus denen die Nationalsozialisten die Überzeugung bezogen, daß eine Weltherrschaft möglich sei. Darüber hinaus lernten sie aus ihnen, daß das Streben nach Weltherrschaft auf der Bereitschaft beruht, rücksichtslos mit seinen Gegnern umzuspringen, und die Fähigkeit voraussetzt, sich der bedingungslosen Treue der Gefolgschaft zu versichern. Zumal in Frankreich benutzten wohlbekannte, wenn auch politisch perverse Gestalten der Literatur wie Pierre Drieu la Rochelle, Robert Brasillach und Louis-Ferdinand Céline die *Protokolle*, um ihren Glauben ans Organische, Nationale, Mythische und Irrationale sowie ihre opportunistische Kollaboration mit den Nationalsozialisten zu rechtfertigen.[35] Andernorts war das gleiche zu beobachten: Ezra Pound, Knut Hamsun und Ernst Jünger ließen sich ebenfalls von dem Pamphlet inspirieren, um ähnliche Ideen in ähnlicher Weise zu rechtfertigen.

Wichtiger jedoch war, daß die *Protokolle* die politische Strategie einer ganzen politischen Bewegung inspirierten: Die angeblich von den Juden propagierte Massenzersetzung der Gesellschaft sollte von jenen in die Praxis umgesetzt werden, die ihre Verfolger wurden. Die Forderung der Faschisten nach Ordnung ging immer mit einer Politik einher, die darauf abzielte, Unordnung zu stiften. Neben der Ermordung von Persönlichkeiten des öffentlichen Lebens wurde die Einschüchterung politischer Gegner zu ihrer bevorzugten Taktik. Die Perversion der öffentlichen Sphäre, der massive Einsatz von Propaganda und die Verbreitung der »großen Lüge« bildeten sich als grundlegende Vorgehensweisen heraus. Kein Vorwurf war zu weit hergeholt, keine Taktik zu ungeheuerlich, kein Ziel zu ehrgeizig.

Während die Nationalsozialisten selbst unablässig auf die Machtübernahme hinarbeiteten, warfen sie den Juden vor, Massenerhebungen ins Werk zu setzen und den Staat zu untergraben. Während sie ihre eigene, von Angehörigen der Oberschicht hinter den Kulissen finanzierte Geheimarmee aufstellten, stellten sie paranoide Verdächtigungen über Geheimorganisationen der Juden an. In nicht geringerem Grade als die »Weisen von Zion« machten sich die Nazis die bürgerlichen Freiheiten der Demokratie zunutze, um deren Sturz herbeizuführen. Sie flößten dem Antisemitismus sogar religiöse Leidenschaft und Inbrunst ein, um ihren Drang zur Macht ideologisch zu untermauern.

Die *Protokolle* boten ihren Lesern eine manichäische Vision: einen Kampf der Arier gegen die Juden – »Wir« gegen »Sie« oder, mit den Worten von Charles Peguy, »abendländische Revolte« gegen »orientalischen Fatalismus«. Andere Führer der Rechten hatten zuvor schon den Antisemitismus auf ihrem Weg zur Macht benutzt, und der Faschismus hatte bereits andere Republiken in die Knie gezwungen. Aber Hitler war der erste, der seine Bewegung auf einen einzigen Feind konzentrierte, der angeblich alle seine sonstigen Feinde kontrollierte: Sein *absoluter Staat* sollte auf dem Kampf gegen einen einzigen *absoluten Feind* beruhen. Und das stand völlig im Einklang mit der Stoßrichtung der *Protokolle.* Gewiß war Hitler sich bewußt, welchen Wert das Pamphlet auf die Hervorbringung neuer »Führer« legte. Die Ironie ist unübersehbar: Aus den »Weisen von Zion« wurde der innere Zirkel der NSDAP, während sich der Großrabbiner der Juden in den »Führer« der Deutschen verwandelte. Was Theodor Adorno den »Wahrheitsgehalt« des Werkes nannte, manifestierte sich in der Folge in den Lügen, die es verbreitete. So wird es in der Tat anhand der *Protokolle* möglich, den Zusammenhang hinter einer scheinbar zusammenhanglosen, auf irrsinnige Ziele gerichteten Strategie zu erkennen.

Vielfach fragt man sich heute noch, wie es möglich war, daß der Antisemitismus, der vor dem Ersten Weltkrieg doch eher ein politisches Randproblem gewesen war, in der Zwischenkriegszeit eine derartige Dominanz gewinnen konnte. Zuvor war er »selbst im zaristischen Rußland bestenfalls ein rohes und plumpes politisches Instrument« gewesen.[36] Doch im Gefolge der Oktoberrevolution und der nach Kriegsende ausbrechenden Wirtschaftskrise änderten sich die Dinge. Verstärkt wurde die Anziehungskraft des Antisemitismus zudem durch die Weltwirtschaftskrise von 1929 und die sensationellen Finanzskandale der dreißiger Jahre, wie die Stavisky-Affäre in Frankreich. Aber auch andere Faktoren spielten eine Rolle. Die Zwischenkriegsjahre erlebten im Kampf der Rechten gegen den republikanischen Status quo eine umfassende Anstrengung, den Antisemitismus in den Mittelpunkt zu stellen. Dies bedeutet nicht, daß jeder in den zwanziger und dreißiger Jahren unternommene Angriff auf die Demokratie antisemitisch motiviert war, aber es bedeutet, daß sich jede antisemitische Organisation der Vernichtung der Demokratie verschrieben hatte. In der Tat wurde der Antisemitismus zum ersten Mal mit einer revolutionären *politischen* Zielsetzung ausgestattet, während er gleichzeitig *kulturell* mit beispielloser organisatorischer Perfektion von einer neuen internationalen faschistischen Bewegung vereinnahmt wurde.

Intellektuelle und Redakteure arbeiteten Hand in Hand und koordinierten ihre Bemühungen, um den Erfolg der *Protokolle* sicherzustellen: Überall wurde mit der professionellen Herstellung und Verteilung des Pamphlets begonnen. Zunächst erschienen die *Protokolle* als Flugblatt in Millionenauflage, und viele führende Zeitungen, wie die *Kreuzzeitung* und die *Deutsche Zeitung*, druckten sie nach und kommentierten sie wohlwollend.[37] Neue Versionen des Pamphlets erschienen in Großbritannien, Dänemark, Finnland, Frankreich, Griechenland, Ungarn, Italien, Polen, Rumänien und Südafrika. Nach Sibirien verbannte Russen brachten die *Protokolle* nach Japan, wo sie 1924 veröffentlicht wurden,[38] der Patriarch von Jerusalem rief seine Anhänger 1925 dazu auf, die arabische Übersetzung zu kaufen, und populistische Demagogen wie Pater Charles E. Coughlin verbreiteten sich in amerikanischen Rundfunkprogrammen über das Pamphlet. Einige Versionen und Interpretationen waren widerwärtiger als andere.[39] Alle jedoch betonten gleichermaßen die jüdischen Welteroberungspläne und griffen das Erbe der Aufklärung an.

Bereits lange vor 1933 wurden auf dem internationalen Schauplatz die Frontlinien zwischen Faschisten und Antifaschisten abgesteckt. Es war ja nicht so, daß der Sieg des Faschismus irgendwie vorherbestimmt gewesen wäre oder daß es keine prinzipientreuen Gegner mehr gegeben hätte, die bereit waren, den Kampf auf die Straße und in den Bereich der öffentlichen Meinung zu tragen. Nach dem Sieg Mussolinis im Jahr 1922 wurde der Kampf ebenso in der Untergrundarbeit italienischer Antifaschisten weitergeführt wie in literarischen Versuchen, der Vereinnahmung symbolischer Gestalten der Vergangenheit wie Goethe oder Nietzsche entgegenzuwirken, oder in den Wahlkabinen von Paris bei der Wahl einer Volksfrontregierung und an den Fronten des Spanischen Bürgerkriegs. So wie es eine gewisse internationale Koordination unter den Faschisten gab, so existierte auch eine gewisse Solidarität zwischen den Antifaschisten, wie immer die wechselnde und oftmals abwegige Rolle der Kommunisten ausgesehen haben mochte.

Juden leisteten einen wichtigen Beitrag zu diesen Bemühungen. Es sollte daher nicht überraschen, daß prominente Mitglieder des Jüdischen Gemeindebunds in der Schweiz gegen die *Protokolle* vorgingen. Es begann 1933, als eine Klage wegen übler Nachrede und Verbreitung von Schundliteratur gegen Georg Bernhard Haller und Theodor Fischer eingeleitet wurde, den Chefredakteur und den Herausgeber der nationalsozialistisch gefärbten Schweizer Zeitung *Eidgenossen*, in der Artikel erschienen waren, in denen die Echtheit der *Protokolle* behauptet wurde. Auch Theodor Fritsch und Gottfried zur Beek, die verschiedene Versionen des Pamphlets herausgegeben hatten, wurden unter Anklage gestellt – letzterer war bei Prozeßbeginn allerdings bereits verstorben. Angeklagt wurden weiterhin Silvio Schnell in seiner Funktion als Herausgeber der *Protokolle* in der Schweiz und schließlich der Architekt Walter Aebersold, ein prominentes Mitglied der Nationalen Front. Sie alle wiesen natürlich jede persönliche Verantwortung zurück und waren tatsächlich in gewisser Weise für das Verfahren nebensächlich.[40] Die wahren Feinde waren die Schweizer *Nationale Front*, die *Union schweizerischer Nationalsozialisten* und vor allem deren Sponsor: der deutsche Nationalsozialismus.

Der Berner Prozeß begann in der letzten Oktoberwoche 1934, etwa zur selben Zeit, als ein ähnlicher Prozeß gegen die südafrikanischen Faschisten, die Grauhemden, mit einer Entscheidung zugunsten der jüdischen Kläger abgeschlossen wurde. Der Nazistaat, der sich der zunehmenden propagandistischen Bedeutung des Berner Prozesses vollauf bewußt war, weigerte sich, offiziell einzugreifen. Das hinderte ihn jedoch nicht daran, den glühend antisemitischen Publizisten Ulrich Fleischhauer einzusetzen, um die Unterstützung für die Angeklagten zu organisieren. Hatte die Prozeßstrategie zunächst in den Händen von Ubald von Roll, dem Berner Gauleiter der *Nationalen Front*, und seinem Sozius Boris Tödtli gelegen, so riß Fleischhauer in zunehmendem Maße die Verteidigungsführung an sich, und sein »Fachgutachten« zur »inneren Wahrheit« der *Protokolle*, das er dem Gericht vorlegte, wurde zu einem antisemitischen Klassiker.

Die Angeklagten befanden sich offenbar in einer schwierigen Lage: Sie mußten die Echtheit eines Dokuments beweisen, von dem sie wußten, daß es unecht war. Sie entschieden sich, keine eigenen Zeugen zu benennen, und konzentrierten sich statt dessen darauf, die Kläger und ihre Anhänger herabzuwürdigen. Sie konnten weder eine Verbindung zwischen Juden und Freimaurern nachweisen noch irgendwelche Beweise vorlegen, um die Echtheit der *Protokolle* glaubhaft zu machen oder die von der Gegenseite vorgebrachten Beweise zu widerlegen. In bezug auf die Entstehung der *Protokolle* gaben sie widersprüchliche Versionen zum besten. Als sie behaupteten, Maurice Joly sei eigentlich ein Jude von Geburt mit dem Namen Moishe Joel gewesen, brachte die Klägerseite sie zum Verstummen, indem sie dessen Geburtsurkunde als Gegenbeweis vorlegte. Was Goedsches Vorspiegelung betraf, in Prag hätten sich die zwölf Stämme Israels getroffen, mußten sie sich belehren lassen, daß überhaupt nur zwei Stämme, nämlich Jehuda und Benjamin, die Zerstörung des Zweiten Tempels überlebt hatten, und als sie mit ihrer Behauptung konfrontiert wurden, die stenographischen Protokolle des ersten Zionistischen Weltkongresses in Basel seien der Ursprung der *Protokolle,* konnten sie nicht erklären, warum sie dann nicht auf deutsch, der offiziellen Sprache des Kongresses, abgefaßt worden waren. Tatsächlich wandte sich die neue, 1934 beim Hammer-Verlag in Leipzig erschienene Ausgabe der *Protokolle* dann auch von der ursprünglich von den Nazis vertretenen Theorie ab, bei dem Pamphlet handele es sich um die Aufzeichnungen des Baseler Kongresses, und schrieb sie statt dessen einer »geheimen Zusammenkunft« des B'nai B'rith zu. Und so immer weiter. Die Argumente der Verteidigung liefen auf die Tautologie hinaus, die *Protokolle* seien echt, weil die Juden schlecht seien, und die Juden seien schlecht, weil das aus den *Protokollen* hervorgehe.[41]

Der Verteidigung blieb nichts anderes übrig, als aus der Beleidigungsklage einen politischen Prozeß zu machen. Und das bedeutete, sich der traditionellen faschistischen Vorgehensweise zu bedienen: Man störte die Verhandlung, schüchterte Zeugen ein und drohte mit Gegenklagen wegen Verleumdung. Man fragte, warum die Juden keine Heimat hätten, und stellte falsche Behauptungen über jüdische Rituale auf; man versuchte Zeugen bloßzustellen, indem man auf deren politische Haltung hinwies, und man überschüttete Sachverständige mit wüsten Anschuldigungen; man behauptete, Juden könnten nicht die Wahrheit sagen, und der ganze Prozeß sei von der jüdischen Verschwörung inszeniert worden. Es sei den Verteidigern der arischen Rasse unmöglich, zu ihrem Recht zu kommen, wenn sie es mit einem so mächtigen und gutorganisierten jüdischen Gegner zu tun hätten. In dem Prozeß gehe es gar nicht so sehr um die Echtheit oder Unechtheit der *Protokolle* als vielmehr um deren »innere Wahrheit« hinsichtlich einer von den Freimaurern unterstützten jüdischen Weltverschwörung: Es handele sich weniger um ein triviales Büchlein als um die politischen Implikationen, die sich aus der jahrhundertealten Konfrontation zwischen Juden und Ariern ergäben.

Bei den jüdischen Klägern lagen die Dinge anders: Sie waren auf sich allein gestellt, während der Prozeßgegner finanzielle und materielle Hilfe aus Deutschland erwarten konnte. Aber die juristische Arbeitsgruppe, die aus ein paar Historikern sowie führenden Mitgliedern der schweizerischen jüdischen Gemeinde bestand und von Georges Brunschvig angeführt wurde, bewies unermüdliches Engagement. Die Kläger konnten sich auf Sachverständige wie Arthur Baumgarten und Carl Albert Loosli stützen, einen anerkannten Historiker, Autor und Kunstkritiker, der sich schon früher mit den *Protokollen* befaßt und ein Buch über *Die schlimmen Juden!* geschrieben hatte, ferner auf bedeutende russische Historiker und frühere Politiker wie Boris Nikolajewski und Pawel Miljukow. Sie luden Zeugen wie Armand Alexandre du Chayla, der Sergej Nilus persönlich begegnet war und darüber geschrieben hatte, Chaim Weizmann, den ehemaligen und zukünftigen Präsidenten der Zionistischen Weltorganisation, und Dr. Markus Ehrenpreis, den Oberrabbiner von Stockholm, der das Fehlen jeglicher Grundlage für den Gedanken einer »Weltverschwörung«, sei es in der jüdischen Religion oder im Zionismus, bestätigte. Die Kläger legten dar, daß die *Protokolle* gefälscht worden waren, daß sie in verschiedenen Handschriften in ein Notizbuch mit einem blauen Tintenfleck abgeschrieben worden waren, daß sich Agenten des russischen Geheimdienstes mit ihrem Unternehmen gebrüstet hatten und daß das Pamphlet ein Plagiat von Jolys *Gesprächen in der Unterwelt* und Goedsches *Biarritz* darstellte. Kurz, sie waren in der Lage, ganz rational und ohne Winkelzüge über jeden Zweifel hinaus zu beweisen, daß es sich bei den *Protokollen* um eine von Antisemiten fabrizierte Fälschung handelte, durch die der jüdischen Gemeinschaft unermeßliches Leid entstanden war.

Am 14. Mai 1935 erging das Urteil. Der Richter, Walter Meyer, ein praktizierender Christ, der zuvor noch nie von den *Protokollen* gehört hatte, entschied im Sinne der Kläger. Er stellte unzweideutig fest, daß das Pamphlet eine Fälschung und ein Plagiat sei; er betrachtete es als verleumderisch und als eindeutiges Beispiel von Schundliteratur, das als Hetzschrift verboten gehöre. Die Nazis gingen in Revision, und leider befand das Berufungsgericht im November 1937, daß sich die Definition von »Schund« im Sinne des schweizerischen Gesetzes nur auf reine Pornographie beziehe. So obszön die *Protokolle* auch sein mochten, sie waren es nicht im pornographischen Sinne. Das Urteil wurde aufgehoben, aber die Berufungsrichter stimmten dem Urteil der ersten Instanz dennoch im wesentlichen zu, und anstatt die Berufungskläger zu rehabilitieren, bürdeten sie ihnen die Kosten des Verfahrens auf.

Es mag sein, daß die Urteilsbegründung von Richter Meyer »noch heute überall zitiert [wird], während die Entscheidung des Berufungsgerichts in Vergessenheit geriet«.[42] Weitere Gerichtsverfahren, in denen es um die Echtheit der *Protokolle* ging, sollten noch 1991 in Johannesburg und 1993 in Prag und Moskau stattfinden. Aber die Tragweite dieser gerichtlichen Auseinandersetzung ist gewaltig übertrieben worden. Verachtung für die Nazis und Sympathie für ihre Opfer verlocken dazu, die Ereignisse zu dramatisieren. Ignoriert wird gewöhnlich das politische Umfeld, nämlich der Wankelmut der Schweizer. Ihre andauernden Versuche, ihre faschistischen Nachbarn zu beschwichtigen, und ihr Wunsch, mit den Nazis im Geschäft zu bleiben, hatten einerseits zu einer restriktiven Einreisepolitik gegenüber den Juden und andererseits zur Legitimierung des Antisemitismus in ihrer Demokratie geführt. Die beiden Gerichtsentscheidungen spiegelten gewissermaßen die beiden Seelen wider, die in den dreißiger Jahren in der Brust der Schweizer wohnten. Allgemein gesagt, hatten die Nationalsozialisten jedoch in ihrer Einschätzung des Verfahrens in einem recht: Es war niemals nur ein Kampf um die Wahrheit. Es war von Anfang an ein politischer Kampf, und die Argumente, die für und wider die *Protokolle* angeführt wurden, boten tatsächlich wenig Neues.

Ernst Bloch erklärte die Anziehungskraft des Nationalsozialismus gern, indem er die Worte eines Nazileutnants zitierte: »Man stirbt nicht für ein Programm, das man versteht, man stirbt für ein Programm, das man liebt.«[43] Mit den *Protokollen* scheint es so ähnlich zu sein: Es geht nicht darum, ob sie *wahr* sind, sondern ob der Antisemit *glaubt*, daß sie wahr sind. Man vergißt leicht, daß der Primat, den man der Vernunft, dem Beweis, dem Diskurs und so weiter einräumt, von einer faschistischen Ideologie in Frage gestellt wurde, die es darauf anlegte, die Kräfte des Irrationalen zu mobilisieren. Daraus resultiert die Gefahr, die letztliche Bedeutung des Prozesses zu übertreiben und die Ereignisse zu dramatisieren: Der primäre Reiz des Pamphlets hat weniger mit Beweisen als mit Vorurteilen zu tun. Hannah Arendt hatte gewiß recht, als sie schrieb:

> »Wenn ... eine so offensichtliche Fälschung wie die *Protokolle der Weisen von Zion* von so vielen geglaubt wird, daß sie die Bibel einer Massenbewegung werden kann, so handelt es sich darum, zu erklären, wie dies möglich ist, aber nicht darum, zum hundertsten Male zu beweisen, was ohnehin alle Welt weiß, nämlich, daß man es mit einer Fälschung zu tun hat. Geschichtlich gesehen ist die Tatsache der Fälschung ein sekundärer Umstand.«[44]

Ob sich die *Protokolle* als Fälschung erwiesen oder nicht, spielte für künftige Antisemiten, die, während sie das Pamphlet verteilten, seine fragwürdige Herkunft oftmals freimütig einräumten, letztlich keine Rolle. Die Situation war wahrscheinlich damals nicht viel anders: Es läßt sich kaum behaupten, daß das Urteil und der Spruch des Appellationsgerichts irgend jemandes Meinung geändert haben. Worum es wirklich ging, war bereits Ende 1937 klar geworden. Jene, die sich entschieden hatten abzuwiegeln, ob aus Furcht oder Opportunismus, würden auch weiterhin abwiegeln, und Faschisten wie Antifaschisten hatten sich längst auf ihre Meinung festgelegt.

Unmittelbar nach der Machtergreifung der Nazis im Jahr 1933 wurden die *Protokolle* noch mehr ins Rampenlicht gerückt. Es war eine Zeit, in der die Anhänger des Systems von glühender Euphorie erfüllt waren. Umgehend wurde damit begonnen, die letzten kulturellen Überreste der Weimarer Republik zu beseitigen. Hitler fürchtete den geistigen Verfall des deutschen Volkes ebenso wie seine materielle Zerstörung und war von Anfang an bemüht, den jüdischen Einfluß auf das öffentliche Leben auszuschalten. Die *Protokolle* wurden zur Pflichtlektüre der Hitlerjugend; sie wurden aus der Schublade geholt, um diese oder jene ideologische Verkündigung zu rechtfertigen, und sie galten als Klassiker. Das Pamphlet diente dazu, die »politischen Methoden« zu illustrieren, mit denen Machtergreifung und Weltherrschaft bewerkstelligt werden konnten.[45] Die fiktionale Verschwörung der Juden wurde von den Nazis als Vorbild benutzt. Sie diente als Warnung davor, was geschehen konnte, wenn die Nazis in ihrem Terror nachließen, und sie diente dazu, den Krieg zu rechtfertigen und später die Niederlage zu erklären. Tatsächlich bewahrten die *Protokolle* auch während des Hitlerregimes ihre Fähigkeit, die Massen aufzuhetzen.[46]

Die Verfolgung der Juden in Deutschland in den dreißiger Jahren gipfelte in der berüchtigten »Reichskristallnacht«. Als Vorwand diente die Ermordung des Nazidiplomaten Ernst vom Rath durch den polnisch-jüdischen Studenten Herschel Grynszpan im November 1938 in Paris,[47] aber die von den Nazis ausgegebene Mobilisierungsparole erinnerte an die *Protokolle*: »Tod den Juden und Freimaurern.« Doch das war noch nicht alles. Im November 1939 verlangte Hitler die Verteilung der *Protokolle* im Ausland, um die Juden und Freimaurer als wahre Anstifter des Zweiten Weltkrieges zu brandmarken. Sie dienten ihm dazu, seinen Krieg als Präventivschlag gegen eine verborgene jüdische Verschwörung und deren demokratische und später bolschewistische Agenten zu legitimieren: Verschiedene Versionen der *Protokolle*, die in den Jahren nach dem Ersten Weltkrieg gedruckt wurden, hatten in der Tat – genauso wie die Neuauflage von Nilus' Buch unter dem neuen Titel *Er ist nahe, vor den Toren* ... von 1917 – vor den Ränken von Staaten gewarnt, die, wie England und die Vereinigten Staaten, angeblich direkt der Kontrolle der jüdischen Hochfinanz unterstanden.

Die *Protokolle* bezeichneten die Juden als diejenigen, die hinter den Kulissen die Fäden von Deutschlands disparaten Gegnern zogen. Der innere Feind war derselbe wie der äußere. Dadurch blieb den Juden, wie Hannah Arendt es genannt hätte, kein »Raum« mehr im nationalsozialistischen Deutschland. In diesem unbestimmten Sinn kann das Pamphlet mit Recht als »Vollmacht zum Völkermord«[48] bezeichnet werden. Aber man sollte das nicht zu weit treiben. Die *Protokolle* schürten die Paranoia und verwandelten Furcht in Haß. Sie könnten in den frühen Jahren des Naziregimes sogar die Frage hinsichtlich der Einführung antisemitischer Maßnahmen erledigt haben, von denen viele vorher schon von traditionellen Antisemiten befürwortet worden waren. Das Pamphlet war Teil einer kumulativen historischen Lawine aus antisemitischem Gedankengut, unter der allzu viele begraben wurden. Angesichts der von Hitler ins Auge gefaßten Apokalypse verblaßt die Vision der *Protokolle* jedoch; den von seinem totalitären Staat ins Werk gesetzten Genozid hatten sie nicht einmal vage erahnen lassen. Daß der Antisemitismus von einem modernen bürokratischen Staat ohne aristokratische Prätentionen konsequent zu Ende geführt werden würde, hatten sie ebensowenig vorausgesehen wie die von den Nazis betriebene Fusion von Technologie und Mythos oder das Entstehen einer universalen Theorie des Rassismus, von der auch andere Gruppen als die Juden erfaßt wurden; und ganz gewiß haben sie die im Nationalsozialismus auf so einmalige Weise zutage getretene *Dynamik des Völkermordes* nicht antizipiert.[49] In der Tat stehen die *Protokolle* fast im gleichen Verhältnis zu *Mein Kampf* wie der traditionelle Antisemitismus zur »Endlösung« und – vielleicht ebenso beunruhigend – der Konservatismus der zwanziger Jahre zum Faschismus.

Es gibt immer Tendenzen, die sich von der Vergangenheit durch die Gegenwart bis in die Zukunft erstrecken. Wissenschaftler können Zitate herauspflücken, auf Parallelen verweisen und antisemitische Haßtiraden in Werken wie den *Protokollen* beleuchten. Es ist möglich, eine Verbindung herzustellen vom Zarenhof in St. Petersburg bis nach Auschwitz. Die warnenden Zeichen waren nicht zu übersehen. Im wesentlichen erfüllen die *Protokolle* die Kriterien dessen, was als »Erlösungsantisemitismus« bezeichnet worden ist: Sie betrachten die Zivilisation als von den Juden korrumpiert und sehen in der Befreiung von deren Einfluß die Erlösung.[50] Aber den Antisemiten eines vergangenen Zeitalters, wie jenen, welche die *Protokolle* verfaßten, dürften die völkermörderischen Konsequenzen ihres Gefasels kaum bewußt gewesen sein. Es gab einige wie Paul Bötticher, die als Lösung des »Judenproblems« die Ausrottung empfahlen, doch auch sie dachten nicht weiter darüber nach, was dies in der Realität bedeutetet hätte. Die dreisteren sprachen von »Entjudung«, und Richard Wagner regte mit seiner rauschhaften, selbstglorifizierenden Musik und seinem oftmals pathologischen Haß auf die Juden zweifellos Hitlers Phantasie an.[51] Einige schwadronierten sogar über Massenmord. Aber die antisemitischen Spinnereien der Vergangenheit oder die zynische, halbgebildete Gruppe von Intriganten, von der die *Protokolle* gefälscht wurden, als Vorboten des Holocaust zu betrachten würde ihnen mehr Gewicht verleihen, als ihnen zukommt.

Dies verringert allerdings nicht ihre moralische Schuld. Ihre schlimmen Ideen, ihre befremdlichen Behauptungen, ihre blutigen Pogrome schufen das kulturelle Klima, in dem der Völkermord möglich wurde. Es gibt keinen Grund, sie ungeschoren davonkommen zu lassen. Dennoch ist der Holocaust mehr als der paranoide Ausdruck der vormodernen Weltsicht von Leuten, die sich in einem Sumpf aus religiösem Haß und sozialen Vorurteilen suhlten; er ist mehr als das Delirium eines Pamphlets, das nichts zur Besserung der Lage beizutragen hat, in der sich die arische Rasse angeblich befand. Alles, was wir aus den Erzählungen der Opfer und den Forschungen der Wissenschaftler erfahren haben, alles, was wir über die Art und das schiere Ausmaß des Völkermords wissen, hebt den Holocaust auf eine qualitative Ebene, die sich grundlegend von den schlimmsten antisemitischen Visionen der Vergangenheit unterscheidet. Der Holocaust ist ein Phänomen *sui generis*.

Und so ist es ironischerweise wiederum weniger das Verständnis der von den Opfern erlebten Apokalypse, das von den *Protokollen* beleuchtet wird, als vielmehr das Selbstverständnis der Verfolger, die Eric Hoffer die »wahren Gläubigen« nennt, und ihres »Führers«. Als die alliierten Armeen in Deutschland einmarschierten und sich der Kreis um Hitlers Bunker, der mit seiner Stacheldrahtumzäunung entfernt an ein Konzentrationslager erinnerte, immer enger schloß, schwankte der »Führer« zwischen Wutanfällen und Schwermut hin und her. Während alles um ihn herum in Schutt und Asche fiel, suchte sein zunehmend verwirrter Geist wahrscheinlich noch immer nach einer Erklärung für das, was über ihn und seine Nation hereingebrochen war. Norman Cohn hat es treffend ausgedrückt, als er schrieb: »In dieser absurden Fälschung aus den Tagen der russischen Pogrome vernahm Hitler den Ruf eines verwandten Geistes, und er antwortete ihm aus voller Seele.«[52]

Hitler und seine Gefolgschaft hatten auf die angeblich von den Juden und ihren Handlangern ausgehende Gefahr reagiert. Getreulich hatte Julius Streicher, den die Verräter an der Rasse als besessenen, geistig zerrütteten Psychopathen schmähten, seinen Lesern Woche für Woche in seinem antisemitischen Hetzblatt *Der Stürmer* die Existenz einer weltweiten jüdischen Verschwörung eingehämmert. Im Film stellte Fritz Hippler Szenen nach, die unmittelbar den *Protokollen* hätten entstammen können. In *Der ewige Jude* (1940) beschrieb er die Juden als das »schmutzige Gewürm«, das sie Hitlers Rassenexperten zufolge »nachgewiesenermaßen« waren. Der »Führer« hatte sogar Dr. Alfred Six, seinen führenden Experten in Sachen Freimaurerei,[53] 1939 zum Leiter der Abteilung VII des Reichssicherheitshauptamts gemacht, um mehr über die durch die *Protokolle* enthüllte jüdische Verschwörung in Erfahrung zu bringen. Der Gelehrte hatte sein Herz gewiß am rechten Fleck: Six setzte sich begeistert für den Plan zur »physischen Eliminierung des Ostjudentums« ein, während er 1944 als Vertreter des Auswärtigen Amtes arbeitete. Aber was nutzte es? Seine kulturellen Apologeten, muß Hitler gedacht haben, waren auch nicht besser als seine Generäle.

Der Sieg war ihm entrissen worden – wie war das möglich? Wie es heißt, hat der »Führer« immer wieder gejammert, daß die Deutschen seiner nicht länger würdig seien, daß sie ihn verraten hätten und es verdienten zu sterben. Aber was war mit ihnen geschehen? Was hatte sie zu dem Verrat geführt? Oder besser: wer? Vielleicht dachte Hitler an die *Protokolle*, als er sein politisches Testament mit den Worten schloß: »Vor allem verpflichte ich die Führung der Nation und die Gefolgschaft zur peinlichen Einhaltung der Rassengesetze und zum unbarmherzigen Widerstand gegen den Weltvergifter aller Völker, das internationale Judentum.«[54]

Inmitten des Donnergrollens der Bomben und Kanonen

versagte bei Hitler die psychologische Projektion, und er weigerte sich, irgendwelche Fehler zuzugeben. Statt dessen hielt er sich an die Logik der *Protokolle:* Nicht er hatte den Krieg angefangen, und wenn doch, dann, weil die Juden ihm den Krieg erklärt hatten. Es war so, wie es seit Menschengedenken gewesen war: Diese Juden waren schlaue Füchse. Schon Ludendorff hatte sie mit den Freimaurern und den Jesuiten in Zusammenhang gebracht. Der alte Narr mochte als General nicht viel getaugt haben, aber er wußte, wovon er redete. Die Juden waren die Antreiber des Fortschritts, immer bereit, den Geist der Materie, die Empirik dem Intellekt zu opfern, und somit die Erbfeinde von christlicher Zivilisation und arischer Rasse.

Der Krieg gegen die Juden war für ihn unvermeidbar, eine Grundtatsache des Lebens, eine immerwährende Auseinandersetzung. Sie hatten erkannt, daß ein supranationales Reich nur auf einem intensivierten Nationalismus aufgebaut werden konnte.[55] Die *Protokolle* sprachen von den »Trümmern des alten Bluts- und Geschlechtsadels«, was Hitler zu seiner Vision einer neuen, rassisch begründeten Aristokratie anregte. Außerdem warnten sie vor jeglicher Form von »Blutvergiftung«. Es stand alles in den *Protokollen*, und wenn nicht dort, dann bei Chamberlain oder Wagner oder in einem anderen Buch aus der langen Reihe antisemitischer Werke, die sich in seinem Geist miteinander vermischten. Aber jetzt hatten die Juden doch noch gesiegt: Deutschland hatte zum zweiten Mal einen »Dolchstoß in den Rücken« erhalten.

Wie war das möglich? Hitler wußte, was zu tun war. Seine Pläne, die Juden nach Madagaskar, Lappland oder Sibirien umzusiedeln, waren nie ganz ernst gemeint gewesen. Er hatte Jagd auf sie gemacht, sie aus dem öffentlichen Leben verbannt, ihre Synagogen niedergebrannt und sechs Millionen von ihnen in den Todeslagern liquidiert.

Und es war immer noch nicht genug. Wie nur konnten sie überlebt haben? War das alles durch Rassenanalyse zu erklären? Vielleicht hielten die *Protokolle* eine bessere Antwort bereit. Der »Vernunftantisemitismus« mochte auch seine Grenzen haben. Die Juden mußten mit dem Teufel im Bunde sein. Welche andere Erklärung konnte sonst einen Sinn ergeben? Er hatte nur Gottes Arbeit geleistet, muß er gedacht haben, und nun nahmen die Agenten des Teufels ihre Rache – nicht nur am deutschen Volk, das zu schwach und unentschlossen war, ihnen zu widerstehen, und deshalb die Katastrophe verdiente, die es jetzt ereilte, sondern auch an *ihm* selbst.

Einige, denen er begegnete, blickten ihm in die Augen und sahen nichts; andere sprachen von einem Feuer, das sie darin bemerkt hatten. Aber das war eigentlich kein Widerspruch: Die Hölle ist das Nichts, und die Hölle brennt. Es war immer dasselbe, muß ihm durch den Kopf gegangen sein. Wahrscheinlich fragten sich alle, warum er 1939 wieder angefangen hatte, über die Vernichtung der Juden zu reden. Wahrscheinlich hatten sie gedacht, daß es regelrecht krankhaft war, 1941 die »Endlösung« in Gang zu setzen, um die verdammte Rasse auszulöschen, denn sie verzehrte, gerade als der Krieg seinen Höhepunkt erreichte, wertvolle Ressourcen und Kräfte. Aber das alles war durchaus vernünftig: Abgesehen von allem anderen, was Deutschland dabei gewinnen konnte, war der Krieg *die* Möglichkeit gewesen, die Judenfrage zu lösen. Die Vernichtung der Feinde des Reiches, der antifaschistischen Allianz, die jetzt von Juden in Washington und Moskau kontrolliert wurde, erforderte die Vernichtung des europäischen Judentums.

Die *Protokolle* hatten die Verschwörung aufgedeckt: Er stand einem einzigen Feind gegenüber. Im Inland wie im Ausland waren die Juden gegen das Reich angetreten. *Er* war das Opfer, nicht die Juden. Seine Lage war nicht anders als die der Leiter der Konzentrationslager: Auch sie waren Opfer, denn von ihnen war verlangt worden, das größte Verbrechen der Geschichte zu begehen, um die Menschheit von jenen zu befreien, die sie verfolgten. Der Tribut, den er gezahlt hatte, war ungeheuerlich. Die anderen konnten unmöglich wissen, welche Last er zu tragen hatte. In jenen letzten Tagen wußte er natürlich, daß sie sich gegen ihn verschworen hatten. Zweifellos redeten sie darüber, daß sein Gesicht die Blässe des Todes trage und seine Hände zitterten. Aber er würde es ihnen schon zeigen: Bis zum letzten Augenblick würde er auf seinem Posten ausharren, in einer bereits verlorenen Schlacht die Strategie seiner Generäle über den Haufen werfen und nicht mehr existierende Divisionen verschieben. Als er sich erbittert und voller Selbstmitleid den Lauf seiner Pistole in den Mund schob, sah er wahrscheinlich das erbärmliche Gesicht seines Widersachers vor sich und dachte: Es gibt noch so viel zu tun.

DAS ERBE DER LÜGE

Die *Protokolle* und die Zukunft des Antisemitismus

> Während Rieux den Freudenschreien lauschte, die aus der Stadt emporklangen, erinnerte er sich ... daran, daß diese Fröhlichkeit ständig bedroht war. Denn er wußte, was dieser frohen Menge unbekannt war und was in den Büchern zu lesen steht: daß der Pestbazillus niemals ausstirbt oder verschwindet, sondern jahrzehntelang in den Möbeln und der Wäsche schlummern kann, daß er in den Zimmern, den Kellern, den Koffern, den Taschentüchern und den Bündeln alter Papiere geduldig wartet und daß vielleicht der Tag kommen wird, an dem die Pest zum Unglück und zur Belehrung der Menschen ihre Ratten wecken und erneut aussenden wird, damit sie in einer glücklichen Stadt sterben.
>
> Albert Camus, *Die Pest* (1947)

Die jüdische Verschwörung hatte triumphiert: Jene Antisemiten, die den Krieg überlebten, die Nachkommen der Nazis und deren Nachkommen, müssen geglaubt haben, daß noch mehr zu tun sei. Ehemalige Nazis und SS-Leute setzten sich nach Schweden, Südamerika und in gewisse arabische Länder ab. Mit sich nahmen sie ihre Überzeugungen und das Bedürfnis, sie von neuem zu rechtfertigen. Die *Protokolle* lagen ihnen zweifellos weiter am Herzen, und so gibt es auch heute noch Leute, die hinter den darin artikulierten Ansichten stehen.[1] Sie kennen sich wahrscheinlich nicht in der Geschichte aus, und wenn, dann leitet sich ihr

Wissen von Neonazis wie David Irving und Fred Leuchter, tendenziösen Autoren wie Ernst Nolte und Robert Faurisson oder revisionistischen Journalen wie der *Historical Review* her, die den Charakter des Holocaust und die Natur des Antisemitismus zu verharmlosen suchen.[2]

Das »Wissen«, über das die Antisemiten verfügen, macht sie in ihren Vorurteilen unerschütterlich. Es versetzt sie in die Lage, sich logischer Argumentation oder empirischer Widerlegung zu entziehen. In dieser Hinsicht hatte Jean-Paul Sartre recht, als er bemerkte, daß Antisemiten zu Stein werden. Die Begründungen ihrer Behauptungen hatten weniger mit Wahrheit als mit dem Versuch zu tun, sich ein Gefühl der Überlegenheit zu verschaffen, das durch keinerlei Taten gerechtfertigt war. Dies galt vor allem für die Autoren und Fürsprecher der *Protokolle*. An einer echten Debatte oder an sozialwissenschaftlichen Erkenntnissen waren sie nicht interessiert: Für sie war Wahrheit, was sie fühlten, denn es ist immer leichter, seinen Gefühlen zu folgen, als vom Verstand Gebrauch zu machen. Hierin liegt die existentielle Anziehungskraft des Antisemitismus: Er mag auch Intellektuelle ansprechen, aber Idioten befriedigt er.

Die *Protokolle* wurden für Idioten geschrieben. In ihnen kommt die Vulgarität des Rassismus und die der politischen Praxis der Antisemiten innewohnende, wenn auch oft versteckte Gewalt zum Ausdruck. Das Pamphlet war eine Fälschung und bestand aus einem Haufen Lügen; es war niemals auch nur eine Spur von Echtheit daran. Für viele, die in unserem »postmodernen Zustand«[3] leben, ist dies jedoch im Grunde irrelevant. Ihr Relativismus verleitet sie dazu, die Idee des »Beweises« an sich in Frage zu stellen, wenn es darum geht, einen Wahrheitsanspruch zu beurteilen. Der eine interpretative Standpunkt ist so gut – oder schlecht – wie jeder andere, und es gibt eine unendliche Zahl von Möglichkeiten, einen bestimmten Text zu interpretieren. In diesem Sinne kann Paranoia zur legitimen Antwort auf die »hyperreale« Eigenart und den fragmentarischen Charakter des modernen Lebens werden. Manche Denker meinen sogar, man müsse den Glauben an Entführungen durch Außerirdische ernst nehmen, und sei es auch nur deshalb, weil es ein innovativer Weg ist, eine Perspektive zu konstruieren, in welcher der Mensch seine Erfahrungen zum Ausdruck bringen kann.[4] Dieser Logik zufolge müßten dann natürlich auch die paranoiden Argumente der *Protokolle*, die man wohl als *den* kanonischen Text in der Geschichte der Verschwörungstheorien bezeichnen kann, ebenfalls ernst genommen werden.

Um keine Mißverständnisse aufkommen zu lassen: Wenn man den Antisemitismus nicht als Weltanschauung mit eigener Logik und eigenen Prämissen versteht, wird es enorm schwierig, ihm beizukommen. Ideologische Phänomene, welche die Massen ansprechen, müssen mit großer Sorgfalt auf ihre soziologischen Weiterungen untersucht werden. Das bedeutet jedoch nicht, daß der Wahrheitsanspruch, den diese Ideologien geltend machen, oder ihre Ansichten über die Funktionsweise der Realität für sich genommen als legitim betrachtet werden können. Wenn es keine Kriterien für Richtig oder Falsch gäbe, wäre es in der Tat notwendig, sich ernsthaft mit der tödlichen Bedrohung auseinanderzusetzen, die von einer »geheimen« Allianz aus internationalen Bankern, liberalen Politikern, Außerirdischen und dem Antichrist ausgeht.[5] Wer Kritik an Arbeiten zur politischen Theorie üben will, muß in der Lage sein, zwischen Tatsache und Unwahrheit, Echtheit und Fälschung, Konsistenz und Tautologie Grenzen zu ziehen, mögen diese auch noch so verschwommen sein. Um ein Urteil fällen zu können, ist ein objektiver Bezugspunkt notwendig, und die Prämissen, die den allgemeinen Vorstellungen von juristischer, wissenschaftlicher und historischer Beweisführung zugrunde liegen, haben ihre Berechtigung nicht verloren. Für den offenen Dialog, für die Bereitschaft, sich mit echter Kritik auseinanderzusetzen, und für die Fähigkeit, Behauptungen durch den Bezug auf eine empirische Wirklichkeit zu begründen, gibt es keinen Ersatz.

Persönliche »Erfahrung« dient nicht unbedingt der Wahrheitsfindung, weil sie, ob bewußt oder unbewußt, oft von Ideologien und den vorherrschenden sozialen Wertvorstellungen beeinflußt ist. In einer Welt, in der Objektivität aller Art in Frage gestellt wird und sämtliche Beurteilungskategorien für gleichermaßen willkürlich erachtet werden, besteht keine Notwendigkeit mehr, irgend etwas zu begründen oder zu rechtfertigen. Nichts läßt sich dann mehr als Wahrheit qualifizieren, alles erscheint als »künstliches gesellschaftliches Konstrukt«. Unter diesen Umständen werden die *Protokolle* zu einem Werk unter anderen, das sich bezüglich seines Wahrheitsgehalts in nichts von Aristoteles' *Politik* oder einem großen Roman der Weltliteratur unterscheidet. Sie werden, wie alle Werke, zu einem Werk der »Fiktion«.

Eine solche postmoderne Sichtweise reißt ein Werk natürlich aus seinem historischen Kontext und seiner intellektuellen Tradition heraus. Sie ignoriert die ursprüngliche Absicht, der es seine Entstehung verdankt, die sozialen Funktionen, die es erfüllt, und den politischen Einfluß, von dem es in historischen Auseinandersetzungen zeugt. Die Fälscher der *Protokolle* wußten, was sie taten. Das Pamphlet wurde in der Absicht geschaffen, den politischen Kampf für eine bestimmte Art von Welt zu fördern. Es mag zutreffen, daß sich einige große Gestalten der Literatur von den *Protokollen* inspirieren ließen, und die allgegenwärtige Ängste vor einer jüdischen Verschwörung mögen paradoxerweise sogar die Einführung einer antisemitischen Politik in Japan abgemildert haben.[6] Aber Ausnahmen bestätigen nur die Regel. Die Vielfalt *möglicher* literarischer Interpretationen wird durch die ziemlich beschränkte Art und

Weise, in der das Pamphlet *tatsächlich* interpretiert wurde, eingeengt. Es gibt in der Tat Gründe, warum es gerade die politische Rechte und nicht die Linke war, die sich der *Protokolle* bemächtigte.

Die *Protokolle* sind kein Roman, in dem Realität mit Phantasie ausgeschmückt wird und unterdrückte Aspekte der Freiheit beleuchtet werden. Statt dessen behandeln sie Phantasie als Wirklichkeit und subjektive Erfahrung als objektive Tatsache. Das Pamphlet engt die Vorstellungskraft ein und duldet keinen Widerspruch gegen die Vorurteile, die es vertritt. Seine Interessen werden seine Wahrheiten durch *Ermächtigung*: Das Werk bleibt eine *Lüge*, eine Subversion des Diskurses, eine Glorifizierung des »Haßsprech«.[7] Ohne die Folgen zu bedenken, haben manche daraus den in beinah triumphalem Tonfall vorgebrachten Vorschlag abgeleitet, daß es das beste wäre, die *Protokolle* auf den Index verbotener Schriften zu setzen.[8]

Die Freiheit der Meinungsäußerung ist ein komplexes Thema: Sie ist Gegenstand zahlloser Veröffentlichungen und Debatten. Der Ruf nach Zensur entspringt jedoch gewöhnlich, auch wenn das etwas vereinfachend klingen mag, einem Gefühl moralischer Kränkung. Im Fall der *Protokolle* wird die Sache noch insofern verschlimmert, als diese ganz offensichtlich zur Anstachelung zu tatsächlicher Gewalt gegen Juden benutzt wurden. Der Fehler des Schweizer Appellationsgerichts bestand weniger darin, daß es befand, die *Protokolle* seien keine »Schundliteratur«, sondern vielmehr in dem Mangel, daß es sich nicht damit befaßte, worum es in der Sache wirklich ging. So unterliegt denn die Entscheidung, ob antisemitische und rassistische Texte indiziert werden sollen, einer *politischen* Beurteilung der Frage, ob die durch das jeweilige Werk hervorgerufene moralische Kränkung die daraus eventuell zu gewinnenden Aufschlüsse wesentlich überwiegt und ob seine Veröffentlichung, was auf das gleiche herauskommt, tatsächlich eine ernst zu nehmende akute Gefahr für die liberale Gesellschaft und ihre jüdischen Bürger darstellt.

Der Jude mag einmal der Paria gewesen sein. Doch die offenkundige Diskriminierung, die er in vergangenen Zeiten so gründlich in praktisch jeder Facette des Alltagslebens erfahren mußte, ist heute im wesentlichen nicht mehr vorhanden. Die Frage ist nicht, ob in den Vereinten Nationen oder in Paris oder Hongkong dieses oder jenes blasierte Individuum sich anerkennend über die *Protokolle* äußert, ob irgendeine rückständige antisemitische Bewegung oder ein Funktionär sie für ihre politischen Zwecke einspannt oder ein kleiner Verlag in Boston oder London sie neu auflegt.[9] Besorgnisse über die Bedrohung durch den Antisemitismus können auch nicht einfach damit begründet werden, daß sich dieser oder jener afroamerikanische Politiker über eine Sonderlobby für die Unterstützung Israels in den Vereinigten Staaten beklagt, daß ein politischer Aktivist New York als *»Hymie-town«* beschreibt oder daß die Unterstützung für Israel verstärkt an Vorbedingungen geknüpft wird. Nichts davon spricht für eine unmittelbare Bedrohung durch den Antisemitismus in der heutigen Welt. Zwar können sich die Dinge ändern, doch zur Zeit dürfte es Schwierigkeiten bereiten, irgendeine ernsthafte *politische* Bedrohung jüdischen Lebens in den Demokratien des Westens auszumachen.[10]

Antisemitismus ist jetzt eher wie ein Hintergrundgeräusch, ein unablässiges Brummen, das nicht mit richtiger Musik verwechselt werden sollte. Am Rand des politischen Lebens und unter Abertausenden unzufriedener Individuen übt die Ideologie des Hasses immer noch eine gewisse Anziehungskraft aus. Die Weigerung, sich für die Notwendigkeit einer Zensur einzusetzen, bedeutet ja noch lange nicht, daß fortschrittliche Buchhändler die *Protokolle* in ihren Läden anbieten oder liberale Zeitschriften Anzeigen der Verleger des Pamphlets schalten *müssen.* Der liberale Verstand setzt sich gegen ein Machwerk wie die *Protokolle*, das einen so sensiblen Bereich tangiert, zur Wehr. Für Bürger einer liberalen Gesellschaft könnten die *Protokolle* sogar insofern eine herausragende Bedeutung besitzen, als sie die Vorurteile aufdecken, die das Gegenteil ihres Gemeinwesens untermauern, nämlich die *illiberale Gesellschaft*.

Eine echte demokratische Erziehung verlangt den Bürgern nicht nur Entscheidungen darüber ab, was sie wollen, sondern auch darüber, was sie wissen müssen. Der berühmte Ausspruch von Santayana, wer die Geschichte vergesse, sei dazu verdammt, sie zu wiederholen, ist wahrscheinlich nicht ganz so wahr, wie manche es gern glauben würden. Dennoch sollte auch die heutige Öffentlichkeit noch verstehen, was die Phantasien von Nationalsozialisten und Mitgliedern anderer antisemitischer Bewegungen überall auf der Welt beflügelte, und einen Blick in die Seele der autoritären Persönlichkeit werfen. Die Arbeit des progressiven Kritikers beginnt mit der Aufdeckung der unbeabsichtigten Folgen von Aufrufen zum Vorurteil. In einem solchen Fall ist es immer besser, liberale politische Werte hochzuhalten, als automatisch nach repressiven Maßnahmen zu verlangen. Sich mit der Lüge zu beschäftigen ist immanenter Bestandteil des Weges zur Wahrheit, und mit der Vergangenheit ins reine zu kommen bedeutet, dem Bösen, das sie entfesselte, ins Auge zu blicken. Freiheit ist nun einmal kein Garant für Sicherheit.

Natürlich kommt es vor, daß sogar eine liberale Gesellschaft die Ausübung von Zensur als unvermeidlich betrachtet. Die frühen und späten Jahre der Weimarer Republik, als der Rechtsextremismus eine greifbare Gefahr für ihren Bestand darstellte, war wohl ein solcher Fall. Vielleicht wäre es auch im heutigen Rußland und den anderen Staaten Osteuropas, wo sich der Antisemitismus im Aufwind befindet und republikanische Werte noch nicht Fuß gefaßt haben, angebracht, eine Zensur einzuführen. Es gibt jedoch einen pragmatischen Aspekt, der von den Befürwortern der Zensur für Werke wie die *Protokolle* selten in Betracht gezogen wird: Es fällt republikanischen Regierungen immer leichter, eine Zensur zu verhängen, wenn ihrem Bestand – oder einem Teil ihrer Bürgerschaft – *keine* wirkliche Gefahr droht, als wenn eine solche Bedrohung real existiert.

Der Antisemitismus verschwindet auch nicht einfach, wenn seine ideologischen Ausdrucksformen verboten werden. Wenn Hetzschriften summarisch indiziert werden, kommt es nicht nur zu einem verdeckten Gärungsprozeß antisemitischer und rassistischer Vorurteile, sondern neutrale Beobachter werden auch Grund haben, die freiheitliche Gesinnung ihrer eigenen liberalen Regierung in Frage zu stellen. In jedem Fall aber zeugt die Anwendung der Zensur ihrem Wesen nach vom mangelnden Glauben an das, was Jürgen Habermas zutreffend »Verfassungspatriotismus« genannt hat. Repression ist niemals eine Tugend, sondern bestenfalls ein notwendiges Übel. In diesem Punkt sind die Lektionen der Geschichte eindeutig. Wann immer diese Notwendigkeit als Tugend angepriesen wurde, folgte daraus nur Selbsttäuschung – und Schlimmeres.

Die Protokolle *in unserer Zeit*

Die Welt ist heute nicht mehr so wie in der Zeit zwischen den Weltkriegen: Der Antisemitismus ist keine Ideologie mehr, die sich mit dem Schicksal der Menschheit beschäftigt, und auch kein Vorwand.[11] Die dialektischen Implikationen, die aus Hitlers Niederlage folgten, sind darüber hinaus immer noch nicht in ganzer Tragweite gewürdigt worden. Der bisher entschlossenste Versuch, die Juden zu beseitigen, verkehrte sich in sein Gegenteil: Durch den Holocaust wurde letztlich erreicht, daß sich das jüdische Volk mehr denn je existentiell, wenn auch nicht unbedingt politisch, vereinigte. Mit der Niederwerfung des Faschismus begann ein verstärktes Engagement für die Werte des liberalen Staates; auch die Arbeiterbewegung, lange Zeit der Feind der traditionellen Eliten, wandelte sich, und in der neuen politischen Landschaft entstanden neue gesellschaftliche Bewegungen, die es sich angelegen sein lassen, ein Schlaglicht auf die Repression des *Anderen* zu werfen. Hitlers Niederlage nahm den Antisemiten die Voraussetzungen für einen politischen Sieg: Er beraubte sie ihrer Legitimität, zerstörte ihre Symbole, erhöhte ihre rassischen Feinde und ließ ihnen keine gangbare institutionelle Alternative zum liberalen Staat.

Die Nazis brachten letztlich zustande, was sie eigentlich abschaffen wollten: Aus der Opferung einer ganzen Generation auf der Schlachtbank der Geschichte erwuchsen eine neue Form internationaler Solidarität unter den Juden, welche religiösen und politischen Differenzen gegenwärtig auch immer unter ihnen herrschen mögen, sowie ein tief empfundenes Mitgefühl für das erlittene Leid der Juden bei vielen Nichtjuden. Frühere ethnische und religiöse Trennungen unter den Juden sind unbedeutend gegenüber der allgemeinen Zustimmung zu der Parole »Nie wieder!«. Natürlich hat all dies auch seine Grenzen. In Israel haben sich wieder tiefe Risse zwischen dem orthodoxen und dem reformistischen Flügel der jüdischen Gemeinschaft aufgetan, die zu großer Erbitterung führen. Und während in Deutschland die liberalen Kräfte wenigstens den Versuch einer »Vergangenheitsbewältigung« unternommen haben, ist ein solches Unterfangen in anderen Ländern, wie Österreich, Frankreich und den Nationen Osteuropas, kaum in Gang gekommen. In den meisten dieser Länder können sich jedoch jüdische Organisationen, inspiriert von den Erfahrungen der antisemitischen Vergangenheit und aus Furcht vor ihrer Wiederholung, öffentlich mit neuer Kraft der Verteidigung ihrer demokratischen Rechte und Interessen widmen.[12] Liberale Staaten leiden auch nicht mehr wie ihre Vorgänger in der Zwischenkriegszeit an einem Legitimitätsmangel, und der Antisemitismus hat seinen Status als legitime politische Position verloren und ist in den meisten Bereichen des öffentlichen Lebens inakzeptabel geworden.

Dies hängt mit Hitlers größtem Erfolg zusammen: der Zerschlagung der radikalen Arbeiterbewegung sowohl sozialistischer als auch kommunistischer Prägung. Da deren Nachfolger für den Kapitalismus oder seine Eliten keine echte Gefahr mehr darstellen, jedenfalls nicht in der gleichen Weise wie in der Vergangenheit, hat die Idee einer von den »Roten« ausgeheckten Weltverschwörung jede Glaubwürdigkeit verloren. Gleiches gilt hinsichtlich des Kapitals: Die neue Technologie und Mobilität, die Computer und die radikal erweiterten Informationsmöglichkeiten eröffnen zunehmend einem jeden die Welt des *Anderen.* Welche Versuche auch immer unternommen wurden, Juden mit dem Wirken des internationalen Kapitals und internationaler Organisationen in Zusammenhang zu bringen, ist es heute möglich geworden, sich die Entwicklung eines neuen Internationalismus vorzustellen, der auf der Einbeziehung des *Anderen* und der Akzeptanz einer neuen *kosmopolitischen Sensibilität* beruht: Der Jude wird nicht mehr weithin als *der* absolute Feind betrachtet, und die Angst vor Juden hat in der breiten Öffentlichkeit ihre Resonanz verloren.

Die *Protokolle* sind in den Untergrund gedrängt worden. Ihre Anziehungskraft behielten sie nur für diejenigen, die weiterhin für einen autoritären Nationalismus eintreten, gegen die Schrecken der Modernisierung ankämpfen und den Vormarsch der Säkularisierung aufzuhalten trachten. Zwischen 1951 und 1971 wurden neun arabische Ausgaben der *Protokolle* gedruckt.[13] Nasser machte während seiner diktatorischen Herrschaft in Ägypten, die in den fünfziger

Jahren begann, zynischen Gebrauch von dem Traktat, und 1984 erschienen Auszüge daraus in der iranischen Zeitschrift *Imam*. Andere Staaten wie Libyen, Saudi-Arabien und Tunesien veröffentlichten die *Protokolle* ebenfalls als Propagandamittel in der ständigen Auseinandersetzung mit Israel.[14] Bei der einzigartigen Interessenlage im Nahen Osten spielt der Antisemitismus zweifellos immer noch eine bedeutende Rolle in der Gegenwartspolitik, aber hier handelt es sich wohl eher um eine Ausnahmesituation. Idi Amin vereinnahmte die *Protokolle* während seines mörderischen Regimes in Uganda für seine Zwecke, und verschiedene japanische Autoren machten während der achtziger Jahre daraus ein Kultobjekt. Neuausgaben erschienen in kleinen Auflagen in Pakistan und Malaysia sowie in einigen der bedeutenderen Staaten Südamerikas. 1996 erschien in Kroatien eine Auflage von zweitausend Stück, und auch anderswo auf dem Balkan tauchten die *Protokolle* auf. *Pamjat* und andere Gruppen des rechten Spektrums im heutigen Rußland, die im allgemeinen mehr Publicity erhalten, als es ihrer Mitgliederzahl entspricht, berufen sich regelmäßig auf das Pamphlet. Aber nicht einmal in diesen Ländern spielen die *Protokolle* eine annähernd ähnliche Rolle wie in der Vergangenheit.

Was die Vereinigten Staaten betrifft, so ist dort der Antisemitismus im politischen wie ideologischen Sinn größtenteils zu einer Bewegung geworden, die nur noch Rückzugsgefechte liefert und die Massen nicht mehr anspricht. In den siebziger Jahren sorgten die »National States Rights Party« und die »California Noontide Press« für den Vertrieb der *Protokolle*, und von den Vertretern der rechtsextremen »Militias« werden sie heute noch propagiert. Norman Phillips, Autor des neofaschistischen Bestsellers *The Turner Diaries*, beispielsweise bezeichnet die amerikanische Regierung als »zionistisches Besatzungsregime«. Von den Anhängern der »Nation of Islam« werden die *Protokolle* in größeren amerikanischen Städten offen auf der Straße verkauft. Jerry Falwell verkündete am 14. Januar 1999, der Antichrist sei am Leben und zweifelsfrei ein männlicher Jude, während andere respektable Führer der »Christian Coalition« auf ihren Massenveranstaltungen auf Themen der *Protokolle* anspielen, bevor sie den obligatorischen Widerruf machen. Ernst genommen wird das Pamphlet von der »Christian Defence League« und anderen fundamentalistischen Gruppen wie »Smyrna«. Inhalte der *Protokolle* werden auch von winzigen Arier-Sekten sowie den mit Lyndon LaRouche, der »John Birch Society« und der »Liberty Lobby« verbundenen Paranoikern verbreitet, doch zeugt dies nur von der politischen Irrelevanz des Pamphlets für den intellektuellen und politischen Hauptstrom des amerikanischen Lebens.

Es ist die Domäne von Spinnern, Randgruppen und Verbrecherstaaten geworden. Interessanterweise verfügen ihre Fürsprecher heute über einen neuen Zugang zur Öffentlichkeit, nämlich das Internet.[15] Angesichts dessen, daß sich der anfängliche Erfolg der *Protokolle* von dem Bedürfnis entwurzelter Gruppen und Individuen nach einer Erklärung für die Auswirkungen der Moderne auf sie selbst hergeleitet hatte – wobei diese verderblichen Einflüsse Außenseitern wie den Juden angelastet wurden –, ist es nur folgerichtig, wenn die postmoderne Gesellschaft am gegenwärtigen *Fin de siècle* Fragen aufwirft, auf die der Antisemitismus illusorische Antworten bietet. Nach derzeitigem Stand, das heißt nach einer Stichwortsuche auf AltaVista im Jahr 1999, gibt es über 900 Web-Sites, die sich speziell mit den *Protokollen* beschäftigen, annähernd 17000, die etwas zum Antisemitismus beizutragen haben, über 18000 zum Begriff »Illuminati« und mehr als 350000 zum Thema »Verschwörung«. Natürlich sind nicht alle diese Web-Sites antisemitisch oder vermitteln ein positives Bild der *Protokolle.* Viele, wie die *Hate Page of the* Week oder die *Net Hate*

Page, üben scharfe Kritik und sind wichtige Teilnehmer am zeitgenössischen Kampf gegen das Wiederaufleben faschistischen Gedankenguts.[16] Aber immerhin sind die antisemitischen Sites so zahlreich, daß man meinen möchte, das Internet hätte den *Protokollen* neues Profil verliehen. In der Tat zeigt sich zunehmend, daß die neuen Formen einer paranoiden Verschwörungstheorie

> »eine auffällige Ähnlichkeit mit der antisemitischen Propaganda [aufweisen], die in Deutschland vor dem 2. Weltkrieg fabriziert wurde – nur dadurch leicht vernebelt, daß an die Stelle der Juden ›internationale Banker‹ (oder etwas in der Art) eingesetzt wird. … Irgendwie erregen diese Geschichten – nachdem sie einmal in die Welt gesetzt sind – die Ängste und Paranoia der Menschen in einem Maße, daß selbst dann, wenn das jüdische Zielobjekt ›entfernt‹ wird … in der menschlichen Phantasie etwas zurückbleibt, das glücklich ist, sich einem nebelhafteren Zielobjekt zuzuwenden. Denn wir müssen doch zugeben, daß viele Leute die von derartiger Propaganda hervorgerufenen paranoiden Erregungszustände, falschen ›Einblicke‹, Ängste, Unzufriedenheit etc. regelrecht genießen, … [und] wir brauchen nicht einmal offen antisemitisch eingestellt zu sein, um uns dieser Wirkungen zu erfreuen.«[17]

Die *Protokolle* beweisen immer noch eine gewisse Anziehungskraft, doch tun sie dies in neuartiger Weise: Das Medium ist zur Botschaft geworden. Das Internet dient als postmoderner Ersatz für die politische Broschüre. Es kennt keine Zensur, keine Rechtfertigung, und ist völlig anarchisch; zudem ist es unmittelbar, international und billig. Praktisch jede marginale faschistische Partei und Organisation in Westeuropa hat ihre eigene Homepage, darunter die »British National Party«, die französische »Front National«, die italienische »Alleanza Nazionale«, der belgische »Vlams Blok« und das größte Computer-Netzwerk in Deutschland, das sich bezeichnenderweise »Thule Network« nennt. Die *Protokolle* florieren im Cyberspace.

Doch das Internet vereint nicht nur, es isoliert zugleich; es koordiniert und atomisiert. Mögen am Rand der Gesellschaft stehende Einzelpersonen auch oftmals das Internet *anonym* benutzen, um ihre Ansichten zu verkünden, so hilft seine Benutzung durch extremistische Gruppen den Antifaschisten und Humanisten immerhin, ihnen und ihren Aktivitäten auf die Spur zu kommen. Selten wird darauf hingewiesen, daß

> »jene, die ein Auge auf Rassismus und Antisemitismus haben, über eine neue Informationsquelle verfügen, die es früher nicht gab. Die Tatsache, daß Rassisten und Antisemiten sich so eifrig im Internet betätigen, hat die Aufgabe, sich über ihre Aktivitäten auf dem laufenden zu halten, erleichtert. Darüber hinaus wird dies von den Behörden in ihren Aktionen gegen die Extremisten gezielt genutzt. ... Obwohl das Internet als frei, anarchisch und unkontrolliert gilt, könnte man die Präsenz der Rassisten als eine unfreiwillige Form freiwilliger Selbstkontrolle betrachten, und zwar zum einen aufgrund der Konventionen, die sie einhalten müssen, und zum anderen aufgrund der Tatsache, daß sie überwacht werden können. Wenn die ›Kämpfe‹ mit ihnen zukünftig im Netz statt auf der Straße ausgefochten werden, stellt das eine interessante Entwicklung dar.«[18]

Das Vorurteil steht immer »Gewehr bei Fuß«, antisemitische Gefühle sind weiterhin Realität, auch wenn sich die Möglichkeiten, ihnen organisatorisch Ausdruck zu verleihen, geändert haben. Der Antisemitismus lauert in fast der gleichen Weise unter der Oberfläche der Ereignisse wie die angebliche Verschwörung, die seine Befürworter den Juden zuschrieben. Er gedeiht weiterhin auf »archetypischen Ängsten, Besorgnissen und Reflexen, die sich jeglicher rationalen Analyse zu entziehen scheinen«[19]. Die gegenwärtige Gefahr sollte also nicht ignoriert, aber auch nicht überbewertet werden. Weil so viele Leute Gelegenheit finden, sich über eine geheime »Verschwörung« auszutauschen – zumal unter postmodernen Bedingungen, unter denen die Notwendigkeit der Beweisführung zunehmend relativiert wird –, kann es leicht dazu kommen, daß man ihre Realität für gegeben hält. Was jedoch den radikal »paranoischen Stil« von Werken wie den *Protokollen* ausmacht, ist nicht der Glaube an diese oder jene Verschwörung durch diese oder jene Gruppe, sondern vielmehr der Glaube, daß die Geschichte *an sich* eine Verschwörung ist, die von einer einzigen allmächtigen transzendenten Kraft ins Werk gesetzt wird, die nur mit Hilfe eines beharrlichen Kreuzzugs zu Fall gebracht werden kann.[20] Diese Sichtweise ist selbst für die Mehrheit der Antisemiten einfach nicht mehr in der Art und Weise von Bedeutung, wie es in der Vergangenheit der Fall war.

Der Antisemitismus hat eine *ungebundene* Form angenommen. Er trägt nicht mehr die deutlichen Erkennungsmerkmale der Vergangenheit. Die fein abgestimmten Rechtfertigungen und Begründungen sind passé. Sektiererische religiöse Fanatiker mögen sich immer noch wünschen, den einzelnen zu retten, indem sie zur Bekehrung der Juden aufrufen; doch fehlt diesen Gruppen der Rückhalt durch die öffentliche Meinung und der politische Zwang durch Institutionen wie die Kirche des Mittelalters. In ähnlicher Weise wird *risches* sicherlich noch existieren, doch liegen keinerlei ernsthafte Vorschläge auf dem Tisch, die Juden wieder ins Getto zu verbannen oder ihnen den Zugang zu den vielfältigen Institutionen des öffentlichen Lebens zu verweigern. Darüber hinaus hat der Gedanke, den Juden sowohl als Juden wie auch als Menschen abzulehnen, seine Anziehungskraft verloren. Es ist heutzutage außer Mode gekommen, die Juden als Untermenschen zu betrachten, und dem Antisemitismus fehlen »ehrbare« Vordenker vom Schlage eines Barrès oder Chamberlain. Der neue ungebundene Antisemitismus ist ein Mischmasch aus Ad-hoc-Behauptungen, denen jede neue Form oder Methode der Rechtfertigung abgeht.

Die Krise der antisemitischen Theorie spiegelt sich in der antisemitischen Praxis wider. Keine der existierenden Randorganisationen ist auch nur im entferntesten imstande, das zu verwirklichen, was man als die universalen Ziele des Antisemitismus bezeichnen könnte. Wenige befassen sich überhaupt noch damit, die Echtheit der *Protokolle* zu »beweisen«.[21] Dem Antisemitismus ist seine Verbindung zu Uniformen und Abzeichen, zu Pogromen und Zusammenrottungen, zu koordinierter Propaganda und akademisch untermauertem Dogma, zu disziplinierten »Ligen« und autoritären Parteien, die entschlossen sind, einen ernsthaften *politischen* Angriff gegen den Staat zu führen, verlustig gegangen. Die Ideologie hat sich losgelöst von den Interessen irgendeiner bestimmten Klassen- oder Massenbewegung, die echte politische Macht anstrebt.

Von winzigen Sekten in einer Inselwelt sektiererischer Machenschaften am Leben erhalten, unfähig, das Wirken der »verborgenen Hand« auf die Zivilisation als Ganzes zu übertragen, ist vom Antisemitismus kaum mehr als ein lebender Leichnam übriggeblieben. Seine Verfechter machen ihrem Ärger auf eine Moderne Luft, die zu verstehen ihnen ihre prämoderne, mit Vorurteilen behaftete Denkweise unmöglich macht. Indem sie sich auf das vulgärste Produkt eines unbestimmteren, auf Mißtrauen gegründeten Klimas werfen und das Irrationale über das Rationale setzen, *glauben* sie, sie könnten ihre eigene Verschwörung ausbrüten, um sich gegen die jüdische »neue Weltordnung«

mit ihrem interventionistischen Staat und ihren diversen gesellschaftlichen Bewegungen zu verteidigen. Diese sind darauf aus, das Reich der subjektiven Erfahrung auszudehnen und eine neue Form des Pluralismus zu entwickeln. Die neuen Antisemiten offenbaren immer noch die latente Gewalt, die hinter dem steckt, was Nietzsche ursprünglich als eine psychologische Form des »Ressentiments« betrachtete. Ihre Ängste vor einer kosmopolitischer werdenden Zivilisation und deren angeblichen Vorboten, den Juden, führen dazu, daß sie ihren eigenen Intellekt zügeln und das eigene Potential verleugnen. Sie schließen sich ab von der Welt. Genau aus diesem Grund bleibt der Kampf gegen den Antisemitismus ein Kampf gegen eine *Denkweise*, der Gerüchte über die Juden als einzig nötiger Beweis für ihre Gültigkeit dienen.

Die Verlierer

Antisemitismus ist eine dumme Antwort auf eine ernsthafte Frage: Wie funktioniert die Geschichte hinter unserem Rücken? Adam Smith sah im kapitalistischen System eine »unsichtbare Hand« am Werk, die durch das Gesetz von Angebot und Nachfrage das individuelle Eigeninteresse mit dem Allgemeinwohl vereinbart. Hegel verwies auf die »List der Vernunft«, die den einzelnen benutzt, indem sie die Folgen seiner Handlungen gegen seine Absichten kehrt. Marx glaubte, daß die Menschen ihre Geschichte machen, aber »nicht … aus freien Stücken«[22]; der Kapitalismus bringe unbeabsichtigt seinen eigenen proletarischen »Totengräber« hervor, während er dabei gleichzeitig alle prämodernen Klassen eliminiere.[23] Die *Protokolle* halten eine pessimistischere, einfachere und dramatischere Antwort bereit. Sie bieten keinerlei Beweise für ihre empirischen Behauptungen, und sie sind nicht in der Lage, die Struktur sozialer Systeme zu begreifen. Sie haben auch keinen Raum für Zweideutigkeiten, Ambivalenz oder »Dialektik«. Ihre Überzeugungskraft leitet sich von ihrer Fähigkeit her, alles auf eine einzige Behauptung zurückzuführen, der zufolge die schlimmsten Folgen sozialen Handelns ganz und gar nicht unbeabsichtigt sind: Die »verborgene Hand« der Juden manipuliert alles.

Die antisemitische Botschaft ist traditionell für einige Gruppen überzeugender als für andere. In den zwanziger Jahren sprach sie Kriegsveteranen an, die mit dem Zivilleben nicht fertig wurden und keine Erklärung für die Apokalypse fanden, der sie soeben mit knapper Not entronnen waren, sowie auch junge Menschen aus gutem Hause, denen die Aussicht auf ein anständiges Leben nach ihren Vorstellungen versperrt war. Am empfänglichsten für diese Ideologie ist jedoch immer die ländliche *Gemeinschaft* gewesen: der Adel, der nicht begreifen wollte, daß seine Tage gezählt waren, die Bauern und kleinen Kaufleute, die niedere Beamtenschaft und der Bodensatz der industriellen Metropolis *(Gesellschaft).* Dazu gehörten Lumpenproletarier, paranoide Fanatiker und ungebildete Arbeiter ohne Hoffnung auf Besserung ihrer Lage. Diese Gruppen stellten die Massenbasis des europäischen Faschismus, und viele von ihnen bilden heute noch in den Vereinigten Staaten die Kernklientel von »Nation of Islam«, Ku-Klux-Klan und »Militias«. Sie sind die Verlierer der Moderne. Ihre Not verlangt nach Erklärung, ihr Ärger nach Bestätigung: Beides vermitteln ihnen der Antisemitismus und Werke wie die *Protokolle.*

Der Antisemitismus im besonderen und Verschwörungstheorien im allgemeinen stellen komplexe historische Muster in grob vereinfachender Weise dar und machen sie simplen Gemütern dadurch verständlich. Derartige Ideologien behaupten, die dem menschlichen Elend zugrundeliegenden eigentlichen – oder geheimen – Quellen zu kennen und diese, sei es in der Person des Juden oder in dem Bild einer neuen Weltordnung, konkret benennen zu können. Damit sprechen sie seltsamerweise gerade jenen Macht zu, die sich ihnen zu widersetzen versuchen. Opposition gegen die Argumente der Verschwörungstheorie wird in ihren Augen immer, ob bewußt oder unbewußt, von der Kabale kontrolliert oder diktiert. Daß sie von der breiten Öffentlichkeit nicht ernst genommen werden, dient den Verlierern darüber hinaus als weitere Rechtfertigung. Es befreit sie für den Fall der Fälle von jeder Verantwortung. Sie haben ihre Pflicht getan und heroisch vor den Machenschaften eines skrupellosen und allmächtigen Feindes gewarnt.

Verschwörungstheorien erfüllen wichtige gesellschaftliche Funktionen und befriedigen mehrere psychologische Bedürfnisse. Sie verdienen es ebenso wie jede beliebige andere religiöse, soziale oder politische Glaubensrichtung, daß man sich ernsthaft und *kritisch* mit ihnen auseinandersetzt.[24] Die verbreitete Rezeption der *Protokolle* läßt sich nicht verstehen, ohne darauf hinzuweisen, wie jene die Moderne empfinden, deren materielle Existenz und Selbstidentifikation von ihr bedroht wird. Die Verlierer fürchten den modernen Produktionsprozeß, die in ihm vorherrschenden Ideologien des Liberalismus und Sozialismus sowie seine dominierenden Gesellschaftsklassen: Bourgeoisie und Arbeiterklasse. Ein Kleinbauer in einem Dorf, ein Adliger oder ein Angehöriger des Mittelstands zum Beispiel lehnt *aller Wahrscheinlichkeit nach* sowohl die Politik der Arbeiterbewegung als auch die der bürgerlichen Mitte ab. Höchstwahrscheinlich fürchtet er die erstere wegen ihrer Versuche, sich an seinem »Eigentum« zu vergreifen, während er die letztere ablehnt, weil sie über seine Hypothek zu bestimmen hat. Es würde für ihn genausowenig Sinn machen, sich dem historischen Materialismus zu verschreiben, der seine Klasse als dem Untergang geweiht ansieht, wie die eine oder andere Form des

Liberalismus anzunehmen, der die »Gemeinschaft« verachtet und sich statt dessen kosmopolitischen Werten verpflichtet fühlt. Dieser Kleinbauer wird vermutlich, wenn auch nicht immer, gegen die Industrialisierung und jegliche Philosophie zu Felde ziehen, die den »Fortschritt« auf ihre Fahne geschrieben hat. Kurz gesagt, auch in der modernen Gesellschaft existiert eine »Wahlverwandtschaft« zwischen bestimmten Ideologien und gesellschaftlichen Gruppen.[25]

Der Kapitalismus entwickelt sich in einem komplizierten Verhältnis zu den Überresten der vorkapitalistischen Klassen, und die Moderne schleppt Überreste der Vormoderne mit sich, manchmal sogar in verstärkter Form.[26] Moderne bedeutet nicht einfach die Einführung des Berechenbaren und Rationalen. Dies gilt nur für die Gewinner beziehungsweise jene, die glauben, daß sie auf der Gewinnerseite stehen. Unter den Verlierern oder jenen, die befürchten, daß sie zu den Verlierern gehören könnten, ruft die Moderne eine Furcht hervor, die dem entspricht, was Sartre eine »objektive Neurose« genannt hat. Diese Neurose ist nicht einfach ein metapsychologischer Ausdruck des kollektiven Unbewußten oder eine nationale kulturelle Veranlagung. Sie beruht vielmehr auf der konkreten Erfahrung der Moderne durch die Verlierer, die nicht ruhig in das Dunkel hineinmarschieren, sondern heftig dagegen aufbegehren.

Ältere Klassen wie die Landbevölkerung und die Aristokratie verlieren zunehmend an Bedeutung, ihre Werte finden in der fortgeschrittenen Industriegesellschaft keine Resonanz mehr. Doch ihre Ängste bleiben bestehen. Sie sprechen jene an, die den Glauben an die Fähigkeit der progressiven Kräfte verloren haben, die Probleme des modernen Lebens zu lösen. Aus gegebenem Anlaß können sich diese Ängste bei den Verlierern intensivieren – oder, was vielleicht noch bedeutsamer ist, bei jenen, die glauben, daß sie in den von der Moderne verursachten Konflikten zu den Verlierern gehören werden. Aus den Ängsten werden dann regelrechte Beklemmungen oder gar Neurosen. Diese äußern sich bei einzelnen und in der Gruppe als zunehmende Unsicherheit im Selbstverständnis, als Gefühl der Wert- und Bedeutungslosigkeit oder als das, was man als *Identitätsdefizit* bezeichnen könnte.

Derartige Gefühle wachsen in Zeiten der Krise, und mit ihnen wächst oft auch die Verlockung durch den Antisemitismus. Diese Ideologie kompensiert bei den Verlierern oder jenen, die glauben, daß sie zu den Verlierern gehören werden, das Defizit, das sie in ihrem Leben verspüren. Sie wird zu einer Art und Weise, zu erklären, warum die Geschichte sie übergangen hat. Sie ermöglicht es ihnen, anderen die Schuld an ihrem gesunkenen Status aufzubürden, und fördert so das Bedürfnis nach einem »Sündenbock«. Die Logik, die der Antisemitismus bietet, ist unversöhnlich. Wer ihr anhängt, »klammert sich an das Unwandelbare aus Angst vor seiner eigenen Willensfreiheit und an die Mittelmäßigkeit aus Angst vor der Einsamkeit, und aus dieser unheilbaren Mittelmäßigkeit macht er einen künstlichen, hölzernen Adel. Für diese verschiedenen Machinationen ist der Jude ihm unentbehrlich. Wem wäre er sonst überlegen?«[27]

Der Antisemitismus suggeriert, daß der Verlierer an seinem Versagen *niemals* selbst schuld ist. Die Verschwörungstheorie macht es möglich, zu glauben, daß die Krise von einem allmächtigen »Fremdkörper« verursacht wurde, einer subversiven Clique, die im Staatswesen ständig eigene operative Zwecke verfolgt, und bestätigt damit die Intelligenz des Verlierers. Die konspiratorische Weltsicht »läßt keinen Raum für Fehler, Versagen und Zweideutigkeiten«[28]. Sie vermittelt Gewißheit. Die Wirksamkeit von Werken wie den *Protokollen* hängt demzufolge vom Grad der Unsicherheit ab, die durch eine gegebene Krise ausgelöst wird. Je tiefer die Krise, desto eher wird die Mobilisierung von bisher unbetroffenen Massen möglich, und desto größer wird das »Infektionsrisiko« von Sündenbockideologien.[29]

Der Antisemitismus behält immer das Potential, in seiner Betrachtung des Juden einen *totalen* Charakter anzunehmen.[30] Der *Andere* der Zivilisation, der ebenso vollständig an deren Entwicklung teilhat, wird zur Quelle *aller* ökonomischen, sozialen und politischen Probleme. Der Erfolg des antisemitischen Unternehmens hängt folglich von dessen Fähigkeit ab, den Feind als die *totale* Inkarnation des Bösen hinzustellen. Nur insoweit dies geschieht, kann die antisemitische Ideologie die Volks-, Rassen- und Klassengrenzen sprengen, die ihre Befürworter voneinander trennen. Dem entspricht Hannah Arendt zufolge, daß sich der Antisemitismus dort am stärksten zeigt, wo der Jude sichtbar ist, ohne wirkliche Macht zu besitzen – wo er »gerade sichtbar genug« ist. Die vom totalen Feind verursachte totale Krise suggeriert immer, wenn vielleicht auch nur implizit, die Notwendigkeit für eine gleichermaßen totale Antwort auf die »Judenfrage«.

Für andere Formen des Vorurteils gilt dies nicht: Rassisten betrachten Schwarze als dem Wesen nach minderwertig gegenüber den Weißen und als Belastung der öffentlichen Haushalte, aber sie behaupten nicht gleichzeitig, daß sie das Kapital und die Medien beherrschen. Der englische Rassismus stellte die Iren als schmutzige, faule, affenartige Kreaturen hin; aber die Befürworter dieser Art von Rassismus glaubten nie, daß sie das Britische Weltreich manipulieren. Ähnlich verhält es sich bei Sexisten im Verhältnis zu Frauen und bei Schwulenhassern in bezug auf Homosexuelle. Bei anderen Formen des Vorurteils wird der Feind mit bestimmten Klischees bedacht: Er ist ein Dummkopf, ein Schädling, und er kann einem bestimmten politischen Zweck dienen. Jedenfalls ist das Vorurteil immer *parteiisch*, und darin liegen zugleich seine Grenzen.

Der Antisemitismus dagegen hat keine Grenzen. Er schreibt den Juden keine feste Eigenschaften zu – auch wenn es Klischeebilder wie die vom misanthropischen Geizhals oder schleimigen Emporkömmling gibt –, sondern läßt ihn in *allen* Masken auftreten: Der Jude ist Kapitalist *und* Kommunist, er ist Avantgardekünstler *und* spießbürgerlicher Pfandleiher, Pazifist *und* Kriegshetzer; er ist sowohl sichtbar wie unsichtbar, angepaßt wie unangepaßt, er operiert in aller Öffentlichkeit ebenso wie im Untergrund. Der Jude kann überall und jeder sein. Es ist, als habe

> »eine unaufhörlich sich wandelnde und unaufhörlich ihre Form ändernde Kraft eine ständig die Stoßrichtung wechselnde Offensive gegen die Menschheit gestartet. ... So wird die alldurchdringende jüdische Bedrohung tatsächlich formlos und unrepräsentierbar; als solche führt sie zu dem entsetzlichsten aller Wahngebilde: einer Bedrohung, die überall lauert, die, obwohl sie alles durchdringt, eine unsichtbare Trägerin des Todes ist, wie Giftgas, das sich über die Schlachtfelder des Weltkrieges legte.«[31]

Die Unbestimmbarkeit des Juden ist es, die ihn für den Antisemiten so gefährlich, so furchterregend macht. Handelt es sich bei den Juden um eine Rasse, eine Kultur, eine Religion, eine Nation oder ein Wirtschaftssystem? Unmöglich, diese Frage zu beantworten: Auf den *Anderen* müssen *alle* diese Definitionen zutreffen, und aus diesem Grund müssen die materiellen Interessen und intellektuellen Botschaften der Juden in ständigem Fluß sein. Diese Unbestimmtheit erlaubt es dem Antisemiten, den Juden in jeden Kontext *einzupassen*, in jedem Augenblick ein neues Klischee hervorzuholen und ihn für jedes Problem an den Pranger zu stellen. Der Antisemit macht den Juden zum

Chamäleon. So konnte ein unerschütterlicher Kritiker der *Protokolle* schreiben:

> »Jedes Land hat Juden, jedes Land hat Übel: Deshalb sind die Juden die Urheber des Übels. Das ist die krude Logik von Demos und Demagogen. Selbst die besseren politischen Parteien in unserem Land benötigen einen Sündenbock, um ihre Niederlage an den Wahlurnen zu erklären. Ebensogut wie ein Krieg im Ausland sind die Juden dafür geeignet, die Aufmerksamkeit von Finanzskandalen abzulenken, die durch unmoralische und skrupellose Machenschaften führender Finanziers verursacht werden, und sie sind dabei unendlich viel wirtschaftlicher. Sind es Schiebergeschäfte, welche die Öffentlichkeit erregen? Nun, die Schieber sind eben die Juden. Ist es die Bedrohung durch den Bolschewismus? Die Bolschewisten sind Juden. Ist es die versteckte Hand? Diese Hand trägt schwere jüdische Ringe. Herrscht ein Mangel an Häusern? Es sind die Juden, die sämtlichen Wohnraum monopolisiert haben. Gibt es keinen Speck zu kaufen? Die Juden haben ihn aufgefressen. Sind es die schrecklichen Folgen imperialistischer Ambitionen? Der Kaiser hat jüdisches Blut. Leidet das Land unter einer zu ehrgeizigen Form des Klerikalismus? Der Papst ist ein Nachfolger Petri, und der war Jude. Gäbe es keine Juden, so müßten sie erfunden werden ... Sie sind unverzichtbar – das Gegenstück zum Allheilmittel; sie verursachen garantiert alle Übel.«[32]

Die Erklärungsmacht des Antisemitismus beruht letztlich darauf, daß er sich des *Chamäleoneffekts* bedient. Dieses fundamentale Element seiner breiten Anziehungskraft in der Vergangenheit ist jedoch genau das, was seine Bedeutung in der heutigen Zeit einschränkt. Antisemiten mögen sich im Internet weiterhin über die Gefahren der versteckten

Hand auslassen, die jede Menge Kräfte manipuliere. Aber ihr Denken hat keinen Inhalt mehr. Das Problem liegt auf der Hand, ungeachtet der Zahl der Zugriffe auf antisemitische Web-Sites: Die Grundkategorie ist nicht mehr anwendbar. Der Jude ist nicht mehr oder weniger Chamäleon als jeder andere auch. Der Chamäleoneffekt hat sich auf die gesamte Bevölkerung ausgedehnt. Der reale Nichtjude kann heute leben wie der fiktionale Jude.

Die meisten Menschen sind nicht mehr an die Beschäftigung ihrer Eltern, an den Geburtsort, an eine lebenslange Ehe, an ihre Gemeindekirche, an einen »normalen« heterosexuellen Lebensstil gebunden. Es widerspricht schlicht dem intuitiven Wissen, wenn paranoide Antisemiten behaupten,

> »die regierenden Mächte würden alle Armeen unter einer Führung haben, es gäbe nur noch eine Währung, alle Menschen würden von dieser neuen Kraft total abhängig sein oder untergehen. Nur eine freundliche, allen offene Religion wäre erlaubt (um die Menschen davon abzuhalten, gehässige Dinge zueinander zu sagen, und ihnen ein Schuldbewußtsein einzuprägen), und es gäbe einen einzigen König auf der ganzen Erde. Natürlich würde diese neue Macht alle versammeln und sie darüber abstimmen lassen, daß das alles in Ordnung wäre. Sie würden dafür stimmen, weil niemand deswegen über den Haufen geschossen werden möchte.«[33]

Jeder hat heute zunehmend die Möglichkeit, seine eigene »Biographie« zu gestalten und im Verlauf seines Lebens selbst zum Chamäleon zu werden. Man wechselt den Arbeitsplatz, den Wohnort, die Familie, den Glauben, die sexuellen Vorlieben und die existentiellen Bindungen. Oder um es anders auszudrücken: Es gibt keinen festen, allumfassenden *Anderen* mehr, weil es kein festes, allumfassendes

Selbst mehr gibt.[34] Die Erklärung für den Statusverlust des Antisemitismus in der fortgeschrittenen Industriegesellschaft, seine nebulöse Qualität, ist nicht einfach politischer Natur. Er ist auch nicht nur eine Folge von mehr »Information«, die T. S. Eliot gern vom »Wissen« unterschied, oder eines Übermaßes von Interessengruppen, sondern eher darauf zurückzuführen, daß immer mehr Menschen einer immer breiteren und zugleich intensiveren Form der multikulturellen Erziehung teilhaftig werden. In der Tat hat diese Erziehung die widerwärtigen Ausdrucksformen der Intoleranz durch die eine oder andere ethnisch oder rassisch motivierte Organisation größtenteils verdrängt und eine breite Grundlage kosmopolitischer Werte und Toleranz im Alltagsleben der demokratischen Gesellschaften geschaffen.

Die Antisemiten merken nicht, wie der Absolutismus ihres Vorurteils sie an den Rand der Gesellschaft drängt. Sie sind in der Welt der *Protokolle* gefangen, einer starren, paranoiden, vom Mythos beherrschten Welt. Jene, die am meisten Grund hätten, sich um ein kritisches Verständnis der *Protokolle* zu bemühen, sind ironischerweise weniger die Juden als ihre Feinde. Doch dazu sind diese als Opfer einer selbstgewählten Blindheit nicht in der Lage. Als *wahre Gläubige* haben sie sich auf Gedeih und Verderben dem Irrationalen, dem Dogma, der Engstirnigkeit ausgeliefert. Sie sind auf der ganzen Welt zu finden: in Westeuropa in Gestalt der Aufwiegler, die explizit ausländerfeindlich und implizit antisemitisch sind, kein Programm haben und statt dessen nach einem Sündenbock suchen; in der ehemaligen Sowjetunion in Gestalt der autoritären Reaktionäre, die zu den Traditionen vergangener Zeiten zurückkehren wollen, und der vom Nationalismus verführten Kommunisten, die zu feige sind, sich dem aufblühenden Antisemitismus zu widersetzen; im Nahen Osten die islamischen Fundamentalisten, die immer noch außerstande sind, die israelische Politik zu analysieren, ohne eine internationale jüdische Verschwörung zu argwöhnen, und es weiterhin darauf anlegen, den Zionismus als Rassismus zu diffamieren. Aber auch in der modernen amerikanischen Gesellschaft sind solche *Gläubigen* zu finden. Man denke nur an die Nationalisten unter den Minderheiten, die anhand der *Protokolle* ihre Überzeugung rechtfertigen, daß die Juden früher den Sklavenhandel betrieben und heute die Banken kontrollieren und deren Kunden unterdrükken,[35] oder an die baptistischen Sekten, die sich immer noch darauf versteifen, die Juden zu konvertieren, die Katholiken, die ihren Haß auf die Christusmörder pflegen, die Konservativen im Establishment und die schuldbewußten Liberalen, die ihre mit Vorurteilen beladenen Verbündeten nicht vor den Kopf stoßen wollen. Ihnen allen sind die *Protokolle* zuzurechnen. Sie stellen *ihre* Geschichte dar, und die Vergangenheit – *ihre* Vergangenheit – aufzuarbeiten ist letztlich *ihre* Angelegenheit.

Der verschwindende Jude

Es bleiben Fragen offen: Wenn der Antisemitismus nicht mehr dieselbe Gefahr wie in vergangenen Zeiten darstellt, was bedeutet dies für die Juden, oder besser für den Judaismus? Es sollte inzwischen klargeworden sein, daß sich die *Protokolle* nicht einfach gegen die Juden richteten, sondern vielmehr gegen das progressive politische Erbe der Aufklärung und die Moderne im allgemeinen. In dem Pamphlet wird sehnsüchtig zurückgeblickt auf eine von Theokratie und Monarchie, Uniformität und Hierarchie, Sicherheit und organischer Gemeinschaft bestimmte Welt. Es ist geprägt von politischer Intoleranz, religiösem Dogmatismus und kulturellem Spießbürgertum. Werden die Juden angesichts der Herausforderungen der Moderne im nächsten Jahrhundert, sei es nun absichtlich oder unabsichtlich, vielleicht auf ebendiese Werte zurückgreifen, um ihre religiösen Traditionen und ihr einzigartiges Identitätsgefühl aufrechtzuerhalten?

Die liberale Gesellschaft mag diskriminierende Barrieren beseitigt und bürgerliche Freiheiten garantiert haben. Sie mag die willkürliche Ausübung politischer Macht unterbunden und der Intoleranz einen Riegel vorgeschoben haben. Aber es ist eine Sache, sich gegen das unberechtigte Vorurteil gegen die eigene Gruppe zur Wehr zu setzen. Etwas ganz anderes ist es, politische Toleranz, religiösen Pluralismus und Kosmopolitismus auch auf andere Gruppen oder sogar Dissidenten innerhalb der eigenen Gruppe auszuweiten. In der Tat hüten sich viele Juden davor, selbst die durch Traktate wie die *Protokolle* negierten Werte voll in Anspruch zu nehmen. Viele glauben, daß die liberale Gesellschaft nicht nur Vorteile gebracht, sondern auch das Bedürfnis der Juden nach Zusammenhalt, nach Bewahrung ihrer Rituale, nach Aufrechterhaltung ihrer Gemeinschaft und vielleicht sogar nach Verwirklichung ihrer »Bestimmung« untergraben hat. Anscheinend zerrüttet der Individualismus die Traditionen, steht der Säkularismus im Widerstreit zum religiösen Glauben, stellt der Rationalismus das Ritual in Frage und bedroht der Universalismus das »innere Überleben« des Judentums.[36] Könnte sich also die liberale Gesellschaft dort als erfolgreich erweisen, wo der Totalitarismus versagt hat? Oder, um es anders auszudrükken: Könnte das *Verschwinden des Antisemitismus* letztlich das *Verschwinden des Judentums* herbeiführen?

Zum Ende dieses Jahrhunderts haben Befürchtungen über das Verschwinden des Juden fundamentalistische und ultranationalistische Gruppen innerhalb der jüdischen Gemeinde zu Verbündeten gemacht.[37] Es stimmt, daß die Verbindungen zwischen beiden mit Spannungen belastet sind, die besonders in der politischen Dachbewegung »Schas« offensichtlich werden, von deren orthodoxen Mitgliedern viele bis 1999 den Frieden mit den Arabern befürworten. Ferner gibt es unter den Ultraorthodoxen pietistische Sekten, die sich aus Glaubensgründen aus dem politischen Leben zurückgezogen haben, und ein Großteil des Hauptstroms des Zionismus ist im Verlauf des vergangenen Jahrhunderts von sozialistischem Gedankengut durchdrungen worden.[38] Bedauerlicherweise wurden diese Gruppen und Tendenzen jedoch zunehmend überlagert von einer eschatologischen Orthodoxie und einem expansionistischen, fremdenfeindlichen Zionismus, der aus seiner Verachtung für den konstitutionellen Staat und die moderne multikulturelle Gesellschaft keinen Hehl macht.

In den Augen der Orthodoxen bringen die zunehmende Indifferenz vieler ihrer Glaubensbrüder gegenüber jüdischen Ritualen und jüdischen Gesetzen einerseits und das Wachstum des Reformjudentums andererseits nichts anderes hervor als das langsame Ende eines einstmals allumfassenden Glaubens. Außerdem ist es zunehmend schwieriger geworden, zu behaupten, daß sich die Grundprobleme der jüdischen Identität aus der Diaspora herleiten und nur die unkritische Identifizierung mit Israel und der einzigartigen »Bestimmung« der Juden nach Art der Ultranationalisten eine Lösung bietet. In jüngster Zeit haben sogar verschiedene liberale Intellektuelle mit einer gewissen Sehnsucht nach der Vergangenheit damit begonnen, sich Gedanken über die Auswirkung von Mischehen und den Verfall der Rituale zu machen. Die einen reden von der Notwendigkeit der Wiederentdeckung einer »jüdischen Geistesverfassung«[39]. Andere heben die »Auserwähltheit« der Juden hervor, wollen einen jüdischen »Kernwerdegang« für interessierte Erwachsene ausarbeiten und betonen, wie wichtig es sei, »sich viel mehr zu engagieren, als es bisher der Fall war«.[40] Zwar sind solche Ideen noch »weich« im Vergleich zu jenen der Eiferer, doch neigen sie alle implizit oder explizit einer spießbürgerlichen Lebensauffassung zu. Solches

Denken kann zuweilen sogar regelrecht reaktionäre Formen annehmen, wenn aus eklatantem Mangel an Sensibilität für Angehörige anderer Glaubensrichtungen soziologische Probleme mit Hinweisen auf jene Teile der Schrift beantwortet werden, wo das Überleben der Juden garantiert wird, weil es ihr »wahrer Zweck« sei, »als Volk Gottes zu dienen, von dem die Erlösung der Welt Gottes und Gottes eigener Ruhm in einzigartiger Weise abhängen«.[41]

Gewiß hat der Fortschritt eine existentielle Leere hinterlassen. Die Welt ist immer noch ein Tal der Tränen. Fragen des Gewissens, der Erlösung, der Bedeutung des Lebens sind anscheinend drängender geworden. Angesichts von Krankheit und Tod und der Frage, was wohl wäre, wenn doch etwas danach kommt, gerät der Säkularismus ins Wanken. Die Erlangung eines religiösen oder Identitätsgefühls kann helfen, Fragen der Zugehörigkeit und Selbstdefinition in einer Zeit der Entfremdung und des oberflächlichen Konsumverhaltens zu beantworten: Sie kann dazu dienen, den spirituell schwächenden Elementen der modernen Kultur durch Stärkung dessen zu begegnen, was Edmund Burke als Vertrag zwischen »den Toten, den Lebenden und den noch Ungeborenen« bezeichnet hat. Die Zwänge der Moderne haben das Bedürfnis nach Antworten auf eine Menge Fragen nach der Bedeutung des Lebens, der Sterblichkeit und dem, was die Existentialisten »Extremsituation« nannten, verstärkt. Keine Form der Politik und kein Paket rein institutioneller Arrangements kann in dieser Hinsicht jemals alle zufriedenstellen, vermutlich nicht einmal eine Mehrheit.

Es zeigt sich eine Sehnsucht nach Sicherheit und Gewißheit: Der Fundamentalismus ist zu einem weltweiten Phänomen geworden, und zumal angesichts des tragischen Schicksals, das Jugoslawien derzeit erleidet, ist die Aussicht auf eine aus ethnischen Gettos zusammengesetzte Welt durchaus real geworden. Es ist immer noch Anliegen der religiösen und nationalistischen Eiferer, der Gesellschaft ihre eigene besondere Auffassung von einem guten Leben aufzuzwingen. Sie schwadronieren immer noch nicht nur gegen den *Anderen*, den Araber, Juden oder Christen, sondern auch gegen die Bedrohung durch die Anhänger der Werte der Aufklärung innerhalb der eigenen Gemeinschaft. Die wachsende Ungewißheit hinsichtlich dessen, was gewiß sein *muß*, das Wanken nationalistischer Überzeugungen und des religiösen Glaubens verstärkt nur ihr Engagement.

Für die Prediger der Konformität ist es viel einfacher, stärkeren gesellschaftlichen Kräften die Schuld an ihren Problemen zu geben, als in den Spiegel zu sehen. Von der liberalen Gesellschaft gehen die gleichen Gefahren aus, die stets von der Freiheit ausgehen: Die organisierte Religion kann nicht mehr einfach den gesellschaftlichen Nutzen oder den ethischen Wert ihres Dogmas *behaupten* und Gehorsam *befehlen*. Die Verfechter der Orthodoxie können versuchen, die politischen und existentiellen Nöte derjenigen zu organisieren, an denen der Fortschritt vorübergegangen ist. Aber sie können die Wahrheit ihres Glaubens nicht mehr als selbstverständlich für *andere* voraussetzen. Auf politischer Ebene stellt sich die Lage nicht anders dar: Die Ultranationalisten können nicht länger davon ausgehen, daß ihr Verständnis von Solidarität von allen Mitgliedern der Gemeinschaft gleichermaßen akzeptiert wird. Das bei beiden Gruppen vorhandene Ressentiment ist nur allzu spürbar. Folgerichtig fürchten sie sich vor einer neuen, globalen Form der Moderne, in der das religiöse Dogma nicht weniger als die kulturellen Traditionen in einer säkularen Welt mit erweiterten Möglichkeiten der Selbstverwirklichung und weiter wachsenden Versuchungen zunehmend ihre Berechtigung unter Beweis stellen muß. Es ist die gleiche Furcht vor der Moderne, wie sie, *mutatis mutandis*, in den *Protokollen* zum Ausdruck kommt.

Doch sie haben das Problem schlicht falsch formuliert.

Es geht schließlich nicht um die drohende Eliminierung der Religion oder des »Jüdischseins«, sondern um eine tiefgreifende Veränderung in der konkret erlebbaren Bedeutung derartiger Begriffe. Gott und die religiöse Gemeinschaft werden nicht verschwinden. Organisatorische Interessen diktieren, daß sich religiöse Institutionen, jüdische und nichtjüdische gleichermaßen, zu perpetuieren suchen. Aber der Charakter dieser Institutionen, und vielleicht sogar das Gottesverständnis, befindet sich in einem Wandlungsprozeß. Es ist heute jedermann möglich, sich die Rituale, die er befolgen, die ethischen Richtlinien, an die er sich halten, die spirituellen Lehren, an die er glauben will, selbst auszusuchen. Immer seltener wird es geschehen, daß der Betreffende seine Wahl aus der Furcht heraus trifft, von der »Gemeinschaft« oder »Kongregation« als Ketzer stigmatisiert zu werden. Religion wird zunehmend zu einem losen Glaubensrahmen mit regulativer Funktion, während Gott, vielleicht in der von Martin Buber am besten beschriebenen Weise,[42] immer stärker als persönlicher Bezugspunkt gesehen wird, der Trost, Selbstprüfung und vielleicht sogar Inspiration bietet, um ein Leben in Aufrichtigkeit zu führen.

Das Übermaß an zeitgenössischem Eiferertum ist eine reaktionäre Antwort auf die neuen religiösen Möglichkeiten, die von der liberalen Gesellschaft und den im Zuge der Globalisierung entstandenen neuen Zwitterkulturen geboten werden. Die Intoleranz der Eiferer entstammt ihren eigenen realen, wenn auch unterdrückten Zweifeln daran, ob ihre Überzeugungen noch über die traditionellen Gemeinschaften hinausreichen und sinnvolle Antworten auf diverse Fragen geben können, die mit der *conditio humana* zusammenhängen. Der neue Pluralismus muß den Wächtern der Orthodoxie wie ein Schlag ins Gesicht erscheinen; ein Kompromiß ist in ihren Augen unmöglich. So sind die wahrscheinlichsten Quellen eines neuen Antisemitismus ironischerweise dieselben wie die für einen neuen autoritären Judaismus, nämlich Bewegungen, die sich dem liberalen Staat und kosmopolitischen Werten widersetzen und gleichzeitig den religiösen Glauben mit der Verfolgung nationaler Ziele aufheizen.

Vielleicht besteht die echte Botschaft der Thora in einer Kampfansage an Egoismus und Partikularismus im Namen der Fürsorge für die Schwachen, Hilfe für Fremde und Respekt für die Mitmenschen; sie könnte ebensogut auch eine »Umkehr in der Ordnung der Dinge«[43] verlangen. Doch dies ist eine Herausforderung, die zu wenige zu akzeptieren bereit sind. Orthodoxe und ultranationalistische Sekten berufen sich auf eine besondere jüdische »Bestimmung«. Wie erstere sich weigern, ihre Religion als eine unter vielen anzusehen, so lehnen es letztere ab, Israel als einen Staat unter vielen zu betrachten. Die Eiferer fürchten nicht nur eine ihrem eigenen Haß entsprechende »Verschwörung« ihrer arabischen Nachbarn, sondern auch eine grundsätzliche Gleichgültigkeit aller nichtjüdischen Nationen gegenüber der Not der Juden. Sie betrachten den gegenwärtigen Konflikt zwischen Israel und den arabischen Staaten lediglich als jüngste Episode in einem fortwährenden Kampf zwischen den Juden und den Mächten des Bösen.[44] Sie unterteilen die Welt in Juden und *gojim*, »Wir« und »Sie«, die Gerechten und die Gottlosen. Religiöser Dogmatismus, soziale Intoleranz und politisches Vorurteil sind also nicht die ausschließliche Domäne der Antisemiten: Sie sind auch bei manchen Juden anzutreffen, die sich der gleichen Klischees wie früher die antisemitische Reaktion bedienen.

Demokratische Prinzipien sind für sie irrelevant, wenn sie ihnen nicht nutzen. Die Sprache, die ihre orthodoxen Rabbis gebrauchen, um die Richter des Obersten Gerichts sowie all jene zu verunglimpfen, die sich 1999 für eine israelische Verfassung einsetzten, ist symptomatisch und entspricht der Sprache der *Protokolle*: Der Gegner wird als »gottlos«, »böswillig« und »unrein« beschimpft. Gleiches gilt für die Vertreter des ultranationalistischen Traums von einer neuen jüdischen »Volksgemeinschaft« mit imperialistischen Ambitionen: Sie lehnen eine multikulturelle Welt ab, in der die nachlassende Erinnerung an sechs Millionen Tote immer weniger dafür geeignet ist, eine Debatte zu gewinnen oder eine fehlgeleitete Regierungspolitik zu rechtfertigen. Sie verstecken sich hinter dem Glauben und dem historischen Gedenken, um sich vor der Rechtfertigung ihrer Politik oder einer vernünftigen Beschäftigung mit dem politischen Gegner zu drücken.

Im privaten Bereich mag das ja noch angehen. Im öffentlichen Leben sieht es jedoch anders aus. Der Rabbi kann sich als ebenso dogmatisch erweisen wie der Priester. Doch die Trennung von Kirche und Staat ist die Grundlage aller anderen bürgerlichen Freiheiten. Von prämodernen Werken der Intoleranz wie den *Protokollen* wurde sie dogmatisch abgelehnt, und es wäre eine Ironie der grausamsten Art, wenn sich Juden ausgerechnet mit Hilfe der Perspektiven ihrer Feinde definieren sollten. So gefährlich der Konflikt zwischen Israel und seinen Nachbarstaaten, der durch religiöses und nationalistisches Eiferertum noch verstärkt wird, für die Juden ist, so gefährlich ist die konstitutionelle Auseinandersetzung in Israel selbst zwischen den Verfechtern der religiösen Orthodoxie und jenen eines säkularen Lebens.

Der Ruf der Radikalen nach Abschaffung der Religion ist natürlich genauso abstrakt wie eh und je. Es gibt kein Programm, kein Verfahren, kein Mittel und keine ernsthafte Rechtfertigung für ein solches Unterfangen. Die Moderne mag die Aushöhlung streng organisierter Glaubenssysteme und der früher vorherrschenden kulturellen Konformität bewirken, doch sie löscht die Tatsache nicht aus, daß religiöse Themen für Millionen und Abermillionen Menschen von entscheidender Bedeutung sind. Der liberale Staat muß sowohl die religiösen Rechte des einzelnen schützen als auch *die Möglichkeit, sie auszuüben*. Doch dies kann er nur dann tun, wenn sich jede Religion als Privatinteresse versteht, ohne exklusiven Anspruch auf Wahrheit, der Anhänger eines anderen Glaubensbekenntnisses beeinträchtigt. Religiöser Glaube und das Zusammengehörigkeitsgefühl einer Gemeinschaft werden autoritär und dogmatisch, wenn sie ins politische Leben übergreifen oder, anders ausgedrückt, wenn private Neigungen mit dem Allgemeinwohl gleichgesetzt werden. Genau das ist es, was eine verfassungsmäßige Ordnung zu vermeiden und der Fanatiker herbeizuführen trachtet.

Universale Rechte waren die Waffen, mit denen sich Juden traditionell ihrer Unterdrückung zu erwehren suchten. Die Bestätigung einer »Identität« war niemals genug; es war immer eine Frage der institutionellen Bedingungen, unter denen sie anerkannt wurde. Im Kampf gegen den Antisemitismus geht es nicht um Partikularinteressen, sondern um Prinzipien und Institutionen, durch die Konflikte zwischen einzelnen Gruppen oder Individuen gelöst werden können. In Israel spitzt sich das Problem zunehmend auf die Frage zu, ob man einer Festlegung auf liberale, säkulare Werte den Vorrang gibt oder sich in eine neue Form der Theokratie mit demokratischem Anstrich zurückzieht. Das *Schtetl* hatte nichts Romantisches an sich, und jeder Form des religiösen Messianismus wohnt Dogmatismus inne. Die liberale Gesellschaft hat nicht nur den Antisemiten in seine Schranken verwiesen, sondern auch den Juden geholfen, sich zu zivilisieren; sie allein hat die friedliche Beilegung ihrer Leiden ermöglicht.

Der Liberalismus ist eine inhärent säkulare Theorie, die immer auch die Auflösung des Gettos im Auge hatte. Mit anderen Worten, je beispielhafter die israelische Demokratie wird, desto weniger *jüdisch* wird sie sein. Anpassung ist das historische Merkmal der liberalen Idee: Es geht jetzt darum, den *Anderen*, den Palästinenser oder Araber, in Israel zu integrieren, ebenso wie es in den Vereinigten Staaten darum ging, den Farbigen zu integrieren. Die Eiferer spüren die Gefahr: Sie fürchten sich davor, die Besonderheit ihrer Überzeugungen ohne die Rückendeckung durch institutionelle Zwänge und dogmatische Methoden auf den Prüfstand zu stellen. Ihre ideologische Strategie ist klar: Anhänger einer intoleranten Orthodoxie verwandeln die Religion in eine Reflexreaktion auf die vom modernen säkularen Leben gebotene Freiheit, während ihre chauvinistischen Verbündeten die Idee einer jüdischen Identität dazu benutzen, Nichtjuden vom öffentlichen Leben auszuschließen. Leider ist die *illiberale* Gesellschaft, die auf der Ausübung von willkürlicher Macht und Vorurteil beruht, keine Sache der Vergangenheit: Die Demokratie ist niemals so sicher, wie man es gern hätte.

Juden haben andere politische Traditionen, auf die sie bauen können. Sie können sich auf Gestalten wie Mendelssohn und Heine, Marx und Luxemburg, Blum und Einstein, Isaiah Berlin und Yitzhak Rabin berufen, die alle den Wert einer liberalen Rechtsstaatlichkeit zu schätzen wußten und deren Kosmopolitismus im Gegensatz zum vorherrschenden Spießbürgertum stand. Aus ihrer Sicht war die Entfaltung des individuellen Potentials das höchste Ziel, nach dem eine Gesellschaft streben kann. Die von ihnen vertretenen Werte sind *eindeutig* libertär und progressiv. Im Gegensatz zu denen der Eiferer stehen sie in scharfem Kontrast zu den Werten, die von Werken wie den *Protokollen* propagiert werden.

Der echte Kampf gegen den Antisemitismus unterscheidet sich letztlich nicht von dem Kampf gegen jedwede Form von Diskriminierung. Er hebt nicht die besonderen Leiden irgendeiner besonderen Gruppe hervor und stützt sich nicht unbewußt auf die Werte seiner Feinde. Statt dessen stellt er eine bestimmte Form ethischen Verhaltens in den Vordergrund und setzt sich *explizit* für die Freiheit aller Minderheiten ein. Jene, die das Partikulare predigen, ohne auf das Universale einzugehen, und die im politischen Leben den Glauben über die Vernunft stellen, welchem Glauben und welcher Rasse sie auch angehören mögen, bleiben im Sumpf der Vergangenheit stecken. Ob bewußt oder unbewußt, absichtlich oder unabsichtlich, sind sie noch in einer Weltsicht verstrickt, die von Werken wie den *Protokollen* verbreitet wird. Sie haben in der Tat keine Lehren aus der Warnung gezogen, die Moses im Alten Testament ausgestoßen hat: »Verflucht sei, wer einen Blinden irren macht auf dem Wege!« (5. Mose, 27,18).

ANHANG

Auszüge aus den *Protokollen der Weisen von Zion**

Einleitung (1922)

Diese Protokolle geben den Inhalt von Reden wieder, die vor dem innersten Kreis der Herrscher von Zion gehalten wurden. ... Teile und Zusammenfassungen des Plans wurden im Lauf der Jahrhunderte von Zeit zu Zeit veröffentlicht, während die Geheimnisse der Weisen nach außen drangen. ... Sie zeigen, daß die Juden heute eine Weltbedrohung darstellen und die arischen Rassen sie auf Dauer außerhalb Europas werden ansiedeln müssen. Wer sind die Weisen? Das ist ein Geheimnis, das nicht enthüllt wurde. Sie sind die Versteckte Hand.

1. Sitzung

1A Ich schildere unsere Lehre und unser System so, wie es nach unserer und nach der nichtjüdischen Auffassung erscheint.

1B Unsere Macht wird jetzt, da gegenwärtig alle Mächte ins Wanken geraten, *unüberwindlicher* sein als jede andere, weil sie unsichtbar sein wird. Daher wird sie unerschütter-

* Einleitung aus *Protocols of the Learned Elders of Zion* (1923). Alle weiteren hier zitierten Auszüge aus *Die Protokolle der Weisen von Zion* (1998).

lich bis zu *den* Zeiten bleiben, wo sie sich so weit gekräftigt haben wird, daß sie keine Gewalttat mehr unterdrücken kann.

1C So wollen wir denn in unseren Plänen die Aufmerksamkeit weniger auf das Gute und Sittliche als auf das Nötige und Nützliche lenken.

1D Daher dürfen wir nicht zurückschrecken vor *Bestechung, Betrug, Verrat,* sobald sie zur Erreichung unserer Pläne dienen.

1E Schon im Altertume ließen wir aus den Reihen des Volkes den Ruf erschallen: *»Freiheit, Gleichheit, Brüderlichkeit!«*

[Diese Worte] führten ... mit Hilfe unserer *geheimen* Gesellschaften unseren Reihen Riesenmengen zu, die unsere Fahnen zum Siege trugen. Indessen waren jene Worte die Würmer, welche am Wohlstande der Nichtjuden nagten, indem sie überall den Frieden, die Ruhe, den Zusammenhang, den Gemeinsinn der Nichtjuden unterwühlten und dadurch die Grundlagen ihrer Herrschaft zerstörten. Sie sehen, meine Herren, die Folgen, die zum Triumph unserer Sache gedient haben. *Sie gaben uns die Möglichkeit, den höchsten Trumpf auszuspielen: die Vernichtung der Adelsvorrechte oder, besser gesagt, des eigentlichen Wesens der nichtjüdischen Adelsherrschaft, welche das einzige Abwehrmittel der nichtjüdischen Völker und Staaten gegen uns gewesen sind.*

Auf den Trümmern des alten Bluts- und Geschlechtsadels haben *wir* den Adel unserer Gebildeten und an seine Spitze den Geldadel gesetzt. Der Maßstab dieses neuen Adels liegt im Reichtum, in der Abhängigkeit von uns, in den Lehren, die durch unsere geheimen Ausschüsse verbreitet werden.

2. Sitzung

2A Mit allen Mitteln müssen wir zu verhindern suchen, daß die Kriege Landgewinne bringen; dann werden sie auf das wirtschaftliche Gebiet übertragen, wo wir den Völkern die Macht unserer Vorherrschaft zum Bewußtsein bringen werden. Solche Lage liefert beide kriegführenden Parteien unseren über den ganzen Erdball verteilten Verbindungen aus, die über Millionen von Augen verfügen und durch keine Landesgrenzen gebunden sind. Dann werden unsere Rechte die Rechte der Völker wegwischen und diese ebenso regieren, wie das Bürgerliche Gesetzbuch jetzt die Beziehungen der Staatsangehörigen zueinander regelt.

2B Die Hauptsache bleibt, daß [die Nichtjuden] fest an das glauben, was wir ihnen als Gebote der Wissenschaft eingeträufelt haben. ... Die klugen Köpfe der Nichtjuden werden sich mit ihrem Wissen brüsten und die »aus der Wissenschaft« gewonnenen Kenntnisse geschickt zu verwirklichen suchen, ohne dieselben folgerichtig zu prüfen und ohne zu ahnen, daß sie von unseren Vertretern zusammengestellt wurden, um die Menschen in der für uns notwendigen Geistesrichtung zu erziehen.

Glauben Sie nicht, daß unsere Behauptungen nur leere Worte seien. Blicken Sie auf die von uns erweiterten Erfolge der Lehren von Darwin, Marx und Nietzsche. Ihre zersetzende Wirkung auf nichtjüdische Köpfe sollte uns wenigstens klar sein.

2C In der Presse frohlockt die freie Meinungsäußerung. Aber die Regierungen verstanden es nicht, diese Macht zu benutzen, und so befand sie sich plötzlich in unseren Händen. Durch die Presse kamen wir zu Einfluß und blieben doch selbst im Schatten; dank ihr haben wir Berge von Gold in unsere Hände gebracht, ohne uns darum zu kümmern, daß wir es aus Strömen von Blut und Tränen schöpfen mußten.

3. Sitzung

3A Das Ziel, welches wir uns gesteckt haben, liegt, wie ich Ihnen heute schon mitteilen kann, nur noch wenige Schritte entfernt; wir brauchen nur noch einen kleinen Weg zurückzulegen. Unser Weg ähnelt dem Ringeln einer Schlange, die sich zusammenzieht, also jener Schlange, die wir zum Sinnbild unseres Volkes gewählt haben. Wenn dieser Ring erst geschlossen sein wird, dann sind alle europäischen Reiche von ihm wie durch kräftige Schraubstöcke zusammengepreßt.

3B Um die Machthaber zum Mißbrauch ihrer Gewalt zu veranlassen, haben wir alle Kräfte gegeneinander ausgespielt …

Das Volk hat durch unseren Einfluß die Herrschaft des Adels zerstört. Dieser war schon aus eigenem Vorteile, der unzertrennlich mit den Grundlagen der Volkswohlfahrt verbunden ist, der natürliche Verteidiger und Ernährer des Volkes. Mit der Vernichtung des Adels geriet das Volk unter die Herrschaft reich gewordener Emporkömmlinge, die den Arbeitern das Joch unbarmherziger Knechtung auferlegten.

Wir erscheinen gewissermaßen als die Retter der Arbeiter aus dieser Knechtschaft, indem wir ihnen vorschlagen, in die Reihen unseres Heeres von Sozialisten, Anarchisten und Kommunisten einzutreten. Diese Richtungen unterstützen wir grundsätzlich, weil wir der Arbeiterschaft einen allgemeinen Menschheitsdienst im brüderlichen Sinne vortäuschen. Der Adel, der von Rechts wegen die Leistungen der Arbeiter in Anspruch nahm, war an ihrem Wohlergehen wenigstens so weit beteiligt, als die Arbeiter satt, gesund und kräftig sein mußten.

Wir aber wollen gerade das Gegenteil – nämlich die *Entartung der Nichtjuden.*

3C Die geschilderten Gegensätze werden sich bei der kommenden wirtschaftlichen Spannung, die alle Börsengeschäfte und wirtschaftlichen Industrien lahmlegen wird, wesentlich verschärfen. Mit Hilfe des Goldes, das sich ganz in unseren Händen befindet, und sämtlicher zu unserer Verfügung stehender Schleichwege werden wir eine allgemeine wirtschaftliche Spannung hervorrufen und dann gleichzeitig in allen europäischen Ländern ganze Scharen von Arbeitern auf die Straße werfen.

3D Denken Sie an den französischen Umsturz, dem wir den Namen des »großen« gegeben haben. Die Geheimnisse seiner Vorbereitung sind uns völlig bekannt, war er doch das Werk unserer Hände.

Seit jenem Zeitpunkte führen wir die Völker aus einer Enttäuschung in die andere, damit sie sich auch von uns abwenden und dem König aus dem Blute Zion zujubeln, den wir der Welt geben werden.

4. Sitzung

4A Der äußere, »profane« Dienst der Freimaurerei ist nur ein blindes Werkzeug der Logen und ein Deckmantel für ihre eigentlichen Ziele. Diese letzten Ziele der Logen, die Wege, welche dahin führen, und der Sitz der Hauptleitung werden dem Volke immer verborgen bleiben.

4B Auch die Freiheit könnte unschädlich sein; sie könnte im Staatsleben ohne Nachteil für die Wohlfahrt der Völker wirksam werden, wenn sie sich auf den Glauben an Gott und auf die Nächstenliebe stützte; wenn sie sich von allen Gedanken der Gleichheit fernhielte, welchen die auf Unterordnung beruhenden Gesetze der Schöpfung widersprechen. Bei solchem Gottesglauben würde sich das Volk von der Geistlichkeit leiten lassen; es würde friedlich und bescheiden an der Hand seiner Seelenhirten einherschreiten und sich der von Gott gewollten Verteilung der irdischen Glücksgüter ruhig unterwerfen. Aus diesem Grunde müssen wir unbedingt den Gottesglauben zerstören, jeden Gedanken an Gott und den Heiligen Geist aus der Seele der Nichtjuden herausreißen und ihn durch zahlenmäßige Berechnungen und körperliche Bedürfnisse ersetzen.

Um den Nichtjuden keine Zeit zum Denken und Beobachten zu lassen, müssen wir ihre Gedanken auf Handel und Gewerbe ablenken. Dann werden alle Völker im gegenseitigen Wirtschaftskampfe ihren Vorteil suchen und dabei uns, ihren gemeinsamen Feind, übersehen!

5. Sitzung

5A Solange die Völker noch zu ihren Fürsten wie zu einer Offenbarung des göttlichen Willens aufschauten, beugten sie sich willig unter die Selbstherrschaft der Könige. Als wir ihnen aber den Gedanken von ihren eigenen Rechten einflüsterten, begannen sie, in den Königen nur noch gewöhnliche Sterbliche zu sehen. Das Gottesgnadentum verlor in den Augen des Volkes jede Bedeutung. Als wir ihm den Glauben an Gott geraubt hatten, sank die Macht der Krone auf die Straße. Hier wurde sie als öffentliches Eigentum von uns aufgegriffen.

5B Unsere Verwaltungskunst beruht auf schärfster Beobachtung und Zergliederung, auf solchen Feinheiten der Schlußfolgerung, daß niemand mit uns in Wettbewerb treten kann. Auch in der Anlage unserer staatsrechtlichen Pläne und in der Geschlossenheit der Macht unserer Geheimbünde kann sich niemand mit uns messen. Nur die Jesuiten könnten allenfalls mit uns verglichen werden; da sie aber eine allgemein bekannte Verbindung bilden, so fiel es uns nicht schwer, sie in den Augen der gedankenlosen Masse herabzusetzen. Unser Geheimbund gewann daher im stillen an Macht. Ist es übrigens für die Welt nicht gleichgültig, wer sie beherrscht: das Haupt der katholischen Kirche oder unser Gewaltkönig vom Blute Zion? Für uns, das auserwählte Volk, ist das freilich durchaus nicht gleichgültig.

5C Heute können die Mächte nicht einmal das kleinste Übereinkommen untereinander abschließen, ohne daß wir im geheimen unsere Hand dabei im Spiel haben.

Alle Räder der Staatsmaschine werden durch eine Kraft betrieben, die ganz in unseren Händen ruht: das Gold! Die von unseren Gelehrten erdachte Volkswirtschaftslehre hat schon längst dem Geld eine überlegene Machtstellung zugewiesen.

5D Die Hauptaufgabe unserer Geheimbünde besteht darin, die öffentliche Meinung durch eine zersetzende Beurteilung aller Vorgänge in ihrer Widerstandskraft zu lähmen …

Um die öffentliche Meinung zu beherrschen, müssen wir Zweifel und Zwietracht säen, indem wir von den verschiedensten Seiten solange einander widersprechende Ansichten äußern lassen, bis die Nichtjuden sich in dem Wirrsale derselben nicht mehr zurechtfinden und zu der Überzeugung kommen, daß es am besten sei, in staatsrechtlichen Fragen überhaupt keine Meinung zu haben, da dem Volk in diesen Dingen der nötige Überblick fehle, und nur derjenige sie wirklich überschauen könne, der das Volk selbst leitet. Das ist unser erstes Geheimnis!

Das zweite, für den Erfolg unserer Sache nicht minder wichtige, Geheimnis besteht darin, die Fehler und Gebrechen des Volkes möglichst zu vermehren. Alle schlechten Gewohnheiten, Leidenschaften, alle Regeln des geselligen Verkehrs müssen derart auf die Spitze getrieben werden, daß sich niemand in dem tollen Durcheinander mehr zurechtfinden kann und die Menschen aufhören, einander zu verstehen. Auf diese Weise wird es uns leicht sein, Zwietracht in allen Parteien zu säen, jede Sammlung von Kräften, die sich uns noch nicht unterwerfen wollen, zu verhindern und jede persönliche Tatkraft, die unsere Sache irgendwie stören könnte, von vorne herein zu entmutigen.

Es gibt nichts Gefährlicheres als die Macht der Persönlichkeit. Ist sie mit schöpferischen Geisteskräften begabt, so vermag sie mehr auszurichten als Millionen von Menschen, die wir miteinander entzweit haben.

5E Durch alle diese Mittel werden wir die Nichtjuden derart ermüden, daß sie gezwungen sein werden, uns die Weltherrschaft anzubieten. Wir sind nach unserer ganzen Veranlagung sehr wohl imstande, ohne schroffen Übergang alle staatlichen Kräfte der Welt in uns einzusaugen und eine Oberherrschaft zu bilden. An die Stelle der jetzigen Herrscher werden wir ein Schreckgespenst setzen, das sich Überstaatliche Verwaltung nennen wird. Wie Zangen werden seine Arme nach allen Richtungen ausgestreckt sein und eine so gewaltige Macht darstellen, daß sich alle Völker unserer Herrschaft beugen werden.

6. Sitzung

6A Sehr bald werden wir uns im Tauschverkehre riesige Alleinrechte (Monopole) sichern, die jeden fremden Wettbewerb ausschließen und für uns eine Quelle gewaltigen Reichtumes bilden werden. Von diesen jüdischen Alleinrechten werden selbst die großen Vermögen der Nichtjuden in einer Weise abhängen, daß sie am ersten Tage nach dem großen Zusammenbruche der alten Regierung ebenso verschwinden werden wie das in die Zahlungsfähigkeit der Staaten gesetzte Vertrauen (Staatskredite).

6B Der nichtjüdische Adel hat als staatliche Macht ausgespielt. Wir brauchen mit ihm in dieser Hinsicht nicht mehr zu rechnen. Da er aber Großgrundbesitzer ist und dadurch eine gesicherte wirtschaftliche Stellung einnimmt, die ihn oft völlig unabhängig macht, so ist er für uns schädlich. Daher gilt es, ihn um jeden Preis seines Grundbesitzes zu berauben. Das beste Mittel hierzu ist die Erhöhung der Grundsteuern und anderer Lasten, denn dadurch muß schließlich eine Verschuldung und Überverschuldung des Grundbesitzes eintreten.

Wir müssen es dazu bringen, daß die Industrie der Landwirtschaft sowohl die Arbeitskräfte als auch das Geld nimmt und durch das Spielgeschäft alle Schätze der Welt in unsere Hände ausliefert. Dann sind alle Nichtjuden arme Teufel, dann werden sie sich vor uns beugen, um nur ihr Leben fristen zu können!

6C Wir werden die Grundlagen der Erzeugung in Landwirtschaft und Gewerbe künstlich tief unterwühlen, indem wir die Arbeiter an Gesetzlosigkeit und Trunksucht gewöhnen und alle geistig hochstehenden Kräfte der Nichtjuden vom Lande entfernen.

7. *Sitzung*

7A Wir müssen in ganz Europa und durch die Beziehungen von dort aus auch in anderen Erdteilen Gärung, Streit und Feindschaft erregen. ... werden wir durch unsere Umtriebe alle Fäden verwirren, die wir mit Hilfe staatsrechtlicher oder wirtschaftlicher Verträge und Schuldverschreibungen nach allen Staatsleitungen gesponnen haben.

7B Der oberste Grundsatz jeder erfolgreichen Staatskunst ist die strengste Geheimhaltung aller Unternehmungen.

Wir müssen die nichtjüdischen Staatsleitungen zwingen, unseren breit angelegten Plan, der sich schon der erwünschten Vollendung nähert, tatkräftig zu unterstützen. Als Mittel dazu werden wir die öffentliche Meinung vorschützen, die wir insgeheim durch die sogenannte letzte Großmacht – die Presse – in unserem Sinne bearbeitet haben. Mit ganz wenigen Ausnahmen, die überhaupt nicht in Frage kommen, liegt die ganze Presse in unseren Händen.

8. Sitzung

8A Unsere Leitung muß sich mit allen Hilfskräften umgeben, die ihr der gesittete Staat zur Verfügung stellt. Dazu gehören vor allem Tagesschriftsteller, Rechtsgelehrte, Verwaltungsbeamte, Staatsmänner und schließlich solche Persönlichkeiten, die in unseren Fachschulen eine besondere Vorbildung genossen haben.

8B Wir ziehen uns eine gewaltige Menge von Bankleuten, Fabrikherren, Geldmännern und, was die Hauptsache ist, von Millionären heran; denn in der Wirklichkeit wird doch alles durch die Macht des Geldes entschieden.

Solange wir die verantwortlichen Staatsstellen noch unbedenklich unseren jüdischen (?) Brüdern anvertrauen können, werden wir sie nur solchen Persönlichkeiten geben, deren Vergangenheit und Charakter für sie bürgt. Hierzu gehört, daß zwischen ihnen und dem Volk ein Abgrund klafft! Wir dürfen diese Stellen nur solchen Persönlichkeiten anvertrauen, die das Todesurteil oder die Verbannung gewärtigen müssen, falls sie unseren Weisungen nicht gehorchen. Sie müssen bereit und gewillt sein, unsere Interessen bis zum letzten Atemzuge zu vertreten.

9A In der Tat haben wir außer unserer eigenen schon jede Herrschergewalt untergraben ... Wenn heute irgendein Staat gegen uns Einspruch erhebt, so geschieht es nur der Form halber, meist sogar mit unserem Wissen und Wollen.

Wir brauchen den Antisemitismus, um unsere Brüder aus den unteren Schichten zusammenzuhalten.

9B Wir verfügen über einen unbändigen Ehrgeiz, brennende Habgier, schonungslose Rachsucht und unerbittlichen Haß.

Von uns geht das Schreckgespenst, der allumfassende Terror aus.

In unserem Dienste stehen Leute aller Anschauungen und Richtungen: Monarchisten, Freisinnige, Demokraten, Sozialisten, Kommunisten und allerhand Utopisten. Wir haben sie alle für uns in das Joch gespannt. Jeder von ihnen untergräbt an seiner Stelle die letzten Stützen der Staatsgewalt und sucht die bestehende Rechtsordnung umzustoßen. Dadurch geraten alle Staaten in Verwirrung; jeder sehnt sich nach Ruhe und ist bereit, um des lieben Friedens willen alles zu opfern. Wir aber lassen sie nicht zur Ruhe kommen, bis sie unsere Welt-Oberherrschaft offen und bedingungslos anerkannt haben.

9C Da aber alle Völker in Parteien zerspalten sind und der Parteikampf große Mittel erfordert, so hängen alle Parteien und Völker von uns ab; denn das Geld haben wir Juden allein.

9D Wir ... ersetzten [die Triebkräfte der staatlichen Ordnung] durch die freisinnige Willkür, die jeder Ordnung spottet. Auf diese Weise untergruben wir die Rechtsprechung, die Wahlordnung, die Presse, die Freiheit der Person und vor allem die Erziehung und Bildung des Volkes als Eckpfeiler jeder wirklichen Freiheit.

Wir haben die nichtjüdische Jugend verdummt, verführt und verdorben. Dieses Ziel wurde von uns dadurch erreicht, daß wir ihre Erziehung auf falschen Grundsätzen und Lehren aufbauten, deren Lügenhaftigkeit uns sehr wohl bekannt war, die wir aber trotzdem oder gerade deswegen anwenden ließen.

10. Sitzung

10A Um [unser] Ziel zu erreichen, müssen wir vorher das allgemeine Wahlrecht ohne Unterschied von Stand und Vermögen einführen. Dann hat die Masse alles zu sagen, und ... so erlangen wir durch sie die unbedingte Mehrheit, die wir niemals bekommen würden, wenn nur die gebildeten und besitzenden Klassen zu wählen hätten.

Nachdem wir dem Staatskörper das Gift des Freisinnes eingeflößt haben, hat sich sein ganzer staatsrechtlicher Bau verändert. Heute sind alle Staaten von einer tödlichen Krankheit, der Zersetzung des Blutes, befallen. Wir brauchen nur noch auf den letzten Todeskampf zu warten.

Während die Rettung der Nichtjuden in der Erhaltung eines starken Königtumes ruhte, schuf der Freisinn die verfassungsmäßig regierten Staaten. Jede Verfassung ist, wie Sie genau wissen, die hohe Schule für allerhand Haß und Streit und unfruchtbaren Parteihader, der die Kraft des Staates lähmt und seine Lebensäußerungen jeden Persönlichkeitswertes entkleidet.

10B Um [das] von uns gewünschte Ergebnis zu erreichen, werden wir für die Wahl solcher Präsidenten sorgen, deren Vergangenheit irgendeinen dunklen Punkt, irgendein »Panama« aufweist. Dann haben wir sie ganz in unserer Hand, dann sind sie blinde Werkzeuge unseres Willens! Einerseits müssen sie sich stets davor fürchten, daß wir mit

Enthüllungen kommen werden, die sie unmöglich machen; andererseits werden sie, wie jeder Mensch, das begreifliche Streben haben, sich in der einmal erlangten Machtstellung zu behaupten und die einem Präsidenten zustehenden Vorrechte und Ehren möglichst lange zu genießen. Das Abgeordnetenhaus, in dem viele Vertrauensleute und Parteigänger des Präsidenten sitzen werden, wird ihm als Rückendeckung dienen: es wird ihn wählen und verteidigen. Damit es aber nicht die Macht über den Präsidenten gewinnt, werden wir ihm persönlich, der Strohpuppe in unserer Hand, das Recht erteilen, neue Gesetze vorzuschlagen oder alte zu verändern.

10C Sie wissen selbst ganz genau, daß es einer langen und unermüdlichen Arbeit bedarf, um alle Völker zu solchem Ausrufe [des Verlangens nach einem Weltherrscher] zu bewegen. Wir müssen ohne Unterlaß in allen Ländern die Beziehungen der Völker und Staaten zueinander vergiften; wir müssen alle Völker durch Neid und Haß, durch Streit und Krieg, ja selbst durch Entbehrungen, Hunger und Verbreitung von Seuchen derart zermürben, daß die Nichtjuden keinen anderen Ausweg finden, als sich unserer Herrschaft vollkommen zu beugen.

Geben wir den Völkern eine Atempause, so dürfte der ersehnte Augenblick kaum jemals eintreten.

11. Sitzung

11A Nachdem wir die Art unseres Vorgehens in groben Zügen geschildert haben, wollen wir noch auf einige Einzelheiten eingehen, die uns zu einem völligen Siege verhelfen sollen. Unter diesen Einzelheiten verstehe ich die Freiheit der Presse, das Recht des Zusammenschlusses, die Gewissensfreiheit, das allgemeine gleiche Wahlrecht und vieles andere, was unmittelbar nach dem Staatsstreich aus der geistigen Rüstkammer der Menschheit verschwinden oder doch von Grund aus umgestaltet werden muß.

11B Die Nichtjuden sind eine Hammelherde, wir Juden aber sind die Wölfe. Wissen Sie, meine Herren, was aus den Schafen wird, wenn die Wölfe in ihre Herde einbrechen?

11C Wir haben eine lügenhafte Staatslehre erdacht und sie unermüdlich den Nichtjuden eingeflößt, ohne ihnen Zeit zur Besinnung zu lassen. Das geschah aus dem Grunde, weil wir unser Ziel nur auf Umwegen erreichen können, da der gerade Weg über die Kraft unserer zerstreuten Stämme geht. Zu diesem Zwecke haben wir die geheimen jüdischen Freimaurerlogen gegründet. Niemand kennt sie und ihre Ziele, am allerwenigsten die Ochsen von Nichtjuden, die wir zur Teilnahme an den offenen Freimaurerlogen bewogen haben, um ihren Stammesbrüdern Sand in die Augen zu streuen.

11D Gott hat uns, seinem auserwählten Volke, die Gnade verliehen, uns über die ganze Welt zu zerstreuen. In dieser scheinbaren Schwäche unseres Stammes liegt unsere ganze Kraft, die uns schon an die Schwelle der Weltherrschaft geführt hat.

12. Sitzung

12A Welche Aufgabe erfüllt jetzt die Presse? Sie dient dazu, die Volksleidenschaft in dem von uns gewünschten Sinne zu entflammen oder selbstsüchtige Parteizwecke zu fördern. Sie ist hohl, ungerecht und verlogen. Die meisten Menschen wissen gar nicht, wem die Presse eigentlich dient. Wir Juden haben sie unseren Zwecken dienstbar gemacht; wir werden sie, wenn wir erst zur Herrschaft gelangt sind, vollständig in Fesseln schlagen und jeden Angriff auf uns unnachsichtig bestrafen. Der augenblickliche Zustand ist doch ganz widersinnig: einerseits kostet die unumgängliche Vorprüfung der Bücher, Zeitschriften und Zeitungen den nichtjüdischen Staat eine Menge Geld, andererseits läßt er sich doch aus Achtung vor der angeblichen »öffentlichen Meinung« von jedem Schmierfinken mit Kot bewerfen, ohne dagegen einzuschreiten. Wir werden uns davor zu schützen wissen ...

12B Ich bitte Sie übrigens zu beachten, daß Angriffe auf uns auch von solchen Zeitungen erfolgen werden, die wir selbst gegründet haben. Derartige Angriffe werden sich aber stets auf diejenigen Punkte beschränken, die wir selbst zur Abänderung vorgemerkt haben.

12C Jeder von Ihnen, meine Herren, weiß, daß mit den nebelhaften Versprechungen des Freisinns der Weg zu den unsinnigen Träumen gepflastert ist, die jede Zucht und Ordnung in den Beziehungen der Menschen zueinander und zum Staat aufheben wollen. Der Fortschritt oder, richtiger gesagt, der Gedanke des Fortschrittes führte zur Lehre von der Gesetzlosigkeit, da er die bisherigen Abhängigkeits-Verhältnisse der Menschen beseitigte, ohne sie von der Notwendigkeit einer neuen Unterordnung zu überzeugen. Alle sogenannten Fortschrittler sind Umstürzler, wenn auch nicht immer in ihren Taten, so doch mindestens ihren Anschauungen nach. Jeder von ihnen jagt irgendwelchen Trugbildern der Freiheit nach und verfällt schließlich nur in Willkür, d.h. in grundsätzliche Verneinung der bestehenden Einrichtungen nur um der lieben Verneinung willen.

12D Unsere Zeitungen werden den verschiedensten Richtungen angehören. Wir werden adelige, bürgerliche, freisinnige, sozialistische und selbst umstürzlerische Blätter unterhalten. Sie werden, wie der indische Götze Wischnu, hundert Hände haben, von denen jede den Pulsschlag irgendeiner Geistesrichtung fühlen wird. Sobald ein Pulsschlag schneller geht, werden die unsichtbaren Hände die Anhänger dieser Richtung unseren Zielen zulenken; denn nichts ist leichter zu beeinflussen als eine erregte Menge, die ohne Überlegung handelt. Jene Dummköpfe, die die Meinung ihres Parteiblattes zu vertreten glauben, werden in Wirklichkeit nur unsere Meinung nachsprechen oder doch wenigstens diejenige Meinung, die uns gerade paßt. Sie bilden sich ein, die Richtlinien ihrer Partei zu verfolgen, und merken nicht, daß sie hinter der Flagge marschieren, die wir ihnen vorantragen.

13. Sitzung

13A Die Sorge um das tägliche Brot zwingt die Nichtjuden, zu schweigen und unsere gehorsamen Diener zu sein.

13B Um dem Volk die wahren Zusammenhänge endgültig zu verbergen und uns vor Entdeckung zu schützen, lenken wir es außerdem durch allerhand Vergnügungen, Spiele, Leidenschaften und öffentliche Häuser ab. ... Eine solche Fülle von Zerstreuungen und Möglichkeiten der Beschäftigung wird die Gedanken der Masse endgültig von den Fragen ablenken, für deren Verwirklichung wir sonst hart kämpfen müßten.

13C Haben wir doch durch den Fortschritt mit vollem Erfolge die hirnlosen Köpfe der Nichtjuden verdreht. Es gibt unter ihnen keinen Verstand, der es zu erfassen vermöchte, daß dieses Wort in allen Fällen die Wahrheit verdunkelt, wo es sich nicht um wirtschaftliche Erfindungen handelt; denn es gibt nur eine ewige Wahrheit, die keinen

Raum für einen Fortschritt läßt. Wie jeder falsche Gedanke, so dient auch der Fortschritt nur zur Verdunkelung der Wahrheit, damit sie von niemandem außer uns, dem auserwählten Volke Gottes, den Hütern der Wahrheit, erkannt werde.

13D Sobald wir zur Herrschaft gelangt sind, werden unsere Redner von den großen Fragen der Menschheit sprechen, welche die Welt in Aufruhr gebracht haben, bis sie schließlich unter unsere wohltätige Leitung kam.

Wer wird dann auf den Verdacht kommen, daß alle diese Fragen von uns nach bestimmten staatsrechtlichen Gesichtspunkten in die Welt gesetzt wurden? Wer wird es für möglich halten, daß niemand im Laufe vieler Jahrhunderte unser Vorhaben entdeckt hat?

14. Sitzung

14A Sobald wir die Weltherrschaft erlangt haben, werden wir keinen anderen Glauben dulden als allein unseren Glauben an den einigen Gott, der uns auserwählt hat unter den Völkern, damit wir die Geschicke der Welt bestimmen. Aus diesem Grunde müssen wir jeden anderen Gottesglauben zerstören.

14B Unsere Denker werden alle Fehler und Unzulänglichkeiten der nichtjüdischen Glaubensbekenntnisse aufdekken. Niemals wird aber ein Nichtjude imstande sein, in die tiefen Geheimnisse unserer Lehre einzudringen, denn sie ist für jeden Nichteingeweihten ein Buch mit sieben Siegeln. Wer aber eingeweiht ist, der wird es niemals wagen, die Geheimnisse unseres Glaubens einem Unberufenen preiszugeben.

15. Sitzung

15A Je mehr eine Regierung es versteht, sich mit dem Strahlenkranz einer vollkommen gefestigten Macht zu umgeben, um so unerschütterlicher steht sie da. Das höchste Maß eines hehren und unerschütterlichen Machtbewußtseins kann aber nur erreicht werden, wenn sein Ursprung auf das Walten geheimnisvoller Kräfte, wie die Auserwählten durch Gott, zurückgeführt wird. Solche Macht stellte bis in die letzte Zeit die Selbstherrschaft der russischen Zaren dar, abgesehen vom Papsttum – unser einziger ernsthafter Feind in der Welt.

15B Solange wir noch nicht zur Herrschaft gelangt sind, müssen wir vorläufig ... in der ganzen Welt die Zahl der Freimaurerlogen möglichst vermehren. Wir werden den Einfluß der Logen dadurch verstärken, daß wir ihnen alle Persönlichkeiten zuführen, die in der Öffentlichkeit eine hervorragende Rolle spielen oder doch wenigstens spielen könnten. Denn wir sehen in den Logen ein Hauptmittel zur Verbreitung unserer Lehren und zur Verwirklichung unserer Ziele.

Alle Logen fassen wir unter einer Hauptleitung zusammen, die nur uns bekannt ist, allen anderen aber verborgen bleibt, nämlich unter der Hauptleitung unserer Weisen. Die Logen werden ihren Vorsitzenden haben, der es verstehen muß, die geheimen Weisungen der Hauptleitung durch seine Person zu decken. In diesen Logen werden die Fäden aller umstürzlerischen und freisinnigen Bestrebungen zusammenlaufen.

15C Der Tod ist das unvermeidliche Ende aller Menschen. Daher ist es besser, dieses Ende für diejenigen zu beschleunigen, die unserer Sache schaden, als zu warten, bis es auch uns, die Schöpfer des Werkes, trifft. *In den Freimaurerlogen* *vollziehen wir die Strafen in einer Weise, daß niemand, außer den Glaubensbrüdern, den geringsten Verdacht schöpfen kann, nicht einmal die Todesopfer selber: sie alle sterben, wenn es nötig ist, scheinbar eines natürlichen Todes.* Da das den Glaubensbrüdern bekannt ist, so wagen sie es nicht, irgend welchen Einspruch zu erheben. Mit solchen unerbittlichen Strafen haben wir innerhalb der Logen jeden Widerspruch gegen unsere Anordnungen im Keime erstickt. Während wir den Nichtjuden den Freisinn predigen, halten wir gleichzeitig unser Volk und unsere Vertrauensmänner in strengstem Gehorsame.

15D Wenn der König der Juden auf sein geheiligtes Haupt die Krone setzen wird, die Europa ihm anbieten muß, dann wird er der Stammvater, der Patriarch, der ganzen Welt sein. Das wird natürlich Opfer kosten, aber wir werden die Richtigen zu treffen wissen, so daß die Zahl derer, die notwendigerweise fallen müssen, verhältnismäßig klein bleiben wird. Niemals wird sie an die schweren Blutopfer heranreichen, welche Großmannssucht und gegenseitiger Wettbewerb unter den nichtjüdischen Regierungen der Menschheit im Laufe vieler Jahrhunderte auferlegt haben.

16. Sitzung

16A Da wir jeden Zusammenschluß der Kräfte, außer den unsrigen, zerstören wollen, müssen wir vor allem die Verfassung der Hochschulen von Grund auf verändern. ... Wir werden daher die Lehrfreiheit aufheben und sowohl den Verwaltungsbehörden als auch den Lehrkörpern der Hochschulen ausführliche geheime Vorschriften darüber erteilen, wie sie sich in den einzelnen Fragen zu verhalten haben. Die geringste Verletzung dieser Vorschriften wird streng bestraft werden. Bei der Ernennung der Hochschullehrer werden wir die größte Vorsicht walten lassen und sie in völliger Abhängigkeit von der Regierung, d.h. von uns, halten.

16B Wir mußten [den] Keim des Umsturzes in [die] Erziehung [der Nichtjuden] hineintragen, und wir haben damit glänzende Erfolge erzielt. Sobald wir aber zur Herrschaft gelangt sind, werden wir aus dem Lehrplan alles streichen, was irgendwie zersetzend wirken kann, und die Jugend zu treuen Staatsbürgern heranziehen, die in der Regierung, d.h. in uns, eine Bürgschaft für Ruhe und Ordnung sieht.

16C Hervorragend begabte Menschen haben es immer verstanden und werden es auch in Zukunft verstehen, sich aus ärmlichen Verhältnissen in einen höheren Stand oder Beruf emporzuschwingen. Es ist aber eine völlige Torheit, wegen dieser vereinzelten Ausnahmen die höheren Berufe mit einer Menge minder begabter Personen überschwemmen zu lassen, die den ganzen Stand herabdrücken und denjenigen das Leben erschweren, die nach Geburt und Bildung Anspruch auf eine besondere Berücksichtigung haben. Sie wissen selbst, meine Herren, welche schlimmen Folgen diese himmelschreiende Ungerechtigkeit für die Nichtjuden gehabt hat.

17. Sitzung

17A *Auf unser Betreiben hin wurde die Geistlichkeit der Nichtjuden in den Augen des Volkes herabgesetzt* und jeden Einflusses auf die Massen beraubt. Wenn sie die Massen noch hinter sich hätte, so läge darin für die Verwirklichung unserer Pläne natürlich ein ernstes Hindernis. Aber ihr Einfluß auf das Volk geht ersichtlich mit jedem Tag mehr zurück.

Die Gewissensfreiheit ist jetzt überall öffentlich anerkannt. Wir folgern daraus, daß uns nur noch Jahre von dem Zeitpunkte trennen, wo die christliche Weltanschauung vollständig zusammenstürzen wird; mit den anderen Glaubenslehren werden wir noch schneller fertig werden, doch ist es verfrüht, davon jetzt zu sprechen. Sind wir erst zur Herrschaft gelangt, so werden wir die nichtjüdische Geistlichkeit derart einschnüren, daß ihr Einfluß im umgekehrten Verhältnisse zu ihrer früheren Macht stehen wird.

17B Wie unsere Glaubensbrüder schon jetzt verpflichtet sind, ihrer Gemeinde, dem Kahal, jeden Verstoß gegen die Glaubens- und Sittenvorschriften der Juden und jeden Abfall von der gemeinsamen Sache unseres Volkes anzuzeigen, so wird es in unserem künftigen Weltreich als Ehrenpflicht aller treuen Untertanen gelten, die Regierung durch Späher- und Angeberdienste zu unterstützen.

18. Sitzung

18 Sie dürfen nicht vergessen, meine Herren, daß das Ansehen einer Regierung schwindet, wenn sie allzu häufig Verschwörungen gegen sich entdeckt. Das kann zu dem Verdachte führen, daß sie ihre eigene Ohnmacht oder, noch schlimmer, ihre eigene Unrechtmäßigkeit eingesteht. Sie wissen, meine Herren, daß wir das Ansehen der nichtjüdischen gekrönten Häupter dadurch untergraben haben, daß wir durch unsere Helfer häufig Mordanschläge gegen sie ausführen ließen. Die Täter waren blinde Hammel der uns zur Verfügung stehenden Herde, die man leicht durch einige freisinnige Redewendungen zu Verbrechen verleiten kann, wenn man diesen einen staatsrechtlichen Anstrich gibt. Wir werden die nichtjüdischen Regierungen noch zwingen, ihre eigene Ohnmacht dadurch einzugestehen, daß sie offene Schutzmaßnahmen für sich treffen müssen. Dann ist ihr Ansehen endgültig verloren.

19. Sitzung

19 Wir haben uns erfolgreich darum bemüht, die Nichtjuden von einem ... Vorgehen gegen staatsrechtliche Verbrecher abzuhalten. Darum haben wir sowohl in Zeitungsaufsätzen und öffentlichen Reden wie auch unmittelbar – in klug zusammengestellten Lehrbüchern der Geschichte das angebliche Heldentum der Umstürzler verherrlicht, die sich für das, wie wir sagen, allgemeine Wohl aufopferten. Auf diese Weise gelang es uns, dem Freisinne zahlreiche Anhänger zuzuführen und Tausende von Nichtjuden in die Reihen der uns auf Leben und Tod ergebenen Hammelherde einzustellen.

20. Sitzung

20A Die heutige Sitzung betrifft unsere Grundsätze auf dem Gebiete der Geld- und Steuerwirtschaft. Ich habe diese schwierigen Fragen absichtlich an den Schluß meines Berichtes gesetzt, weil sie den Kern unseres ganzen Planes bilden und sein Gelingen entscheiden.

Der beste Weg zur Deckung des Staatsbedarfs ist eine stufenweis ansteigende Besitzsteuer.

Der Geldbedarf des Staates soll von denjenigen getragen werden, die im Überflusse leben und von denen etwas zu holen ist.

Jeder Kauf, jede Bescheinigung über empfangene Geldsummen und jede Erbschaft werden mit einer stufenweise ansteigenden Stempelsteuer belegt werden.

20B Wir werden für diese ... Summen öffentliche Arbeiten ausführen lassen. Die Tatsache, daß der Staat von sich aus solche Arbeiten unternimmt, wird ihm das Zutrauen der Arbeiterklasse eintragen.

20C Um die Nichtjuden zu schädigen, haben wir umfangreiche Stockungen (Krisen) im Wirtschaftsleben hervorgerufen. Wir bedienten uns dabei des einfachen Mittels, alles erreichbare Geld aus dem Verkehre zu ziehen. Riesige Summen wurden in unseren Händen aufgespeichert, während die nichtjüdischen Staaten mittellos da saßen und schließlich gezwungen waren, uns, die Juden, um Gewährung von Anleihen zu bitten. Mit diesen Anleihen übernahmen die nichtjüdischen Staaten bedeutende Zinsverpflichtungen, die ihren Staatshaushalt wesentlich belasteten und sie schließlich in völlige Abhängigkeit von den großen Geldgebern, den Juden, brachten. – Der Übergang der handwerksmäßigen und mittleren Betriebe zur Großindustrie, die ganz von den reichen Geldgebern, den Juden, abhängt, sog alle gesunden Volkskräfte auf und machte schließlich jeden Widerstand der nichtjüdischen Staaten unmöglich.

20D Sie wissen, meine Herren, daß die Goldwährung ein Verderb für alle Staaten war, die sie angenommen haben. Sie konnte den großen Geldbedarf der Völker um so weniger befriedigen, als wir das Gold nach Möglichkeit aus dem Verkehre gezogen … haben.

20E In unserem Staate muß eine Währung eingeführt werden, die sich auf den Kosten der Lebenshaltung aufbaut. Es bleibt dann völlig gleich, welcher Art Umlaufmittel wir in den Verkehr bringen. Sie können aus Papier, aus Holz oder Metall sein. Die Hauptsache ist, daß wir den Geldumlauf mit der Bevölkerungszahl in Einklang bringen. Wir werden den durchschnittlichen Geldbedarf eines Staatsangehörigen nach den mittleren Kosten der Lebenshaltung berechnen und dann so viel Geld in Umlauf setzen, wie dem Gesamtbedarfe der Bevölkerung, d.h. also dem Durchschnittsbedarfe mal der Zahl der Bevölkerung, entspringt. Für jedes neugeborene Kind wird eine entsprechende Erhöhung, für jeden Verstorbenen eine entsprechende Ermäßigung der Umlaufsmittel stattfinden.

21. Sitzung

21 Wir werden die Wertpapier-Börsen durch mächtige staatliche Kredit-Anstalten ersetzen, deren Aufgabe darin bestehen wird, die Industriepapiere entsprechend den Wünschen des Staates abzuschätzen und zu beleihen. Diese Anstalten werden in der Lage sein, an einem einzigen Tage fünfhundert Millionen Industriepapiere auf den Markt zu werfen oder ebenso viele aufzukaufen. Auf diese Weise werden alle gewerblichen Unternehmungen von uns abhängig werden.

22. Sitzung

22 In unseren Händen befindet sich die größte Kraft der Gegenwart – das Geld. In zwei Tagen können wir es aus unseren geheimen Aufbewahrungsorten in beliebiger Menge heranschaffen.

Brauche ich wirklich noch zu beweisen, daß unsere Herrschaft von Gott vorgesehen ist? Sollten wir tatsächlich nicht imstande sein, mit Hilfe unseres Reichtums den Nachweis zu führen, daß alles Übel, das wir im Laufe vieler Jahrhunderte vollbringen mußten, schließlich doch zur wahren Wohlfahrt und allseitigen Ordnung geführt hat?

23. Sitzung

23 Die nichtjüdischen Regierungen können sich nur mühsam am Ruder erhalten. Sie sind von einer Gesellschaft umgeben, die wir so weit entsittlicht haben, daß sie jeden Glauben an Gott verloren hat und aus ihrer Mitte ständig die Flamme des Aufruhrs emporsteigen läßt. Der Weltherrscher, der die jetzt bestehenden Regierungen ablösen wird, muß zunächst dieses gewaltig um sich greifende Feuer löschen. Er hat darum die Pflicht, solche Gesellschaften zu beseitigen, selbst wenn er sie in ihrem eigenen Blute erstikken müßte. Aus den Trümmern soll eine neue Gesellschaft voll Manneszucht und Kampfesmut entstehen, die sich aus eigener Überzeugung gegen jede dem Staatskörper drohende Ansteckungsgefahr zur Wehr setzt.

Der von Gott auserwählte Weltherrscher hat die Aufgabe, die sinnlosen Kräfte des Umsturzes zu brechen, die von tierischen Naturtrieben und nicht von menschlichem Verstande geleitet werden. Diese Kräfte feiern jetzt ihre Siege, indem sie unter dem Scheine des Rechtes und der Freiheit allerhand Raub und Gewalttat vollführen. Sie haben jede Gesellschaftsordnung zerstört, um auf ihren Trümmern den Thron des Königs der Juden zu errichten. Ihre Aufgabe ist aber gelöst, sobald der König der Juden die Herrschaft antritt. Dann müssen sie von seinem Wege hinweggefegt werden, damit dieser nicht das geringste Hindernis mehr bietet.

24. Sitzung

24 Die heutige Sitzung soll Ihnen, meine Herren, eine Vorstellung davon geben, mit welchen Mitteln wir die Herrschaft des Königs aus dem Hause David über die ganze Welt für alle Zeiten fest verankern wollen.

Einige Glieder des Hauses David werden die Könige und ihre Nachfolger auf ihr Amt vorbereiten. Sie werden die Auswahl nicht auf der Grundlage des Erbrechtes, sondern nach den besonderen Fähigkeiten des einzelnen treffen. Die Auserwählten sollen in alle Geheimnisse der Staatskunst und der Verwaltung eingeweiht werden. Grundbedingung ist, daß niemand, außer ihnen, etwas von diesen

Geheimnissen erfährt. Unter dieser Voraussetzung wird sich die Überzeugung Bahn brechen, daß die Regierung nur denjenigen anvertraut werden kann, die in die Staatskunst eingeweiht sind.

Die Auserwählten sollen unsere Grundsätze verwirklichen. Jahrhundertelange Beobachtungen und Erfahrungen, die wir auf staatsrechtlichem und volkswirtschaftlichem Gebiete gesammelt haben, werden ihnen dabei zur Verfügung stehen. Sie werden sich mit dem Geiste der Gesetze erfüllen, welche die Natur selbst für die Beziehungen der Menschen zueinander festgesetzt hat.

ANMERKUNGEN

Der Text im Kontext

1 Poliakov, *Geschichte des Antisemitismus*, Bd. 5, S. 50.
2 Rostovtzeff, *Die hellenistische Welt.*
3 Schaeffer, *Judeophobia.*
4 Lindemann, *Esau's Tears*, S. 3ff.
5 Levinas, *In the Time of the Nations*, S. 58
6 Potok, *Wanderings*, S. 40.
7 Abel, *The Roots of Antisemitism*, S. 18.
8 Aristoteles, *Politik*, 1253a25, S. 50.
9 Fromm, *Das jüdische Gesetz.*
10 Abel, *The Roots of Antisemitism*, S. 50.
11 Vgl. die ausgezeichnete Diskussion bei Mack, *Who Wrote the New Testament?*, Kap. 1 und 2.
12 Funk, Hoover und das Jesus-Seminar, *The Five Gospels;* eine Liste der anderen Beteiligten findet sich auf den Seiten 533–537. Das offizielle Ergebnis des Seminars lautete, daß 82 Prozent der Jesus im Neuen Testament zugeschriebenen Aussprüche nicht von ihm selbst stammten (S. 5). Sodann beschäftigte sich das Seminar damit, die »historische Gestalt« Jesu vom transzendenten »Christus des Glaubens« zu trennen. Während einerseits schlüssige Beweise fehlen, daß der »historische« Jesus überhaupt existiert hat, gibt es andererseits reichhaltige historische, literarische und theologische Forschungen über die wahren Ursprünge und die volkstümlichen Traditionen, auf denen die Berichte in den Matthäus, Markus und Lukas zugeschriebenen synoptischen Evangelien sowie im Buch des Johannes beruhen.
13 Mack, *Who Wrote the New Testament*, S. 80–84.
14 Ebd., S. 139.

15 Ebd., S. 152.
16 Ebd., S. 170f.
17 Pagels, *Satans Ursprung*, S. 20.
18 Vgl. Crossan, *Wer tötete Jesus?*
19 Spong, *Liberating the Gospels*, S. 272.
20 Claussen, *Vom Judenhaß zum Antisemitismus*, S. 18, 20f.
21 Abel, *The Roots of Antisemitism*, S. 10.
22 Ellerbe, *The Dark Side of Christianity*, S. 80.
23 Vgl. Kamen, *Die spanische Inquisition.*
24 Luther, »Vorrede zum Brief des Paulus an die Römer«, S. 227.
25 Vgl. die hervorragende wissenschaftliche Studie von Shapiro, *Shakespeare and the Jews.*
26 Rohrbacher/Schmidt, *Judenbilder*, S. 131–136; vgl. Schröder, *Vampirismus.*
27 »A Conspiracy to Take Over the World? – Wow!« im Internet, http://www.iahushua.com/BeWise/july95.html.
28 Poliakov, *Geschichte des Antisemitismus*, Bd. 6, S. 266.
29 Ebd., S. 14f., 23; Kriegel, *The State and the Rule of Law*, S. 11ff. und passim.
30 Shakespeare, *Der Kaufmann von Venedig*, 3. Akt, 1. Szene, in ders., *Sämtliche Werke*, Bd. 1, S. 418f.
31 MacCagg jr., *A History of the Habsburg Jews*, S. 27ff.
32 Der klassische Text, der sich für die Emanzipation der Juden in Deutschland einsetzte, war Wilhelm Dohm, *Über die bürgerliche Verbesserung der Juden* (1781).
33 Preuss, *Constitutional Revolution.*
34 »Durch den uralten Abscheu der Christen hatte bereits das Wort ›Jude‹ eine explosive Ladung erhalten. Selbst in aufgeklärten Kreisen diente es mit seiner emotionalen Kraft gewohnheitsmäßig als Maßstab des Bösen. ... So erhoben sich in dieser Periode auch immer mehr Stimmen zugunsten des Juden als *Mensch*, wobei sowohl Verteidiger als auch Gegner an der alten Bedeutung des Worts festhielten. Daher wurde der Jude nur unter der Bedingung geschätzt, daß er kein Jude war – ein semantischer Widerspruch, der zur Dauerhaftigkeit des modernen Antisemitismus beitragen sollte« (Preuss, *Con-*

stitutional Revolution, S. 55). Vgl. auch Katz, *Vom Vorurteil bis zur Vernichtung,* S. 11 ff. und passim.

35 Manet, *An Intellectual History of Liberalism,* S. 21 ff.

36 Mosse, »The Jews and the Civic Religion of Nationalism«, in ders., *Confronting the Nation.*

37 Zit. bei Katz, *Vom Vorurteil bis zur Vernichtung,* S. 61.

38 Vgl. Reichmann, *Flucht in den Haß,* S. 17 ff. und passim.

39 Plessner, *Die verspätete Nation.*

40 Stern, *Das Scheitern illiberaler Politik,* S. 39 ff.

41 Rürup, »Judenemanzipation und bürgerliche Gesellschaft in Deutschland«, in Benz/Bergmann (Hg.), *Vorurteil und Völkermord,* S. 138.

42 Marx, »Zur Judenfrage«, in Marx und Engels, *Werke,* Bd. 1, S. 347–377. Eine nuancierte Interpretation des Aufsatzes findet sich bei Pachter, »Marx and the Jews«.

43 Vgl. die klassische Studie von Massing, *Vorgeschichte des politischen Antisemitismus,* S. 1–20 und passim.

44 Vgl. die hervorragende Diskussion von Reichmann, *Flucht in den Haß,* S. 85 ff.

45 Zit. in dem ausgezeichneten Essay von Berlin, »Joseph de Maistre und die Ursprünge des Faschismus«, S. 133.

46 Vgl. Appiah, »Cosmopolitan Patriots«, S. 111.

47 Katz, *Vom Vorurteil bis zur Vernichtung,* S. 65.

48 Nipperdey, *Deutsche Geschichte 1866–1918,* Bd. 2, S. 291 ff.

49 »Hep-Hep« war ein bei antijüdischen Ausschreitungen häufig zu hörender Ausruf ungewisser Herkunft. Der plausibelsten Erklärung zufolge ging er auf die antiken Römer zurück, die nach der Zerstörung des Tempels in Jerusalem ausriefen: »Hierosolyma est perdita« – Jerusalem ist verloren (Claussen, *Vom Judenhaß zum Antisemitismus,* S. 73–77).

50 Vgl. die Studie von Robertson, *Revolutions of 1848.*

51 Vgl. die Arbeit von Boyer, *Political Radicalism in Late Imperial Vienna.*

52 Hamann, *Hitlers Wien,* S. 337–364.

53 Pulzer, *The Rise of Political Anti-Semitism in Germany and Austria.*

54 Hamann, *Hitlers Wien,* S. 147 ff.

55 Zimmermann, *Wilhelm Marr.*
56 Vgl. Jacobs, »Friedrich Engels and the ›Jewish Question‹ Reconsidered«.
57 Eine knappe Erklärung dieses schwierigen Themas gibt Habermas in »Öffentlichkeit (ein Lexikonartikel)«.
58 Friedländer, *Das Dritte Reich und die Juden,* S. 89–91.
59 Vgl. die klassische Studie von Bredin, *The Affair.*
60 Poliakov, *Geschichte des Antisemitismus,* Bd. 5, S. 34.

Die Geschichte einer Fälschung

1 Eine ausgezeichnete Sammlung von Einleitungen, Kommentaren und Sekundärtexten findet sich bei Taguieff, *Les Protocoles des Sages de Sion,* Bd. 2, S. 472 ff.
2 Vgl. Cohn, *Europe's Inner Demons.*
3 Vgl. Wolf, *The Myth of the Jewish Menace in World Affairs,* S. 8 ff.
4 Cohn, *»Die Protokolle der Weisen von Zion«,* S. 33.
5 Ebd., S. 27 f.
6 Markow, *Der Kampf der dunklen Mächte,* S. 51.
7 Segel, *Die Protokolle der Weisen von Zion kritisch betrachtet,* S. 53.
8 Cohn, *»Die Protokolle der Weisen von Zion«,* S. 55 f.
9 Ebd., S. 49.
10 Rogger, *Jewish Policies and Right-Wing Politics in Imperial Russia,* S. 22.
11 Vgl. die kommentierte Bibliographie von Michael Hagemeister in Cohn, *»Die Protokolle der Weisen von Zion«,* S. 275.
12 Chayla, »Sergey Alexandrovich Nilus et les Protocoles des Sages de Sion (1909–1920)«; vgl. auch Hagemeister, »Sergej Nilus und die ›Protokolle der Weisen von Zion‹«.
13 Ben-Itto, *»Die Protokolle der Weisen von Zion«,* S. 112 f.
14 Hagemeister, »Sergei Nilus und die ›Protokolle der Weisen von Zion‹«, S. 136 ff.
15 Zit. in Livingston, *Protocols of the Wise Men of Zion,* S. 8.
16 Cohn, *»Die Protokolle der Weisen von Zion«,* S. 70 ff.
17 Fry, *Waters Flowing Eastward,* S. 37 ff.

18 »The Truth About the Protocols. A Literary Forgery«, *The Times*, 16./17./18. August 1921, S. 18.

19 Ben-Itto, *»Die Protokolle der Weisen von Zion«*, S. 101–109.

20 Ebd., S. 121–129.

21 Fry, *Waters Flowing Eastward*, S. 73ff.

22 Bernstein, *The Truth about »The Protocols of Zion«*, S. 32.

23 *Die Protokolle der Weisen von Zion* (1940), S. 2.

24 Chayla, »Sergey Alexandrovich Nilus et les Protocoles des Sages de Sion (1909–1920)«, S. 7.

25 Deutscher Titel: *Das verjudete Frankreich*, Berlin 1890.

26 Eco, »Eine Fiktion, die zum Alptraum wird«.

27 Ben-Itto, *»Die Protokolle der Weisen von Zion«*, S. 50.

28 Cohn, *»Die Protokolle der Weisen von Zion«*, S. 35ff.; vgl. auch Wolf, *The Myth of the Jewish Menace in World Affairs.*

29 Retcliffe, *Biarritz*, Bd. 1, S. 155.

30 Cohn, *»Die Protokolle der Weisen von Zion«*, S. 38f.

31 Bernstein, *The Truth about »The Protocols of Zion«*, S. 22f.

32 »The Protocols of the Elders of Zion: Its History and Current Revival«, in: *Bulletin* No. 5-A (1933), The American Jewish Committee Library, S. 3ff. Vgl. auch *Die Protokolle der Weisen von Zion* (1998), S. 10 und 21, wo auf Friedrich, *Die Weisen von Zion. Das Buch der Fälschungen* (1920), sowie auf Segel, *Die Protokolle der Weisen von Zion kritisch beleuchtet – eine Erledigung* (1924), S. 139–141, verwiesen wird.

33 Vries de Heekelingen, *Les Protocoles des Sages de Sion: Constituent-ils un Faux?*, S. 4.

34 Selbst in neuerer Zeit sind die *Protokolle* von Leuten, die entweder nicht willens oder nicht fähig sind, sie als Fälschung zu betrachten oder sie in eine Reihe mit anderen antisemitischen Schriften zu stellen, als authentisches Programm der Freimaurer dargestellt worden. Siehe dazu den Abschnitt über die *Protokolle* in Beigent u.a., *The Holy Blood and the Holy Grail.*

35 Creutz, »Les Protocoles des Sages de Sion: Leur Authenticité«, S. 9f.

36 Vgl. Ben-Itto, *»Die Protokolle der Weisen von Zion«*, S. 221ff.

37 Ein französischer Textvergleich findet sich in Charles, »Les Protocoles des Sages de Sion«.

38 Zit. nach *Die Protokolle der Weisen von Zion* (1998), S. 44, 70, und Joly, *Gespräche in der Unterwelt*, S. 30, 95.
39 Vgl. Cohn, *»Die Protokolle der Weisen von Zion«*, S. 75–78.
40 Ebd., S. 80–90.
41 Ebd., S. 109.
42 Lowe, *The Tsars and the Jews*, S. 46.
43 Rogger, *Jewish Policies and Right-Wing Politics in Imperial Russia*, S. 22f.
44 Linden, »Der permanente Pogrom gegen die russischen Juden«, S. 97ff.
45 Bernstein, *The Truth about »The Protocols of Zion«*, S. 27f.
46 Gwyer, *Portraits of Mean Men*, S. 77ff.
47 Vgl. Neumann, »Protokolle«.
48 Livingston, *Protocols of the Wise Man of Zion*, S. 4.
49 Zit. in Cohn, *»Die Protokolle der Weisen von Zion«*, S. 118.
50 Ben-Itto, *»Die Protokolle der Weisen von Zion«*, S. 54.
51 Ein Beispiel dafür ist Kozlov und Khrustalev (Hg.), *The Last Diary of Tsarita Alexandra*. Zu den wenigen kritischen Porträts des Zarenpaars aus postkommunistischer Zeit zählt Moynahans Studie *Rasputin*.
52 Lowe, *The Tsars and the Jews*, S. 222.
53 Ben-Itto, *»Die Protokolle der Weisen von Zion«*, S. 53.
54 Wistrich, *Antisemitism*, S. 173.
55 Vgl. Judge, *Easter in Kishinew*.
56 Zit. in Newman, »The Fundamentalists' Resuscitation of the Anti-Semitic Protocol Forgery«, S. 19. Ein früher Bericht über die schrecklichen Leiden der Opfer der Pogrome, vor allem in Kischinjow, ist enthalten in Davitt, *Within the Pale*.
57 Baron, *The Russian Jews Under Tsars and Soviets*, S. 61.
58 Vgl. Maurice Samuel, *Blood Accusation*.
59 Vgl. Geiss, *Der lange Weg in die Katastrophe*.
60 Gilbert, *The End of the European Era*, S. 106; Kennedy, *The Rise of the Anglo-German Antagonism*, S. 2–37, 157–223.
61 Gilbert, *The End of the European Era*, S. 15.
62 Bronner, *Moments of Decision*, S. 21 und passim.
63 Rohl, »Kaiser Wilhelm II. und der deutsche Antisemitismus«, in Benz/Bergmann (Hg.), *Vorurteil und Völkermord*, S. 264.

64 In viele Sprachen übersetzt, auch in Deutschland in unzähligen Auflagen erschienen: *Der internationale Jude*, u. a. Leipzig [29]1933. Näheres zur Geschichte von *The International Jew* bei Cohn, *»Die Protokolle der Weisen von Zion«*, S. 163–169.

65 Interview mit Henry Ford, in: *World* (New York), 17. 2. 1921.

66 Helmut Berding, »Der Aufstieg des Antisemitismus im Ersten Weltkrieg«, in Benz/Bergmann (Hg.), *Vorurteil und Völkermord,* S. 288; vgl. auch Ben-Itto, *»Die Protokolle der Weisen von Zion«*, S. 146.

Die Nachricht verbreitet sich

1 Bronner, *Moments of Decision*, S. 13 ff.

2 *Die Protokolle der Weisen von Zion* (1998), S. 18 f.

3 Sorel, *Über die Gewalt*, S. 141 ff.

4 Schueddekopf, *Linke Leute von Rechts*, S. 89.

5 Vgl. hierzu Band 2 von Kolakowskis autoritativem Werk *Die Hauptströmungen des Marxismus.*

6 Lindemann, *Esau's Tears*, S. 175 ff.

7 Friedländer, *Das Dritte Reich und die Juden*, S. 122 f.

8 Mosse, *Confronting the Nation*, S. 7.

9 Vgl. Rosa Luxemburg, »Die Russische Revolution«.

10 München 1924; die Schrift wird analysiert in Ernst Noltes Aufsatz »Eine frühe Quelle zu Hitlers Antisemitismus« in: *Historische Zeitschrift*, Bd. 192 (1961), S. 585–606; vgl. auch Markow, *Der Kampf der dunklen Mächte.*

11 Wolf, *The Myth of the Jewish Menace in World Affairs*, S. 36.

12 Cohn, *»Die Protokolle der Weisen von Zion«*, S. 119 f.

13 Vgl. Borschtschagowski, *Orden für einen Mord.*

14 »Einer meiner Freunde berichtete mir diese charakteristische Anekdote: Er war in Kiew während der Kämpfe. ... Er entkam verkleidet, wurde aber später von den [›weißen‹] Soldaten Petljuras festgenommen, die ihn für einen Juden hielten und erschießen wollten. Einer der Anführer, den er nach dem Grund dafür fragte, sagte: ›Ihr wollt uns einen König mit einem Kopf aus Gold geben. So wurde es auf den Sitzungen eu-

rer Weisen von Zion gesagt.‹« (Chayla, »Sergey Alexandrovitch Nilus and the Protocols of the Wise Men of Zion«, S. 9).

15 Neumann, »Protokolle«, S. 3637.

16 Bericht des russischen Journalisten Iwan Derewenski über ein Massaker in Fastow bei Kiew im September 1919, abgedruckt bei I. B. Sechtman, *Pogromy dobrovoljeskoj armii na Ukraine*, Berlin 1932, zit. bei Cohn, *»Die Protokolle der Weisen von Zion«*, S. 128.

17 Bronner, »Persistent Memories«.

18 Es gibt eine umfangreiche Literatur über die Weimarer Republik. Doch die politisch prägnanteste Darstellung der Ereignisse findet sich immer noch in der klassischen Studie von Arthur Rosenberg, *Geschichte der Weimarer Republik*.

19 Helmut Berding, »Der Aufstieg des Antisemitismus im Ersten Weltkrieg«, in Benz/Bergmann (Hg.), *Vorurteil und Völkermord*, S. 286.

20 Vgl. Plessner, *Die verspätete Nation*.

21 Mosse, »Community in the Thought of Nationalism, Fascism, and the Radical Right«, in ders., *Confronting the Nation*, S. 42.

22 Siehe hierzu ausführlich Bronner, *Ideas in Action*.

23 Czermak, *Christen gegen Juden*, S. 167 ff.

24 Kingston, *Antisemitism in France During the 1930s*, S. 66.

25 Vgl. den Brief von Karl Jaspers an Hannah Arendt vom 27. Juni 1946 in Arendt und Jaspers, *Briefwechsel 1926–1969*, S. 80–83.

26 Vgl. Goldhagen, *Hitlers willige Vollstrecker*.

27 Siehe hierzu die biographische Skizze von Fest, »Alfred Rosenberg – Der vergessene Gefolgsmann«.

28 Heiden, *Adolf Hitler*, Bd. 1, S. 369.

29 Masur, *Der Sturm auf die Republik*, S. 148–152.

30 Laqueur, *Deutschland und Rußland*, S. 99–121; vgl. auch Cohn, *»Die Protokolle der Weisen von Zion«*, S. 138.

31 Zit. in Flood, *Hitler*, S. 132.

32 Davidowicz, *The War Against the Jews*, S. 71.

33 Rathenau diente auch als Vorbild für den Romanhelden in Robert Musils *Der Mann ohne Eigenschaften*. Zu dem außergewöhnlichen Lebenslauf des Reichsaußenministers siehe Kessler, *Walther Rathenau*.

34 Sabrow, *Der Rathenaumord*, S. 114ff.; vgl. auch Cohn, *»Die Protokolle der Weisen von Zion«*, S. 146–152.
35 Vgl. Carroll, *French Literary Fascism*.
36 Lindemann, *The Jew Accused*, S. 277.
37 Czermak, *Christen gegen Juden*, S. 165ff.
38 Goodman und Miyazawa, *Jews in the Japanese Mind*, S. 76ff.
39 Vgl. die ausgezeichnete Diskussion der südafrikanischen Version, in der z.B. zu lesen war: »In unserer Talmud-Thora ... heißt es, daß die Nichtjuden die Pisse der Juden trinken und den Kot der Juden fressen werden« (vgl. Ben-Itto, *»Die Protokolle der Weisen von Zion«*, S. 255–293, Zitat auf S. 261).
40 Dieser Prozeß diente als Rahmen für Ben-Ittos Studie *»Die Protokolle der Weisen von Zion«*, der die folgende Darstellung zu verdanken ist (ebd., S. 294–370 und passim).
41 Eine Broschüre, in der behauptet wird, daß im Berner Prozeß die von den Angeklagten aufgestellten Behauptungen bestätigt wurden, ist Karl Bergmeister, *Der jüdische Weltverschwörungsplan. Die Protokolle der Weisen von Zion vor dem Strafgerichte in Bern* (1937). Erste Nachkriegsauflage September 1977 durch White Power Publications, Liverpool, West Virginia., 1977.
42 Ben-Itto, *»Die Protokolle der Weisen von Zion«*, S. 370.
43 Bloch, *Erbschaft dieser Zeit*, S. 65.
44 Arendt, *Elemente und Ursprünge totaler Herrschaft*, S. 30.
45 Ebd., S. 388.
46 Cohn, *»Die Protokolle der Weisen von Zion«*, S. 198–220.
47 Friedländer, *Das Dritte Reich und die Juden*, S. 291–301.
48 *Warrant for Genocide* ist der englische Titel von Cohn, *»Die Protokolle der Weisen von Zion«*.
49 Bronner, »Making Sense of Hell«.
50 Vgl. Friedländer, *Das Dritte Reich und die Juden*, S. 102–104.
51 Vgl. Köhler, *Wagners Hitler*.
52 Cohn, *»Die Protokolle der Weisen von Zion«*, S. 197.
53 Vgl. Six, *Freimaurerei und Judenemanzipation*.
54 Zit. in Cohn, *»Die Protokolle der Weisen von Zion«*, S. 196, dort zit. nach M. Domarus (Hg.), *Hitler. Reden und Proklamationen 1932–1945*, Neustadt/Aisch 1962/63, Bd. II, S. 2239.
55 Arendt, *Elemente und Ursprünge totaler Herrschaft*, S. 388ff.

1 Vgl. »The Post-War Career of the *Protocols of Zion*« und Mushkat, »Antisemitismus Hoax Revived«.
2 Lipstadt, *Denying the Holocaust.*
3 Vgl. Jean-François Lyotard, *The Postmodern Condition: A Report on Knowledge*, Minneapolis, Minnesota, 1989.
4 Vgl. Dean, *Aliens in America.*
5 Vgl. die Erörterung in »Conspiracy Prime« auf http://www.notizen.org/archive/overv.htm.
6 Vgl. die Erörterung eines erfolglosen Geheimplans, der zwischen 1934 und 1940 entworfen wurde und über eine Million Juden nach Japan gebracht hätte, in Tokayer und Swartz, *The Fugu Plan.* Aber auch ohne einen großartigen Plan verhielt sich Japan gegenüber jüdischen Flüchtlingen großzügig. Zu Beginn des Zweiten Weltkriegs lebten in Schanghai etwa 18000 von ihnen: »Die Japaner wurden anscheinend von ihrem Mißtrauen gegen Deutschland und möglicherweise von humanitären [Erwägungen] getrieben, aber ... zweifellos auch von ihrem Glauben an die jüdische Macht – einem Glauben, der durch die NS-Propaganda und durch eine Lektüre der *Protokolle der Weisen von Zion* verstärkt wurde« (Friedländer, *Das Dritte Reich und die Juden*, S. 303).
7 Butler, *Excitable Speech.*
8 Ben-Itto, *»Die Protokolle der Weisen von Zion«*, S. 229.
9 Ebd., S. 11ff. und passim.
10 Vgl. Ginsberg, *The Fatal Embrace*, S. 224ff.
11 Adorno und Horkheimer, *Dialektik der Aufklärung*, S. 151.
12 Vgl. Dinnerstein, *Antisemitism in America*, S. 228ff. und 245ff.
13 Vgl. die Liste arabischer Übersetzungen bei Harkabi, *Arab Attitudes Toward Israel*; siehe auch den interpretativen Artikel von Haim, »A Muslim View of the ›Protocols‹«.
14 Pipes, *The Hidden Hand*, S. 309ff. und passim.
15 Meinen Beitrag zu diesem Thema verdanke ich Diana Judds Arbeit »The Virtual Conspiracy«.
16 Vgl. http://webreview.com/nov10/features/hate/anti2.h tml.
17 »Christians & Conspiracy Theories: A Call to Repentan-

ce« auf http://www.acts17–11.com/conspire.html, Seite 1 von 13.

18 »Antisemitismus: World Report 1997«, verfaßt vom *Institute for Jewish Policy Research and the American Jewish Committee* auf htpp://www.ort.org/jpr/AWRweb/mainfeatures.htm, S. 8 von 12.

19 Wistrich, *Antisemitism*, S. XXV.

20 Hofstadter, *The Paranoid Style in American Politics and Other Essays*, S. 29.

21 Vgl. z.B. die Einstellung zur Frage der Beweisführung, die auf folgenden Internetseiten zum Ausdruck kommt: »Our View«: www.thewinds.org/arc_editorial/government/protocols_or_zion03–98.html, S. 3 von 6; »A combination of notes from *Smyrna*, the courageous Elizabeth Dilling, BeWISE, and The WORD«: www.pixi.com/%7Ebewise/newlight/html, S. 1 von 13.

22 Marx, »Der achtzehnte Brumaire des Louis Bonaparte«, in Marx und Engels, *Ausgewählte Werke*, Bd. 1, S. 226.

23 Marx und Engels, »Manifest der Kommunistischen Partei«, in dies., *Ausgewählte Werke*, Bd. 1, S. 37.

24 Jeffrey Bale, »›Conspiracy Theories‹ and Clandestine Politics«, http://www.knowledge.co.uk/xxx/lobster/articles/ 129 consp.htm.

25 Vgl. Weber, »Die protestantische Ethik und der Geist des Kapitalimus«.

26 Bloch, *Erbschaft dieser Zeit*, S. 111ff.

27 Sartre, *Betrachtungen zur Judenfrage*, S. 23.

28 Hofstadter, *The Paranoid Style in American Politics*, S. 36

29 Vgl. Hobsbawm, *Primitive Rebels*, S. 105f.

30 Adorno und Horkheimer, *Dialektik der Aufklärung*, S. 153f.

31 Friedländer, *Das Dritte Reich und die Juden*, S. 116.

32 Newman, »The Fundamentalists' Resuscitation of the Anti-Semitic Protocol Forgery«, S. 4.

33 »Conspiracy! An Editorial« auf http://www.the winds.org/arc_editorials/government/conspiracy6–97.html, S. 3 von 4.

34 Beck, *Risikogesellschaft*, S. 205–219.

35 Dinnerstein, *Antisemitism in America*, S. 197ff.

36 Hertzberg, »The Graying of American Jewry«, in ders., *Jewish Polemics*, S. 134.
37 Eine gute Einführung in diese Thematik bietet Lustick, »Israel's Dangerous Fundamentalists«.
38 Vgl. Avineri, *The Making of Modern Zionism*.
39 Vgl. Dershowitz, *The Vanishing Jew*. Vgl. auch die folgende Titelgeschichte in einer der wichtigsten Zeitschriften für den Massenmarkt: Craig Horowitz, »Are American Jews Disappearing?«, in: *New York* (14. Juli 1997), S. 30ff.
40 Hertzberg, »Sharing Culture: Learning to Talk Together as Jews«, in ders., *Jewish Polemics*, S. 153–156.
41 Goldberg, *Why Should Jews Survive?*, S. 168.
42 Vgl. Buber, *Ich und Du*.
43 Levinas, *In the Time of the Nations*, S. 60.
44 Lustick, »Israel's Dangerous Fundamentalists«, S. 123.

BIBLIOGRAPHIE

Protocols of the Learned Elders of Zion, übers. u. hg. v. Victor E. Marsden, London 1923

Die Protokolle der Weisen von Zion. Die Grundlagen des modernen Antisemitismus – eine Fälschung. Text und Kommentar, hg. von Jeffrey L. Sammons, Göttingen 1998

Die Protokolle der Weisen von Zion. Das Welteroberungsprogramm der Juden, Wien o. J. (um 1940)

Abel, Ernest L., *The Roots of Antisemitism*, Cranbury, New Jersey, 1975

Adorno, Theodor W., *Minima Moralia. Reflexionen aus dem beschädigten Leben*, Frankfurt a. M. 1979

– und Max Horkheimer, *Dialektik der Aufklärung. Philosophische Fragmente*, Frankfurt a. M. 1971

Appiah, Kwame Anthony, »Cosmopolitan Patriots«, in: *Cosmopolitics. Thinking and Feeling Beyond the Nation*, hg. von Peng Cheah und Bruce Robbins, Minneapolis, Minnesota, 1998

Arendt, Hannah, *Elemente und Ursprünge totaler Herrschaft*, München/Zürich [2]1991

– und Karl Jaspers, *Briefwechsel 1926–1969*, hg. v. Lotte Köhler und Hans Saner, München 1985

Aristoteles, *Politik*, übersetzt und hg. von Olof Gigon, München 1973

Avineri, Shlomo, *The Making of Modern Zionism. The Intellectual Origins of the Jewish State*, New York 1981

Baron, Salo W., *The Russian Jews Under Tsars and Soviets*, New York 1987

Beigent, Michael, Richard Leigh und Henry Lincoln, *The Holy Blood and the Holy Grail*, New York 1982

Beck, Ulrich, *Risikogesellschaft. Auf dem Weg in eine andere Moderne*, Frankfurt a. M. 1986

Ben-Itto, Hadassa, »*Die Protokolle der Weisen von Zion*«. *Anatomie einer Fälschung*, Berlin 1998

Benz, Wolfgang, und Werner Bergmann (Hg.), *Vorurteil und Völkermord. Entwicklungslinien des Antisemitismus*, Freiburg 1997

Berlin, Isaiah, »Joseph de Maistre und die Ursprünge des Faschismus«, in ders., *Das krumme Holz der Humanität. Kapitel der Ideengeschichte*, Frankfurt a. M. 1992, S. 123–221

Bernstein, Herman, *The Truth about »The Protocols of Zion«. A Complete Exposure*, New York 1935

Bloch, Ernst, *Erbschaft dieser Zeit*, Frankfurt a. M. 1973

Borschtschagowski, Alexander, *Orden für einen Mord. Die Judenverfolgung unter Stalin*, Berlin 1997

Boyer, John W., *Political Radicalism in Late Imperial Vienna. Origins of the Christian Social Movement, 1848–1897*, Chicago, Illinois, 1981

Bredin, Jean-Denis, *The Affair. The Case of Alfred Dreyfus*, New York 1986

Bronner, Stephen Eric, *Moments of Decision. Political History and the Crises of Radicalism*, New York 1992

– *Ideas in Action. Political Tradition in the Twentieth Century*, Lantham, Maryland, 1999

– »Persistent Memories. Jewish Activists and the German Revolution of 1919«, in: *New Politics*, Bd. 5, Nr. 2 (Winter 1995), S. 83–94

– »Making Sense of Hell. Three Meditations on the Holocaust«, in: *Political Studies*, Bd. 47, Nr. 2 (Juni 1999)

Buber, Martin, *Ich und Du*, Berlin 1922

Butler, Judith, *Excitable Speech. A Politics of the Performative*, New York 1997

Carroll, David, *French Literary Fascism. Nationalism, Anti-Semitism, and the Ideology of Culture*, Princeton, New Jersey, 1995

Charles S.J., Pierre, »Les Protocoles des Sages de Sion«, in Taguieff, *Les Protocoles des Sages de Sion*, Bd. 2, S. 11 ff.

– »The Learned Elders of Zion«, in: *The Bridge. A Yearbook of Judaeo-Christian Studies*, Bd. 1, New York 1955

Chayla, Armand Alexandre du, »Sergey Alexandrovich Nilus et les Protocoles des Sages de Sion (1909–1920)«, *La Tribune Juive*, 14. Mai 1921; in englischer Übersetzung (»Sergey Alexandrovitch Nilus and the Protocols of the Wise Men of Zion«) im Archiv des American Jewish Committee (Protocols ab), S. 3ff.

Claussen, Detlev, *Vom Judenhaß zum Antisemitismus. Materialien einer verleugneten Geschichte*, Darmstadt/Neuwied 1987

Cohn, Norman, *Europe's Inner Demons. An Inquiry Inspired by the Great Witch-Hunt*, New York 1975

– *»Die Protokolle der Weisen von Zion«. Der Mythos der jüdischen Weltverschwörung*, Baden-Baden/Zürich 1998

Creutz, W., »Les Protocoles des Sages de Sion. Leur authenticité«, in: *Le Péril Juif. Texte intégral des Protocoles des Sages de Sion*, Paris o. J.

Crossan, John Dominic, *Wer tötete Jesus? Die Ursprünge des christlichen Antisemitismus in den Evangelien*, München 1999

Czermak, Gerhard, *Christen gegen Juden. Geschichte einer Verfolgung*, Reinbek 1997

Davidowicz, Lucy S., *The War Against the Jews 1933–1945,* New York 1975

Davitt, Michael, *Within the Pale. The True Story of Anti-Semitic Persecution in Russia*, Philadelphia, Pennsylvania, 1903

Dean, Jodi, *Aliens in America. Conspiracy Cultures from Outerspace to Cyberspace*, Ithaca, New York, 1998

Dershowitz, Alan M., *The Vanishing Jew. In Search of Jewish Identity for the Next Century*, Boston, Massachusetts, 1997

Dinnerstein, Leonard, *Antisemitism in America*, New York 1994

Dohm, Wilhelm, *Über die bürgerliche Verbesserung der Juden*, Berlin 1781

Eckart, Dietrich, *Der Bolschewismus von Moses bis Lenin – Zwiegespräch zwischen Adolf Hitler und mir*, München 1924

Eco, Umberto, »Eine Fiktion, die zum Alptraum wird. Die Protokolle der Weisen von Zion und ihre Entstehung«, in: *Frankfurter Allgemeine Zeitung*, 2. Juli 1994, S. B2ff.

Ellerbe, Helen, *The Dark Side of Christianity*, San Rafael, Kalifornien, 1995

Ferro, Marc, *Der große Krieg 1914–1918*, Frankfurt a. M. 1988
Fest, Joachim, »Alfred Rosenberg – Der vergessene Gefolgsmann«, in ders., *Das Gesicht des Dritten Reiches. Profile einer totalitären Herrschaft*, München 1963, S. 225–240
Flood, Charles Bracelen, *Hitler. The Path to Power*, Boston, Massachusetts/Houghton, Michigan, 1989
Friedländer, Saul, *Das Dritte Reich und die Juden*, Bd. 1: *Die Jahre der Verfolgung, 1933–1939,* München 1998
Friedrich, Otto, *Die Weisen von Zion. Das Buch der Fälschungen*, Lübeck 1920
Fromm, Erich, *Das jüdische Gesetz. Zur Soziologie des Diaspora-Judentums*, hg. v. Rainer Funk und Bernd Sahler, Basel 1989
Fry, Leslie, *Waters Flowing Eastward. The War Against the Kingship of Christ*, hg. von Denis Fahey, New Orleans, Louisiana, 1988

Geiss, Immanuel, *Der lange Weg in die Katastrophe. Die Vorgeschichte des ersten Weltkriegs, 1815–1915*, München 1990
Gilbert, Felix, *The End of the European Era, 1890 to the Present*, New York 1979
Ginsberg, Benjamin, *The Fatal Embrace. Jews and the State*, Chicago, Illinois, 1993
Goldberg, Michael, *Why Should Jews Survive? Looking Past the Holocaust Toward a Jewish Future*, New York 1995
Goldhagen, Daniel Johnah, *Hitlers willige Vollstrecker. Ganz gewöhnliche Deutsche und der Holocaust,* Berlin 1996
Goodman, David G., und Miyazawa, Masanori, *Jews in the Japanese Mind. The History and Uses of a Cultural Stereotype*, New York 1995
Gwyer, John, *Portraits of Mean Men. A Short History of the Protocols of the Elders of Zion*, London 1938

Habermas, Jürgen, »Öffentlichkeit (ein Lexikonartikel)«, in ders., *Kultur und Kritik. Verstreute Aufsätze*, Frankfurt a. M. 1973, S. 61–69
Hagemeister, Michael, »Sergei Nilus und die ›Protokolle der Weisen von Zion‹. Überlegungen zur Forschungslage«, in: *Jahrbuch für Antisemitismusforschung* 5, Frankfurt a. M. 1992

Haim, Sylvia G., »A Muslim View of the ›Protocols‹«, in: *American Jewish Committee* (21. August 1967)

Hamann, Brigitte, *Hitlers Wien. Lehrjahre eines Diktators*, München/Zürich 1998

Harkabi, Yehoshafat, *Arab Attitudes Toward Israel*, New York 1971

Heekelingen, H. De Vries de, *Les Protocoles des Sages de Sion. Constituent-ils un Faux?*, Lausanne 1938

Heiden, Konrad, *Adolf Hitler. Eine Biographie,* Zürich, Bd. 1: *Das Zeitalter der Verantwortungslosigkeit,* 1936; Bd. 2: *Ein Mann gegen Europa,* 1937

Hertzberg, Arthur, *Jewish Polemics*, New York 1992

Hobsbawm, Eric J., *Primitive Rebels. Studies in Archaic Forms of Social Movement in the 19th and 20th Centuries*, New York 1965

Hofstadter, Richard, *The Paranoid Style in American Politics*, New York 1965

– *The Paranoid Style in American Politics and Other Essays*, Chicago, Illinois, 1979

Horkheimer, Max, »Bemerkungen zur Liberalisierung der Religion«, in ders., *Gesammelte Schriften*, hg. von Alfred Schmidt und Gunzelin Schmid Noerr, Bd. 7: *Vorträge und Aufzeichnungen 1949–1973,* hg. von Gunzelin Schmid Noerr, Frankfurt a. M. 1985, S. 233–239

Jacobs, Jack, »Friedrich Engels and the ›Jewish Question‹ Reconsidered«, in: *MEGA-Studien* 2, 1998, S. 1–21

Joly, Maurice, *Gespräche in der Unterwelt zwischen Machiavelli und Montesquieu oder Der Machiavellismus im* XIX. Jahrhundert, übersetzt und mit einem Vorwort versehen von Hans Leisegang, Hamburg 1948

Judd, Diana, »The Virtual Conspiracy. *The Protocols of the Elders of Zion* and the Internet« (unveröffentlichter Aufsatz)

Judge, Edward H., *Easter in Kishinew. Anatomy of a Progrom*, New York 1992

Kamen, Henry, *Die spanische Inquisition*, München 1967

Katz, Jacob, *Vom Vorurteil bis zur Vernichtung. Der Antisemitismus 1700–1933*, München 1989

Kennedy, Paul M., *The Rise of the Anglo-German Antagonism, 1860–1914*, London/Boston, Massachusetts, 1980
Kessler, Harry Graf, *Walther Rathenau. Sein Leben und sein Werk*, Berlin 1928
Kingston, Paul J., *Antisemitism in France During the 1930s. Organisations, Personalities and Propaganda*, North Umberside 1983
Köhler, Joachim, *Wagners Hitler. Der Prophet und sein Vollstrecker*, München 1997
Kolakowski, Leszek, *Die Hauptströmungen des Marxismus. Entstehung, Entwicklung, Zerfall*, 3 Bde., München/Zürich 1977–1979
Kozlov, Vladimir A., und Khrustalev, Vladimir M. (Hg.), *The Last Diary of Tsarita Alexandra*, New Haven, Connecticut, 1997
Kriegel, Blandine, *The State and the Rule of Law*, Princeton, New Jersey, 1994

Laqueur, Walter, *Deutschland und Rußland*, Berlin 1966
Levinas, Emmanuel, *In the Time of the Nations*, Bloomington, Indiana, 1994
Lindemann, Albert S., *Esau's Tears. Modern Anti-Semitism and the Rise of the Jews*, Cambridge, Massachusetts, 1977
– *The Jew Accused. Three Anti-Semitic Affairs (Dreyfus, Beiliss, Frank) 1894–1915*, Cambridge 1991
Linden, A., »Der permanente Pogrom gegen die russischen Juden«, in: *Die Judenpogrome in Rußland*, hg. im Auftrag des Zionistischen Hilfsfonds in London von der zur Erforschung der Pogrome eingesetzten Kommission, 2 Bde., Köln/Leipzig 1910, Bd. 1, S. 97–133
Lipstadt, Deborah E., *Denying the Holocaust. The Growing Assault on Truth and Memory*, New York 1993
Livingston, Sigmund, *Protocols of the Wise Men of Zion*, New York 1945
Lowe, Hans-Dietrich, *The Tsars and the Jews*, New York 1993
Lustick, Ian S., »Israel's Dangerous Fundamentalists«, in: *Foreign Policy*, No. 68 (Herbst 1967), S. 118ff.
Luther, Martin, »Vorrede zum Brief des Paulus an die Römer« (1522), abgedruckt in Hermann Kunst, *Martin Luther – Ein Hausbuch*, Stuttgart 1982, S. 222–233

Luxemburg, Rosa, »Die Russische Revolution«, in dies., *Politische Schriften*, hg. v. Ossip K. Flechtheim, Frankfurt a. M. 1987, S. 536–571

MacCagg jr., William O., *A History of the Habsburg Jews, 1670–1918*, Bloomington, Indiana, 1989

Mack, Burton, *Who Wrote the New Testament?*, San Francisco, Kalifornien, 1989

Manet, Pierre, *An Intellectual History of Liberalism*, Princeton, New Jersey, 1994

Markow, Nikolaus, *Der Kampf der dunklen Mächte. Jahr 1 u. Ztr. bis 1917. Historische Übersicht über die menschenfeindliche Tätigkeit des Judentums, vor allem in Rußland*, Erfurt 1935

Marx, Karl, und Friedrich Engels, *Ausgewählte Werke in zwei Bänden,* Berlin 1951

– *Werke,* hg. vom Institut für Marxismus-Leninismus, Bd. 1, Berlin 1976

Massing, Paul W., *Vorgeschichte des politischen Antisemitismus*, Frankfurt a. M. 1959

Masur, Werner, *Der Sturm auf die Republik. Frühgeschichte der NSDAP*, Düsseldorf 1994

Mosse, George L., *Confronting the Nation. Jewish and Western Nationalism*, Hanover, Massachusetts, 1993

Moynahan, Brian, *Rasputin. The Saint Who Sinned*, New York 1997

Mushkat, Marian, »Antisemitismus Hoax Revived. On World Control by the ›Elders of Zion‹ and the Concept of Judeo-Communism«, in: *International Problems*, Bd. XXV, 1986, S. 37ff.

Neumann, Robert, »Protokolle«, in: *Tribune* 34/1970, S. 3635ff.

Newman, Rev. Elias, »The Fundamentalists' Resuscitation of the Anti-Semitic Protocol Forgery«, in ders., *The Protocols of the Elders of Zion. A Forgery*, Minneapolis 1934

Nipperdey, Thomas, *Deutsche Geschichte, 1866–1918*, Bd. 2: *Machtstaat vor der Demokratie*, München 1992

Pachter, Henry, »Marx and the Jews«, in: *Socialism in History. Political Essays*, hg. von Stephen Eric Bronner, New York 1984

Pagels, Elaine, *Satans Ursprung*, Berlin 1996
Pipes, Daniel, *The Hidden Hand. Middle East Fears of Conspiracy*, New York 1998
Plessner, Helmuth, *Die verspätete Nation. Über die politische Verführbarkeit bürgerlichen Geistes*, Stuttgart 1959
Poliakov, Leon, *Geschichte des Antisemitismus*, Worms, Bd. 5: *Die Aufklärung und ihre judenfeindliche Tendenz*, 1983; Bd. 6: *Emanzipation und Rassenwahn*, 1987
»The Post-War Career of the *Protocols of Zion*«, Forschungsbericht erstellt für das *Institute of Jewish Affairs* (Dezember 1981), Nr. 15
Potok, Chaim, *Wanderings. History of the Jews*, New York 1978
Preuss, Ulrich K., *Constitutional Revolution. The Link Between Constitutionalism and Progress*, Atlantic Highlands, New Jersey, 1995
Pulzer, Peter G. J., *The Rise of Political Anti-Semitism in Germany and Austria*, New York 1964

Reichmann, Eva G., *Flucht in den Haß. Die Ursachen der deutschen Judenkatastrophe*, Frankfurt a. M. [7]1969
Retcliffe, John (d. i. Hermann Goedsche), *Biarritz*, Bd. 1, Berlin 1905
Robertson, Priscilla, *Revolutions of 1848. A Social History*, Princeton, New Jersey, 1952
Rogger, Hans, *Jewish Policies and Right-Wing Politics in Imperial Russia*, Oxford 1992
Rohrbacher, Stefan, und Michael Schmidt, *Judenbilder. Kulturgeschichte antijüdischer Mythen und antisemitischer Vorurteile*, Reinbek 1991
Rosenberg, Arthur, *Geschichte der Weimarer Republik*, Mannheim 1961
Rostovtzeff, Michael, *Die hellenistische Welt – Gesellschaft und Wirtschaft*, 3 Bde., Stuttgart 1955/56

Sabrow, Martin, *Der Rathenaumord. Rekonstruktion einer Verschwörung gegen die Republik von Weimar*, München 1994
Samuel, Maurice *Blood Accusation. The Strange History of the Beiliss Case*, New York 1966
Sartre, Jean-Paul, *Betrachtungen zur Judenfrage. Psychoanalyse des Antisemitismus*, Zürich 1948

Schaeffer, Peter *Judeophobia. Attitudes toward the Jews in the Ancient World*, Cambridge, Massachusetts, 1998

Schröder, Aribert, *Vampirismus. Seine Entwicklung vom Thema zum Motiv*, Frankfurt a. M. 1973

Schueddekopf, Otto Ernst, *Linke Leute von Rechts. Nationalbolschewismus in Deutschland von 1918 bis 1933*, Stuttgart 1960

Segel, Benjamin, *Die Protokolle der Weisen von Zion kritisch beleuchtet. Eine Erledigung*, Berlin 1924

Shakespeare, William, *Sämtliche Werke*, übers. v. August Willhelm Schlegel, Dorothea Tieck und Wolf Graf Baudissin, hg. von Anselm Schlösser, Bd. 1: *Komödien*, Berlin–Weimar ³1975

Shapiro, James S. *Shakespeare and the Jews*, New York 1997

Six, Franz Alfred, *Freimaurerei und Judenemanzipation*, Hamburg 1938

Sorel, Georges, *Über die Gewalt*, Frankfurt a. M. 1981

Spong, John Shelby, *Liberating the Gospels. Reading the Bible with Jewish Eyes*, San Francisco, Kalifornien, 1996

Stern, Fritz *Das Scheitern illiberaler Politik. Studien zur politischen Kultur Deutschlands im 19. und 20. Jahrhundert*, Frankfurt a. M./Berlin/Wien 1974

Taguieff, Pierre-André, *Les Protocoles des Sages de Sion – un faux et ses usages dans le siècle*, 2 Bde., Paris 1932

Tokayer, Marvin, und Mary Swartz, *The Fugu Plan. The Untold Story of the Japanese and the Jews During World War II*, New York 1979

Weber, Max, »Die protestantische Ethik und der Geist des Kapitalismus«, in ders., *Die protestantische Ethik. Eine Aufsatzsammlung*, hg. von Johannes Winckelmann, Tübingen ⁶1981, 2 Bde., hier Bd. 1

Wistrich, Robert S., *Antisemitism. The Longest Hatred*, New York 1991

Wolf, Lucien, *The Myth of the Jewish Menace in World Affairs or The Truth about the Forged Protocols of the Elders of Zion*, New York 1921

Zimmermann, Moshe, *Wilhelm Marr. The Patriarch of Anti-Semitism*, Oxford 1986

PERSONENREGISTER